Ilja Grzeskowitz & Axel Wehner · Träume Leben!

Ilja Grzeskowitz, Jahrgang 1975, ist NLP-Trainer, Coach und Autor. In seiner fast zehnjährigen Karriere als Geschäftsführer im nationalen und internationalen Handel wurde der Diplom-Kaufmann zum Experten für die Themen Verkauf, Service und Marketing und setzte schon früh die Schwerpunkte seiner Arbeit auf die Bereiche Führung, Changemanagement und Veränderungsprozesse in Organisationen und bei den beteiligten Menschen.

Die Personen, mit denen er arbeitet, schätzen dabei seine humorvolle, offene und direkte Art, mit der er es immer wieder schafft, Menschen zu Höchstleistungen zu motivieren und entscheidende Veränderungen im Leben anzustoßen.

Seine Kenntnisse und Fähigkeiten als NLP-Trainer lernte Ilja Grzeskowitz von einigen der herausragendsten Trainer weltweit, u. a. Chris Mulzer, Julian Wolf, Igor Ledochowski, John LaValle und Dr. Richard Bandler, dem Begründer des Modells von NLP. Abgerundet wurden seine Fähigkeiten durch eine Ausbildung in klinischer Hypnose nach den Richtlinien des weltgrößten Hypnoseverbandes, der National Guild of Hypnosis (NGH).

Axel Wehner, Jahrgang 1965, ist NLP-Trainer, Coach und berät Unternehmen der europäischen Wirtschaft in den Bereichen Teambildung, Führung, Vertrieb und Motivation.

In den vergangenen 15 Jahren erwarb er sich in der Arbeit mit Managern, Führungskräften und Personalverantwortlichen seinen Expertenstatus in der Business-Welt.

Seine Kompetenz in der Anwendung und der Vermittlung des Modells von NLP fundiert auf der Ausbildung sowohl im DVNLP als auch in der Society of NLP sowie bei einigen der besten NLP-Trainer weltweit. Unter anderem lernte er bei Dr. Richard Bandler, dem Begründer des Modells von NLP, und bei Thies Stahl, der NLP nach Deutschland brachte und Gründungsmitglied im Deutschen Verband für NLP ist.

Axel Wehner verknüpft die Bereiche »Business«, »Persönlichkeit« und »NLP« mit viel Kompetenz und Anspruch und geht dabei stets mit großer Empathie auf die individuellen Bedürfnisse seiner Klienten ein.

Ilja Grzeskowitz & Axel Wehner

Träume leben

Die Veränderungsfibel

Ein Leitfaden durch die faszinierende Welt des
Neurolinguistischen Programmierens
und der Hypnose

Bibliografische Information der Deutschen Nationalbibliothek:
Die Deutsche Nationalbibliothek verzeichnet diese Publikation in der
Deutschen Nationalbibliografie; detaillierte bibliografische Daten sind
im Internet über < http://dnb.d-nb.de > abrufbar.

© 2009 Ilja Grzeskowitz & Axel Wehner
Satz und Layout: Buch&media GmbH, München
Umschlaggestaltung: Kay Fretwurst, Spreeau
Herstellung und Verlag: Books on Demand GmbH, Norderstedt
Printed in Germany
ISBN 978-3-8370-5330-2

Inhalt

Einleitung

Ein kluger Mann hat einmal gesagt: »Veränderung ist das halbe Leben und der Rest ist Liebe!« Menschen verändern sich permanent, den größten Teil ihres Lebens davon unbewusst. Ob wir umziehen, einen neuen Job annehmen oder einen neuen Lebenspartner kennenlernen, jedes Mal beginnt für uns ein neuer Lebensabschnitt mit all seinen positiven und negativen Begleiterscheinungen.

Es gibt jedoch auch viele Menschen, die in einer bestimmten Situation im Leben feststecken. Sie möchten sich zwar weiterentwickeln, wissen aber nicht genau wie. Sie haben Schwierigkeiten, mit anderen Menschen professionell und zielführend zu kommunizieren und suchen nach schnellen und einfachen Hilfsmitteln, um ihr Leben schöner, glücklicher und erfolgreicher zu gestalten.

Und genau um diese schnellen, einfachen und vor allem natürlichen Kommunikationswerkzeuge und Hilfsmittel für positive Veränderungen geht es in diesem Buch.

Die Techniken des Neurolinguistischen Programmierens und der Hypnose haben nicht nur viele Gemeinsamkeiten, sondern es gibt auch eine Menge Überschneidungen zwischen ihnen. Beide Disziplinen nutzen die Ressourcen, die sich bereits in uns befinden, und betrachten das Unterbewusstseins eines Menschen als mächtigen Verbündeten bei der Arbeit mit Problemen und Veränderungen im Leben. So ist es nicht erstaunlich, dass in fast jeder NLP-Ausbildung auch immer ein Part Hypnose gelehrt wird und ebenso die meisten Hypnotiseure ihren Schülern viele NLP-Techniken in ihren Kursen und Workshops beibringen.

Dieses Buch kann und soll keine Ausbildung ersetzen. Es soll Dir aber ein ständiger Begleiter sein, wenn Du ein Meister in der Arbeit mit diesen Werkzeugen professioneller Kommunikatoren werden willst. Du findest darin, was Du über Formate, Techniken und Hintergründe wissen möchtest. Dabei haben wir einen einfachen Anspruch: Wir möchten Dir alles Wichtige vermitteln, damit Du möglichst schnell, einfach und natürlich lernen kannst. Vor allem aber ist uns wichtig, dass Du all das, was Du mit Hilfe dieses Buches lernst, sofort in Deiner täglichen Praxis anwenden kannst. Egal zu welchem Zweck Du die Werkzeuge des NLP und der Hypnose anwenden willst, ob im beruflichen Kontext, zu Therapiezwecken oder einfach nur, um Dich besser verständigen und mit anderen Menschen besser umgehen zu können: Wenn Du die einzelnen Kapitel sorgfältig durcharbeitest und die Übungen nicht nur liest, sondern auch wirklich durchführst, garantieren wir Dir, dass Du sehr schnell besser werden wirst und schon bald Deine Freunde und Familie mit Deinen neu gewonnen Fähigkeiten beeindrucken kannst.

Im ersten Teil werden wir uns umfassend mit dem Modell von NLP befassen. Du bekommst alle wichtigen Hintergründe und Techniken vorgestellt und wirst dieses unheimlich effiziente Kommunikationsmodell von der Pike auf kennenlernen. Dann werden wir uns Schritt für Schritt an anspruchsvollere Techniken und Formate heranwagen und diese auch immer wieder mit praktischen Beispielen und Hinweisen erklären. So lernst Du nicht nur schnell, sondern vor allem auch sorgfältig und nachhaltig.

Im zweiten Teil werden wir uns dann intensiv mit dem spannenden und faszinierenden Gebiet der Hypnose beschäftigen. Schon früh erkannten Richard Bandler und John Grinder in ihrer Arbeit mit dem bekannten Hypnotherapeuten Milton H. Erickson, wie machtvoll und einfach die Hypnose zu Veränderungen bei Patienten führte. So integrierten sie schnell viele Elemente der Hypnose in ihre NLP-Techniken. Wir werden uns langsam an die Materie heranwagen und mit den wichtigsten Hintergründen und theoretischen Voraussetzungen anfangen. Danach beginnen wir mit den ersten hypnotischen Techniken, und ehe Du Dich versiehst, wirst Du in der Lage sein, Deine ersten Trancen zu induzieren und mit dem Unterbewusstsein Deiner Mitmenschen zu kommunizieren.

Auch hier wirst Du anhand vieler Praxisbeispiele lernen und eine Menge in der Praxis erprobter Skripte werden Dir helfen, in kurzer Zeit zu einem kunstvollen Hypnotiseur zu werden.

Dieses Buch liefert Dir alle Informationen, Techniken und Formate, die Du benötigst, wenn Du Deine Sprache und Kommunikation professionell einsetzen möchtest. Es soll für Dich die Veränderungsfibel sein, auf die Du immer wieder dann zurückgreifen kannst, wenn Du einmal etwas nachlesen möchtest oder ein bestimmtes Format oder Skript benötigst.

Wir freuen uns, wenn Du durch dieses Buch ein besseres und erfolgreicheres Leben lebst und einen Teil davon auch an andere Menschen weitergibst. Wir wünschen Dir viel Flexibilität, eine scharfe Wahrnehmung und jede Menge Interesse an anderen Menschen und ihren Geschichten. Vor allem aber wünschen wir Dir viel Spaß an der Veränderung!

Alles Liebe

Ilja Grzeskowitz & Axel Wehner

Des Meisters letzte Frage

Ein junger Mann hatte schon viel gelernt, er war auf den angesehensten Schulen, hatte verschiedene Meister besucht und unterschiedliche Lehren studiert. Da hörte er eines Tages von dem alten Meister hoch oben im Gebirge. Also beschloss er dorthin zu gehen. Er packte seine sieben Sachen, verabschiedete sich und ging früh am Morgen los. Er ging den ganzen Tag und die ganze Nacht. Früh am Morgen kam er an. Der Meister saß vor seiner Höhle, er lächelte und er trank Tee. Der junge Mann setzte sich zu ihm und erzählte, was er schon alles gelernt hatte. Nach geraumer Zeit schloss er mit der Frage: »Meister, kannst du mich jetzt lehren?«

Dieser lächelte, wartete einen Moment und antwortete: »Geh zurück nach Hause und komm in einem Monat wieder.«

Den gesamten Rückweg fragte sich der junge Mann, was er falsch gemacht haben könnte. Zuhause diskutierte er das weiter; mit Freunden, Lehrern, jedem, den er gerade traf. Nach einem Monat ging er wieder hoch in die Berge zum Meister. Er ging den ganzen Tag und die ganze Nacht. Früh am Morgen kam er an. Der Meister saß vor seiner Höhle, er lächelte und er trank Tee. Der junge Mann setzte sich zu ihm und erzählte, was er glaubte, beim letzten Male falsch gemacht zu haben. Nach geraumer Zeit schloss er erneut mit der Frage: »Meister, kannst du mich jetzt lehren?«

Dieser lächelte, wartete einen Moment und antwortete: »Geh zurück nach Hause und komm in einem Monat wieder.«

So gingen mehrere Monate ins Land. Eines Morgens kam der junge Mann wieder vor der Höhle des Meisters an. Der Meister saß vor seiner Höhle, er lächelte und er trank Tee. Der junge Mann setzte sich zu ihm, lächelte und schwieg. Nach einer Zeit sagte der Meister: »Jetzt bist du bereit. In ein volles Glas kann ich nichts füllen.«

Wieder gingen mehrere Monate ins Land. Eines Morgens sagte der Meister zu seinem Schüler: »Jetzt habe ich nur noch eine Frage. Wenn du die Antwort weißt, kann ich dich nichts mehr lehren. Wenn du ein Glas Wasser trinkst, was bleibt hinterher am Boden?«

I. NLP

Der Anfang

Wie genau das Modell von NLP entstand, darüber gibt es unzählige verschiedene Geschichten. Bei diesem Kommunikationsmodell handelt es sich jedoch nicht um eine Neuerfindung, sondern eher um eine Neuentwicklung. Das Neurolinguistische Programmieren wurde in den 70er Jahren des letzten Jahrhunderts von dem Informatikstudenten Richard Bandler und dem Linguistikprofessor John Grinder auch eher durch Zufall zu dem entwickelt, was es heute ist. Ursprünglich starteten die beiden nämlich einfach ein Modelling-Projekt, ohne auch nur die leiseste Ahnung davon zu haben, auf welchen Schatz sie dabei gestoßen waren. Dabei modellierten Sie Menschen mit Spitzenleistungen auf den unterschiedlichsten Gebieten und untersuchten die Gemeinsamkeiten der Sprachmuster, die diese Menschen so erfolgreich machten.

In der Entstehungsgeschichte des NLP spielen deshalb neben Bandler und Grinder viele weitere herausragende Persönlichkeiten eine Rolle, u. a. Fritz Perls, Milton H. Erickson und Virginia Satir, die alle als Modell für Bandler und Grinder zur Verfügung standen. Die meisten von ihnen stammen aus den Bereichen der Psychotherapie (Neuro) und der Sprachwissenschaft (Linguistik). Hiervon leiten sich das »N« (vom griechischen *neuron)* und das »L« (vom lateinischen *lingua)* in NLP ab. Innerhalb kurzer Zeit gewann man Erkenntnisse, wie sich Sprache (L) auf die neurophysiologischen Abläufe (N) auswirkt und wie man diese Abläufe durch den bewussten Einsatz von Sprache zielgerichtet programmieren (P) konnte. Und die Ergebnisse waren verblüffend.

So ist es nicht verwunderlich, dass sich das NLP innerhalb sehr kurzer Zeit zu einer der effizientesten und elegantesten Kurzzeittherapien entwickelte. Wobei wir sogar so weit gehen würden zu behaupten, dass auch ein gelungener Verkauf, und damit das Schaffen einer Win-Win-Situation, eine gelungene therapeutische Intervention ist.

Das »P« steht für Programmieren und kann in diesem Sinn mit Manipulieren gleichgesetzt werden. Diese Tatsache hat es dem Modell von NLP in Deutschland sehr schwer gemacht, da viele Menschen aus den Augen verloren haben, dass wir sowieso tagtäglich programmieren und manipulieren, am häufigsten wahrscheinlich jeder sich selbst. Letztlich entscheidet – wie so oft im Leben – auch hier die Frage, in welche Richtung wir uns manipulieren, und ob wir das so wollen.

Von den therapeutischen Anwendungsgebieten einmal abgesehen, die wir in diesem Buch zumindest streifen werden, ist NLP aber vor allem eines: ein flexibles und natürliches Kommunikationsmodell, das einfach unschlagbar ist. Und genau um diesen Aspekt geht es in der Ausbildung und Vermittlung dieses Kommunikationsmodells hauptsächlich. Dabei liefert NLP die Antwort auf wichtige Fragen, die unser tägliches Leben steuern und oftmals in eine bestimmte Richtung lenken:

Wie und wodurch beeinflusse ich mich selbst, mein Gegenüber oder meinen Kunden beim Einsatz verbaler und nonverbaler Kommunikation?

Wie genau beeinflusst der digitale Kanal »Sprache« mein Denken und Handeln?

Was kann der Einsatz von Sprache bei mir und anderen bewirken?

Eine kurze Definition von NLP

Jetzt wissen wir, wie NLP entstanden ist und wofür die Abkürzung steht. Aber was ist denn nun der Inhalt? Womit beschäftigt sich das Modell von NLP? Eine Definition in einem Satz ist nicht leicht. Trotzdem wollen wir zwei Versuche wagen. Für uns ist NLP eine:

◆ Wissenschaft von der Erweiterung innerer Landkarten (also der Erweiterung der Vorstellungen, die wir von unserer Welt haben)

◆ Ansammlung von Werkzeugen, welche richtig eingesetzt automatisch zu mehr Freiheit, Flexibilität und Lebensfreude führen muss

Schon während der Lektüre dieses Buches und natürlich erst recht nach der erfolgreichen Ausbildung zum NLP-Practitioner kannst Du diese Liste mit Deinen eigenen Definitionen und Ansichten erweitern. Dann kannst Du Deine eigenen Erfahrungen mit dem Modell von NLP und Deine erlebten Veränderungen mit einfließen lassen. Sei aufmerksam, beobachte die Welt um Dich herum und wende das an, was Du im Laufe der Zeit lernst. Lass also deiner Kreativität freien Lauf.

N Neuro	L Linguistisches	P Programmieren
Das Nervensystem. Hier werden alle Erfahrungen und Lernergebnisse über unsere fünf Sinne empfangen, weiterverarbeitet und gespeichert, ähnlich einer unlöschbaren Festplatte.	Das L steht für Sprache und nonverbale Kommunikation. Mit ihr können wir unsere Erfahrungen ausdrücken und diesen eine Bedeutung geben.	Programmieren umschreibt die Fähigkeit des Menschen, über die Mittel der Kommunikation die gewünschten Resultate und Ergebnisse zu erzielen und sich selbst entsprechend zu organisieren.
NLP ist eine Haltung zu sich und der Welt. Sie ist gekennzeichnet durch Flexibilität, Neugier und den Wunsch, mehr über die Möglichkeiten von Kommunikation zu erfahren, so dass ich mich und andere beeinflussen kann, um mehr zu lernen und herauszufinden.	Auf der Annahme basierend, jedes Verhalten habe eine Struktur, bietet NLP die Möglichkeit, diese Struktur zu lernen, zu lehren und gegebenenfalls zu modellieren.	NLP ist eine ausgezeichnete Technologie, die es dem Anwender möglich macht, Wahrnehmungen so zu organisieren, dass er vorher für unmöglich gehaltene Resultate erzielen kann.

17

Die NLP-Grundannahmen

Es gibt einige Grundannahmen, die dem gesamten Modell von NLP zugrunde liegen und auf deren Werte sämtliche Formate, Techniken und Interventionen aufbauen. Die NLP-Grundannahmen verweisen durchgängig auf ein positives Menschenbild und gelten gemeinhin als nicht überprüfbar. Sie dienen dem Modell von NLP als tragendes Element, aber gleichzeitig werden sie nicht als absolute Wahrheit verstanden, sondern als dienlich und nützlich. Sie können jederzeit verändert und ergänzt werden. So haben manche Trainer zehn, andere siebzehn und wieder andere acht Grundannahmen. Und ein jeder empfindet seine Auswahl als das für ihn genau richtige Maß.

Hier sind unsere wichtigsten Grundannahmen:

- Jede Person hat ihr eigenes Modell der Welt und jede Person lebt in ihrem eigenen Modell der Welt.
- Die »besten« Modelle der Welt sind die, welche die meisten Wahlmöglichkeiten mit sich bringen.
- Menschen treffen zu jedem Zeitpunkt die beste Entscheidung, die ihnen – aufgrund ihrer Modelle der Welt und der gegenwärtigen Situation – möglich ist. Was nicht heißt, es ginge nicht besser.
- Für jedes Problem gibt es mindestens eine Lösung oder ein wünschenswertes Ergebnis.
- Jede Person besitzt alle Ressourcen, die sie benötigt, um ihre Probleme lösen zu können.
- Jedes Individuum ist als Person in Ordnung. Hinterfragt wird nur die Angemessenheit seines Verhaltens. Für intensives Lernen ist es hilfreich, das Verhalten einer Person zu bewerten und gleichzeitig ihren Selbstwert zu betonen.
- Das Verhalten einer Person ist von der Absicht der Person zu trennen. Hinter jedem Verhalten steht letztendlich eine positive Absicht für das Leben der Person.
- Die Bedeutung von Kommunikation liegt in der Reaktion, die man erhält. Es gibt keine Fehler oder Defizite, alles ist nützliches Feedback.
- Körper und Geist sind systemische Prozesse. Körper und Geist sind Teil der gleichen kybernetischen Struktur. Alles, was in einem Teil des Systems geschieht, hat Auswirkungen auf alle anderen Teile.
- Wenn etwas nicht funktioniert: Hör damit auf und probiere etwas Neues.

Diese Grundannahmen sind von ungeheurer Wichtigkeit in der Arbeit und dem Umgang mit anderen Menschen. Damit ich aber in der Lage bin, mit Freunden und Familie oder Kunden und Klienten stets in der bestmöglichen Art und Weise umzugehen und zu kommunizieren, gibt es einen Grundsatz, der quasi das Fundament für die eigene Landkarte, aber auch für die NLP-Grundannahmen bildet.

Die erste Pflicht jedes Einzelnen, vor allem aber Dienstleistern jeder Art – vom Verkäufer über den Coach bis zum Therapeuten – lautet schlicht und einfach:

Sorge dafür, dass es Dir selbst gut geht.

Nur wenn es mir gut geht, bin ich in einem Zustand, in dem ich anderen helfen kann und ein gefragter Gesprächspartner bin. Um erfolgreich sein zu können, sollte ich weiterhin mit jeder Intervention (Coaching, Verkauf, Training etc.) lösungsorientiert sein und nicht problemorientiert. Lasse ich die Gedanken meines Gegenübers auf das Problem fixiert, so wird er aus diesem Zustand nicht herauskommen. Die gezeigte Physiologie ist dann auch immer eine Problemphysiologie, selbst dann, wenn er dieses Problem unbedingt loswerden möchte. Lenke ich mit Hilfe meiner Kommunikation die Gedanken jedoch auf Ressourcen und mögliche Lösungen, so wird auch dies schnell an der Physiologie erkennbar sein. Und nur in einer Ressourcephysiologie ist ein Mensch in der Lage, neue Wege und Lösungen zu finden.

Die Arbeitsweise im Modell von NLP

Basierend auf diesen Gedanken läuft auch die Arbeit mit dem Modell von NLP immer nach dem gleichen Schema ab. NLP konzentriert sich niemals auf das Problem, sondern ist stets lösungs- beziehungsweise zielorientiert. Weiterhin ist es für das Arbeiten mit NLP typisch, dass der Coach sich ausschließlich auf den Veränderungsprozess konzentrieren kann, ohne auch nur eine geringste Ahnung davon haben zu müssen, um was es bei einem Problem inhaltlich geht. Es reicht vollkommen, sich auf die Physiologie und die beobachtbaren körperlichen Veränderungen zu konzentrieren. Dies ist auf der einen Seite natürlich ziemlich genial, auf der anderen Seite haben gerade Anfänger große Schwierigkeiten, sich aus dem Inhalt eines Problems herauszuhalten. Basierend auf diesen Überlegungen empfiehlt sich die folgende Vorgehensweise bei der Arbeit mit einem Klienten, ganz gleich in welcher Art das Verhältnis zwischen Coach und Coachee ist.

1. Baue Rapport auf.

2. Arbeite inhaltsfrei.

3. Erarbeite (vielleicht durch Fragen) den Ist-Zustand.

4. Formuliere ein Ziel (Soll-Zustand).

5. Wähle eine entsprechende Intervention und wende sie an.

Rapport

Als Grundlage jeder NLP-Intervention gilt der sogenannte *Rapport*.

Rapport ist definiert (in aller Kürze) als ein positives Verhältnis zwischen Menschen, im einfachsten Fall zwischen zwei Gesprächspartnern. Rapport ist das Ergebnis einer inneren und unbewussten Einstellung gegenüber diesem Mitmenschen, welche von Respekt, Vertrauen und Wohlwollen geprägt ist. Eine detaillierte Betrachtung von Rapport, und vor allem wie wir ihn bewusst aufbauen können, werden wir im Abschnitt über Hypnose vornehmen.

Hast Du auch schon einmal im Alltag beobachtet, wie sich ein Liebespärchen in den Gestiken angleicht, im Gleichschritt durch die Straßen läuft oder im Restaurant gegenseitig von den Tellern probiert? Das nennen wir *spiegeln* oder *pacing*.

Die Technik des Pacings wenden wir im NLP an, um Rapport zu unserem Gegenüber herzustellen und auszubauen.

Gleichzeitig ist hierfür eine Schulung unserer Wahrnehmung nötig und wichtigste Voraussetzung. Denn wenn wir nicht exakt wahrnehmen (sehen, hören, fühlen), wie es unserem Gegenüber geht und in welcher Stimmung es sich befindet, können wir nicht genau spiegeln.

Nach einem gelungenem Pacing fällt es uns recht leicht, unser Gegenüber von da abzuholen, wo es steht, um es in einen Zustand zu führen, in dem es ihm besser geht. Das nennen wir dann *führen* oder *leading*.

Die Technik des Leadings, also des Hinführens in einen Veränderungsprozess – zum Kauf oder zum Lernen beispielsweise – setzt zwingenderweise Rapport voraus. Denn nur wenn der Mensch, mit dem wir arbeiten, ein Vertrauensverhältnis zu uns aufgebaut hat, wird er sich von uns führen lassen. Stellst Du also während der Arbeit mit einem Klienten fest, dass er sich nicht von Dir leaden lässt, so liegt dies in aller Regel an einer Rapportstörung.

Rapport stellt sich entweder spontan ein oder wird ganz bewusst herbeigeführt. Hierzu dient das Spiegeln oder Pacing.

Nonverbales Pacing:
- ◆ Körperhaltung
- ◆ Bewegung
- ◆ Gesten
- ◆ Mimik
- ◆ Atemrhythmus

Verbales Pacing:
- ◆ Worte des Hauptrepräsentationssystems
- ◆ Inhalt, Satzaufbau, bestimmte Schlüsselwörter
- ◆ Tonfall, Tempo, Lautstärke
- ◆ Sprechgeschwindigkeit

Nur durch ein sorgfältiges Pacing ist uns danach ein Leading möglich, also das Hinführen unseres Gegenübers zu dem, was er will.

Genaue Wahrnehmung, Einfühlungsvermögen und Empathie sind neben der persönlichen Flexibilität und der Fähigkeit, auf andere Menschen eingehen zu können, Grundvoraussetzungen für ein zielorientiertes Arbeiten.

Um zu entscheiden, ob es unserem Gegenüber besser geht, achten wir auf seine *Physiologie*. Die Physiologie einer Person umfasst alles, was durch genaues Wahrnehmen von außen beobachtet werden kann, wie z. B. Körperhaltung, Gestik, Mimik, Atmung, Sprechgeschwindigkeit oder Tonlage. Wir beobachten genau, wie es unserem Gesprächspartner vor unserem Eingreifen geht und in welchem Zustand er sich befindet. Wir schwingen uns ein und merken uns diesen Zustand. Dies nennt sich im NLP *kalibrieren*. Das bedeutet nichts anderes, als dass wir uns eichen oder einen Ausgangszustand definieren. Und wenn wir dies ausreichend und sorgfältig getan haben, wird es uns anschließend umso leichter fallen, Veränderungen in der Physiologie wahrzunehmen, seien sie auch noch so klein.

Um in einen Lösungs- oder Zielzustand zu gelangen, ist es notwendig, dass wir hierfür ein Ziel formulieren, welches folgenden Kriterien genügen sollte:

- ◆ positiv formuliert
- ◆ eigenständig ausführbar und sinnesspezifisch konkret formuliert (Was sehe, höre, fühle, schmecke und rieche ich, wenn ich das Ziel erreicht habe?)
- ◆ der gegenwärtigen Ökologie der Person angepasst
- ◆ die bisherigen positiven Effekte des Ist-Zustandes sollen erhalten bleiben

Grundlage des Prozesses ist es, auf jeden Fall eine positive Formulierung zu wählen, weil negative Formulierungen den Fokus auf einen ressourcearmen Problemzustand lenken, der natürlich völlig unerwünscht ist.

Wir sind nur in der Lage, unser eigenes Leben zu kontrollieren sowie unser eigenes Verhalten und unsere eigenen Gefühle zu steuern und zu verändern. Deswegen kann das gewünschte Ziel nicht abhängig von den Empfindungen und Handlungen anderer sein, da wir über diese nicht bestimmen und sie somit auch nicht beeinflussen können. Die Person, die ein bestimmtes Ziel erreichen will, muss also in der Lage sein, die erforderlichen Kriterien selbst zu erfüllen.

Die Formulierung des Soll-Zustandes sollte mindestens in den drei hauptsächlichsten Wahrnehmungskanälen – dem Sehen, dem Hören und dem Fühlen – möglichst konkret vorstell- und beschreibbar sein. NLP bezeichnet diese drei Sinnenwahrnehmungen als Hauptrepräsentationssysteme oder Lead-Kanäle.

Der gewünschte Ziel-Zustand muss ökologisch sein, das heißt der individuellen Umwelt, der Lebensweise und dem Umfeld des Klienten entsprechend. Oder einfacher ausgedrückt: Die Veränderung muss ins alltägliche Leben und ins persönliche Umfeld passen, ohne dass es zu großen Konflikten kommt.

Der letzte Punkt aus der Liste ist der vielleicht am schwersten zu verstehende. Und doch ist er eigentlich recht einleuchtend. Eine der Grundannahmen besagt, dass hinter jedem Verhalten eine positive Absicht steht. Aus diesem Grund sollen die bisherigen positiven Elemente dieser Absicht erhalten bleiben oder durch ein anderes Verhalten ebenso gut erfüllt werden können. Das alte Verhalten wird entsprechend gewürdigt und der Soll-Zustand stellt einfach eine neue, alternative Wahlmöglichkeit dar.

All dies lässt sich leichter verstehen und lernen, wenn man es erlebt. Deswegen werden wir eine kleine Übung machen, die das trainiert und erlebbar macht.

Übung für eine Gruppe zu dritt
Pacing / Spiegeln

A ist Klient, B ist Coach und C Beobachter und gibt Feedback.

A soll an eine Situation in seiner Vergangenheit denken, die ihm große Freude bereitet hat, und darüber berichten. B spiegelt A:

- über die gesamte Körperhaltung
- über die Mimik (z. B. Augenzwinkern)
- mit der oberen und / oder unteren Körperhälfte seitenverkehrt
- mit Gesten, die A beim Erzählen macht

Wechsel der Positionen: C wird A, B wird C und A wird B.
A beginnt eine Unterhaltung über eine Erfahrung im beruflichen Alltag und B spiegelt in dieser Unterhaltung:

- das Tempo der Sprache
- den Wechsel von Betonungen
- wiederholende Worte
- die Atmung
- und spricht nur beim Ausatmen von A

Wechsel der Positionen: C wird A, B wird C und A wird B.
A berichtet über ein schönes Erlebnis mit einem Bekannten, Freund oder Freundin, B spiegelt in der Unterhaltung nur nonverbal und seitenverkehrt:

- den Atemrhythmus mit dem Finger
- den Atemrhythmus mit Kopfnicken
- die Sprechgeschwindigkeit durch Heben und Senken des Fußes

Ankern

Hast Du auch ein bestimmtes Lied, das Du mit einer bestimmten Person verbindest? Fühlst Du Dich bei bestimmten Gerüchen an Deine Kindheit erinnert oder kommen die schönen Urlaubsgefühle alleine durch das Anschauen eines Fotoalbums wieder hoch? Fast jeder von uns kennt solche Dinge und das Modell von NLP hat für diese spezielle Art von Reiz-Reaktions-Schemata einen ganz bestimmten Namen: Dies sind Anker.

Beim Ankern wird ein externer Reiz mit einem internen Erleben, einer Physiologie und / oder einer bestimmten Erfahrung verbunden. Ein späteres Auslösen dieses externen Reizes hat die Wiederholung der geankerten Reaktion zur Folge. Ankern können wir so ziemlich alles, was in unserem Körper als Prozess abläuft, und wir können es in jedem Wahrnehmungskanal tun. Das Interessante daran ist, dass es sich bei den Ankern immer um automatische und unbewusste Reaktionen handelt. Und wie wir an den Beispielen schon gesehen haben, ist ankern ein vollkommen natürlicher und alltäglicher Prozess.

Wenn wir über ankern sprechen, ist es von sehr großer Bedeutung, dass wir uns eine Sache immer wieder vergegenwärtigen:

Wir können nicht NICHT ankern.

Menschen, die wir treffen, werden sich vielleicht an unsere Stimme, an unsere Gesten und / oder an ein Erscheinungsbild (Physiologie!) erinnern und es mit uns als Person verbinden und damit verankern. Nicht umsonst heißt ein altes Sprichwort: Für den ersten Eindruck gibt es keine zweite Chance. Aus diesem Grund haben wir bereits alle unsere Erfahrungen mit Ankern auf bewusster oder unbewusster Ebene gesammelt.

Bei sehr vielen NLP-Interventionen werden Anker verwendet, allerdings ebenso im ganz normalen Alltag – gewollt oder ungewollt. In der Arbeit mit dem Modell von NLP verwenden wir sie, um einen schnellen Zugang zum inneren Erleben, zu Repräsentationen und / oder Physiologien zu erreichen. Dies ist wichtig, da bestimmte Lerneffekte nur in einem speziellen Zustand erreicht werden können, in dem wir Zugang zu Ressourcen und Fähigkeiten haben, die wir für die gewünschte Veränderung benötigen. Und mit Hilfe der Anker lassen sich diese Zustände sehr schnell und einfach – und vor allem ohne Einmischung des Bewusstseins – herstellen.

Was Du über Anker unbedingt wissen solltest:

- Anker verstärken sich durch Wiederholen, zwingend notwendig ist eine Wiederholung jedoch nicht.
- Anker helfen beim Lernen.
- Anker funktionieren ohne ein Belohnungssystem.
- Je intensiver der Reiz, der geankert wird (je stärker der emotionale Zustand ist), desto stärker der Anker.
- Der Anker sollte kurz vor dem Höhepunkt des Reizes gesetzt werden.
- Je stärker der geankerte Reiz ist, desto deutlicher wird die zugehörige Physiologie beim Auslösen des Ankers wieder sichtbar.
- Geankert werden kann in allen Sinneskanälen (sehen, hören, fühlen, schmecken und riechen).
- Anker können offen oder versteckt installiert und ausgelöst werden.

Folgende Basis-Ankertechniken solltest Du kennen:

Einfaches Ankern

Hier geht es darum, einen Zustand oder eine bestimmte Ressource zu ankern, um jederzeit Zugriff auf diese Ressourcen zu haben. Dies geschieht grundsätzlich nach folgendem Schema:

- Stelle Rapport her
- Stelle den gewünschten Zustand her
- Kalibriere Dich auf diesen Zustand
- Ankere den Zustand
- Separator-State
- Teste den Anker
- Führe ein Future Pacing durch

Den ressourcevollen Zustand kannst Du dabei auf viele unterschiedliche Arten hervorrufen. Das Wichtigste ist: Go first! Dies meint nichts anderes, als dass Du Dich selbst in den Zustand begibst, den Du in dem anderen hervorrufen möchtest. Wenn Du guten Rapport hast, wirst Du dadurch schon in Leading gehen und Dein Klient kann Dir einfach folgen. Weiterhin kannst Du eine Geschichte über den gewünschten Zustand erzählen oder eine Erinnerung hervorrufen. Und oftmals hilft es auch, wenn Du die Physiologie Deines Klienten änderst und ihn so hinsetzt oder hinstellst, wie er im Zielzustand aussehen würde. Übe einfach ein bisschen, was für Dich am besten funktioniert. Im Abschnitt über Hypnose wirst Du dann noch viele weitere elegante Techniken lernen, wie Du jeden beliebigen Zustand auf sehr einfache Art und Weise hervorrufen kannst.

Anker stapeln

Es kann vorkommen, dass eine Ressource nicht ausreicht, um ein Problem zu lösen und in die Zielphysiologie zu gehen. Dann legen wir mehrere unterschiedliche ressourcevolle Zustände übereinander und ankern mit dem gleichen Trigger (Auslöser). Durch dieses Stapeln mehrerer Zustände wird der Anker wesentlich intensiver. Wenn Du also den Zustand der Motivation hervorrufen möchtest, so suchst Du Dir vier oder fünf Situationen, in denen dieser Zustand auftritt, z. B. nach einer bestandenen Prüfung, ein Gespräch mit einem Freund oder der Gewinn einer Sportveranstaltung. In allen Zuständen geht es um Motivation, aber es sind verschiedene Erlebnisse.

Auch kannst Du eine ganz besondere Mischung aus Zuständen kreieren, die Deinem Klienten eine einzigartige Ressource zur Verfügung stellt, die er so bisher noch nicht kannte.

Anker verketten

Diese Technik wird benutzt, wenn zwischen dem Ausgangs- und dem Zielzustand eine so große Differenz besteht, dass es sich lohnt, den Weg in kleine Zwischenschritte aufzuteilen. Willst Du Deinen Klienten in den Zustand des Handelns versetzen und siehst, dass er sich in einem sehr ressourcearmen oder sogar gefrusteten Zustand befindet, so kannst Du mehrere Zwischenanker setzen, z. B. für die Zustände Frust, Ungeduld, Motivation, Handeln. Dann rufst Du den ersten Zustand hervor und ankerst. Anschließend machst Du das Gleiche mit Zustand 2, bis Du den Zielzustand erreicht hast. Die Anker können z. B. mehrere Punkte auf dem Arm Deines Klienten sein, die Veränderung der Lautstärke bei einem auditiven Anker, die Entfernung bei einem visuellen Anker. Am Ende der Arbeit reicht es dann, schnell die Anker abzufeuern, um ohne die Zwischenzustände hervorzurufen direkt die Zielphysiologie zu erreichen.

Anker verschmelzen

Wenn Du zwei entgegengesetzte Zustände wie Motivation (z. B. am linken Arm) und Lustlosigkeit (z. B. am rechten Arm) geankert hast und beide Anker gleichzeitig abfeuerst, dann spricht man vom Anker verschmelzen. Denn die beiden unterschiedlichen Zustände verschmelzen zu einem dritten Zustand, der entweder eine Mischung aus beiden ist oder auch völlig anders sein kann. Weiterhin kommt es auf die Intensität der beiden Zustände an. Meistens dominiert der intensivere Zustand.

Moment of Excellence

Es gibt im Modell von NLP ein sehr schönes Format, welches die Technik des Ankerns auf wunderbare Art und Weise nutzt, um jederzeit in einen gewünschten Zustand gehen zu können. Fast jeder von uns kennt Situationen im Leben, die besonders wichtig oder bedeutsam sind und in denen es darauf ankommt, dass wir uns in einem guten Zustand befinden, damit wir unsere beste Leistung bringen können. Dies kann ein Vorstellungsgespräch sein, eine Präsentation, ein Termin bei der Bank oder auch ein erstes Date mit der neuen Traumfrau.

Leider ist es aber so, dass wir uns zu diesen Gelegenheiten nicht immer in einem ressourcevollen Zustand befinden und nicht immer der Situation entsprechend drauf sind. Oftmals wünschen wir uns dann, dass wir unsere Stimmung und unseren Zustand am liebsten »auf Knopfdruck« ändern würden. Und genau diese Möglichkeit haben wir mit der Technik des »Moment of Excellence«. Über das Elizitieren eines ressourcevollen Zustands und das gleichzeitige Ankern dieser Physiologie sind wir in der Lage, jederzeit und in jeder denkbaren Situation nur durch das Auslösen des Ankers in diesen speziellen Zustand zu gehen und damit auch Zugang zu den mit diesem Zustand verknüpften Ressourcen zu haben. Klingt gut, oder? Dann probiere es doch gleich einmal aus.

Übung für eine Gruppe zu dritt
Moment of Excellence

A ist Coachee, B ist Coach und C ist Beobachter.
Prozessinstruktion für B zu A:
»Denk an eine Situation, in der Du Dich richtig wohl gefühlt hast und die sehr angenehm für Dich war. Oder eine, in der Du sehr erfolgreich warst und Du all Deine Kräfte und Ressourcen zur Verfügung hattest.

Schau Dir diese Situation vor Deinem geistigen Auge an. Du kannst dir ein Bild davon machen und Du kannst sehen, was es dort zu sehen gibt. Sieh Dich in der Situation um, sieh die Farben, die Menschen und was es sonst noch zu sehen gibt. Vielleicht hörst Du Gespräche oder andere Geräusche. Manchmal gibt es einen ganz spezifischen Geruch und vielleicht sogar einen Geschmack. Spür in Dich hinein, wie angenehm diese Situation war.

Und nun kreierst Du in Deiner Fantasie aus all dem, was du erlebst, eine Bewegungsabfolge, die ganz natürlich zu dieser Situation passt. Eine Abfolge, die Du vielleicht sogar auf einer Leinwand oder auf einem Bildschirm sehen kannst, wenn Du einen Film daraus machst. Diese Abfolge von Bewegung kannst Du direkt im Hier und Jetzt nach außen darstellen.

Und nun machst Du aus dieser noch recht großen Bewegungsfolge eine ganz kleine und denkst Dir, während du die Bewegung immer kleiner werden lässt, einen Satz oder ein Kennwort aus, welches Dich immer wieder an diesen Moment of Excellence erinnert. Eine kleine Bewegung, die Du immer machen kannst, ohne dass sie groß auffällt, und einen Satz oder ein Kennwort.

Hast Du Dir ein Kennwort zugelegt und eine kleine Bewegung?

Zeig einmal Deine Bewegung und sag zu Dir selbst Dein Kennwort oder Deinen Erinnerungssatz.«

B und C sollten sofort eine Änderung der Physiologie sehen.

»In welcher Situation kannst Du diese Ressourcen brauchen? Stell Dir einmal eine solche Situation vor. Und nun sieh Dich in Gedanken in dieser Situation um und löse einfach Deinen Moment of Excellence in der Situation aus. Wie fühlt sich das an?«

Sich eine Situation in der Zukunft vorstellen und das Gelernte dort auszuprobieren, nennt man *Future Pace*.

Lass A diesen Future Pace ruhig für mehrere und unterschiedliche Situationen in der Zukunft durchleben!

Demonstration Moment of Excellence

Axel (im Folgenden A) und Thomas (im Folgenden B) sitzen beide nebeneinander auf einem Tisch. Dabei spiegelt Axel Thomas 1:1 in seiner Körperhaltung und baut damit Rapport auf.

A: Ich sag immer erst mal was. Was Du gleich machen kannst. Dann sag ich JETZT (markiert analog, indem er mit der Stimme nach unten geht, und mit einer Handgeste). Jetzt (markiert noch mal übertrieben mit Downward Inflection).

Axel richtet sich ans Publikum: *Warum eigentlich »Jetzt« (mit der entsprechenden Tonalität)? Warum eigentlich immer nach unten gehen? Wer weiß es?*

(Ein Teilnehmer erklärt die Funktionsweise von Downward Inflection.)

A: (Nickt) Befehle enden nach unten. Fragen enden nach oben. Wenn Ihr also jemandem eine Aufforderung schickt im Sinne von: »Mach das JETZT« (geht nach unten), dann sollte das auch nach JETZT kommen. Und nicht nach JETZT (geht mit der Stimme nach oben). Machst Du es vielleicht doch bitte JETZT (geht wieder nach oben)? Das wird 'ne Frage, das kannst Du nicht verwenden. Wusstest Du auch, ne? Guut! Für die, die es NOCH nicht wussten, die wissen es JETZT. Sind immer so die kleinen Nettigkeiten, die ich immer so mal reinbringe.

A wendet sich B zu: Du weißt es jetzt auch, nicht wahr?

B nickt sichtbar.

A: JETZT. Aber ich erklär's Dir trotzdem erstmal, was Du machst (blickt dabei nach oben). Du durchscannst gleich mal Dein Leben (blickt B in die Augen) …

B nickt leicht mit dem Kopf und ist schon sichtbar in Trance.

A: Sagen wir mal nach … drei … richtig geilen Erlebnissen. Richtig positive Erlebnisse, die absolute Ressource-Erlebnisse für Dich waren! Also ich gebe Dir mal ein Beispiel, okay?

A: Deine Mutti hat Dich gelobt, weil Du dein Zimmer aufgeräumt hast. Das wäre zu schwach! (Blickt B ernst in die Augen.)

B schüttelt den Kopf und lacht.

A: Das ist definitiv zu schwach! Sehe ich nachher aber auch!

A: Oder Deine Oma hat Dir zum Geburtstag gratuliert. (A macht eine abwertende Geste und schüttelt mit dem Kopf.) So ein Erlebnis meinte ich auch nicht.

B lacht.

A: Ich sagte positive Erlebnisse. So richtig gute Erfahrungen, wo Du richtig viele Ressourcen freigesetzt hast.

Axel richtet sich ans Publikum: *Leute, Ihr seid echt langsam …*

A zu B: Ich meine RICHTIG positive Erlebnisse, die erste Liebe zum Beispiel (blickt B in die Augen und beobachtet seine Mimik und die Augenzugangshinweise).

B nickt, grinst und lacht.

A: Falls Du Dich daran erinnerst. Na?

B: Ja!

A: Oder das erste Mal Eva (Anmerkung des Autors: Status-Trainerin aus dem Team des Studentenpractitioners von NLP-Deutschland) *sehen* (beobachtet dabei Gesicht von B).

B grinst noch immer, allerdings etwas weniger.

A: Falls das ausreicht. Die Fahrprüfung bestehen – beim 27. Mal. Auch nicht schlecht! Also so einen richtigen Knaller, wo Du im Vollbesitz Deiner geistigen und körperlichen Kräfte warst!

B nickt und grinst. Er hat sichtlich schon ein Erlebnis gefunden.

A: Du sollst das noch gar nicht tun!

B sieht A an: Was?

Axel ans Publikum: Klienten machen immer das, was man ihnen nicht sagt!

A zu B: Du sollst es nicht JETZT (analog + Geste) tun. Du sollst es erst tun, wenn ich JETZT (analog + Geste) sage. Okay? Richtig, oder?

B nickt: Ja!

A: Du hast doch schon drei gefunden. Schon blöd! Du nimmst denen (zeigt aufs Publikum) die Möglichkeit zu lernen! Verhalt Dich endlich mal konform!

B grinst sichtlich.

A: So! Und die Erlebnisse packst Du Dir mal schön zu Seite (macht eine abwedelnde Handbewegung).

A: So, dass Du die hast ... Stop! Stop! Stop!

A: Dass wir uns die dann mal angucken können! Wenn Du DAS machst, unterhalte ich mich immer mit denen, dann brauchst Du auch nicht mehr darauf zu achten ... Okay?

B: Okay!

A: JETZT ... Darfst Du! Such ruhig, es müssen richtig gute sein! Also ich meine so richtig gute, okay? Du hast mich verstanden! Jetzt!

B sitzt aufrecht da und blickt gerade aus.

Axel (nimmt andere Körperhaltung ein) ans Publikum: *Und Ihr schaut mal …* *gleich … wenn ich die Erlebnisse abfrage: A) Was passiert mit ihm, was nehmt Ihr* *wahr? Und B) entscheidet Ihr Euch für EINES dieser drei Erlebnisse, wo Ihr denkt,* *dass Ihr es seht, dass es das Beste ist … Und ich entscheide mich natürlich auch …*

A: Hast Du? (Pause)

B schüttelt den Kopf.

A zum Publikum (macht dabei eine desinteressierte Miene und sagt in witzigem Tonfall): *Klienten ruhig ab und an unter Druck setzen … Wir haben* *Zeit! (Pause)*

A richtet sich auf und sagt zu B: *Fang noch mal von vorne an! Hast Du?*

B: Mhm!

A: Wie?

B: WIE, wie??

A: Hast Du drei Stück?

B: Ja!

A: Gut!

A: Leg die mal BILDLICH (A macht eine Geste und zeigt vor B, leicht über *dessen Augenhöhe) hier oben ab. Geh mal ins erste Bild (B blickt nach links* *oben – von sich aus gesehen). Geh mal ins zweite Bild (B blickt mittig nach* *oben). Geh mal ins dritte Bild (B blickt nach rechts oben)! Und komm zurück.*

A: Lass Dir Zeit! Mach es auf Deine eigene Art und Weise.

A ans Publikum: *Wer von Euch hat eigentlich jetzt bei den drei Dingen schon* *was gesehen? (Pause)*

Aus dem Publikum kommen einige Wortmeldungen.

A: Geht schnell, nicht wahr?

A (weiter zum Publikum blickend, mit langsamer, beruhigender Stimme): *Und* *während Du suchst und findest … kannst Du dir ja schon mal überlegen … wie* *Du Dich meldest, wenn Du etwas gefunden hast…*

A: Und Du darfst auch für 'ne Sekunde daran denken, dass Du heute irgend- *wann Feierabend machen darfst.*

B fängt an zu grinsen und zu kichern. A blickt zu B.

Lange Pause. A atmet aus.

A: Such ruhig noch ein bisschen! Wenn Du sie gefunden haben solltest, bevor ich mit meinem Mikro fertig bin …

(Pause) A steht auf und richtet seinen Mikro-Empfänger am Gürtel zurecht.

A zu B: Hast Du?

B: Mhm!

A: Hast du sechs Stück jetzt?

B grinst: Tausend!

A: Wie, tausend? Du hast schon Probleme, drei zu finden!

B: Ne, auszuwählen!

A: Ach, auszuwählen. Das war das Problem.

A: Guuut, dann guck Dir doch mal Deine sechs Erlebnisse an!

B: Sechs?

A: Du hast jetzt sechs, oder? Du hast die ersten drei.

B: Die haben wir ja weggeschoben!

A: Nein, die kannst Du nicht einfach wegsperren, Du kannst ja Deine Erlebnisse nicht wegschmeißen. Da macht Dein Unbewusstes nicht mit.

(Pause. Axel stellt Musik an.)

A: Hast Du?

B nickt.

A atmet sichtbar und hörbar aus und stellt sich neben B: *Ahhh …*

A (während er sich wieder von B entfernt): *Hast Du?*

B nickt.

A: Dann mach mal eine Vorauswahl, welche von den sechs die drei besten sind.

(Pause) A: *Haach ja …*

A: Hast Du? (Pause, A setzt sich wieder, B nickt A zu.) Gut, jetzt hast Du drei Stück. Ich sag jetzt kurz was zum Publikum, Du musst das aber nicht mithören!

A (zum Publikum gewandt): *Bei Männern sind von dreien mindestens zwei was mit Sex!*

B schüttelt leicht den Kopf und lacht: *Hmm …*

A: Stimmts?

B lachend: Jaaa.

A: Gut, dann geh mal ins erste!

B sitzt aufrecht da und sieht geradeaus.

A: Schau Dir das Bild mal an. Bist Du in dem Bild, oder bist Du außen?

B: In dem Bild.

A: Du bist in dem Bild. Okay, dann mach das Bild ruhig mal ein bisschen größer.

A: Okay, was gehört für ein Geräusch zu dem Bild? Was für ein Ton, welcher Klang?

B: Musik.

A: Okay! In stereo? (Pause) Lass Dir ruhig Zeit …

B nickt leicht.

A: Guut … genau!

A: Ein Geschmack gehört bestimmt auch dazu!

B nickt wieder leicht, seine Mundwinkel gehen ganz leicht nach oben.

A: Ist auch irgendein bestimmter Geruch dabei?

(Pause) B nickt.

A: Guut! So, wie es für MICH ausschaut, machst Du das genau richtig.

A (atmet hörbar aus): Komm mal raus.

B blickt zu A.

A: Scheint ziemlich cool zu sein. Da werd ich ja neidisch! Geh mal ins zweite Bild.

B will geradeaus blicken und ins zweite Bild gehen, A unterbricht jedoch, um einen Separator-State zu induzieren.

A: Also, eine andere Frage, wie ist das eigentlich, benutzt Du Salz UND Pfeffer, um einen Apfelkuchen zu backen?

B schüttelt den Kopf, A zeigt nach vorne, B blickt gerade nach vorne, leicht über Augenhöhe.

A: Ahhh! Geh ruhig rein. Geh richtig schön rein. Geh richtig tief rein. RICHTIG tief.

B grinst nach und nach mehr und lacht schließlich.

A: Komm mal raus. Da brauchen wir gar nicht großartig was zu machen. Geh mal ins dritte!

B blickt nach rechts oben. (Pause)

A: Hm ... Geh mal wieder richtig rein ... Machs mal größer und fühl mal richtig hinein.

A: Achte auf die Klänge und die Geräusche.

A paced den Atem von B und nimmt einen tiefen Atemzug. Beim Ausatmen sagt er*: Ohh jaa!*

A: Komm wieder zurück.

B blickt wieder auf A.

A: Guck mich ruhig an! Immer, wenn Du das Gefühl hast, darfst Du mich ruhig angucken! (B lacht.)

A ans Publikum: *Sooo, das ist so natürlich die Gefahr! Frauen, die mit Männern arbeiten, sollten aufpassen ... Ich weiß gar nicht, wie ich mich grade fühle, nachdem ich B nach seinen geilsten sexuellen Erlebnissen direkt angeguckt habe. (Publikum lacht.)*

B: *Das hatte nichts mit Sex zu tun!*

A unterbricht scherzhaft: *Ach! ... Das haben die da draußen anders gesehen!*

Ein Teilnehmer fragt: *Was war es denn?*

A: Das brauchst Du nicht zu sagen! Wir bleiben inhaltsfrei und konzentrieren uns ganz auf den Prozess.

A: Okay, ich suche nun das stärkste Erlebnis. Also das effektivste ... das deutlichste. Wer ist für ein bestimmtes?

A zu B: *Und weißt Du selber, welches Deiner Gefühle am intensivsten war?*

A: Wer ist für drei? Okay.

A: Wer ist für zwei?

Fast alle aus dem Publikum melden sich.

A zu B: *Übrigens ... Du darfst auch zweimal raten, warum ich Dich nach zwei nicht direkt auf mich fixiert habe!*

A und B lachen.

A: *Wie hast Du das denn wahrgenommen?*

B: *Also sie waren … alle unterschiedlich.*

A: *Mhm. Warte mal kurz!*

Axel zu Ilja: Ilja, was war für Dich das intensivste Gefühl, welches würdest Du jetzt nehmen?

I: *Zwei!*

A: *Du würdest zwei nehmen?*

I: *Ja, zwei!*

A: *Da weigere ich mich schon mal als Gegenbeispielsortierer!*

A und I lachen.

A zum Publikum: *Für mich war zwei auch das deutlich stärkste!*

A zu B: *Also es war schon stark und setzt starke Ressourcen frei, oder? Welches war denn für DICH das deutlich stärkste?*

B: *Das stärkste? Das zweite.*

A: *Mhhhhm. Cool! Ahhh, jetzt bin ich ein bisschen …*

A: *Also grundsätzlich eins und zwei waren sexuell!*

A grinst, B lacht.

A zu T: *Nur um Dir zu zeigen, dass man das auch so rauskriegt.*

T: *Du wolltest doch nur mal nachprüfen, ob ich richtig liege!*

A: *Ja, das hast Du gut erraten.*

T: *So, ich hab auf Dich geachtet, nicht auf ihn!*

A lacht.

A zum Publikum: *Oh, gute Strategie! Bei solchen Spielen ist es immer gut, wenn man auf den Trainer achtet, ne? Der Trainer zeigt ja auch eine Physiologie. Da kriegt man schneller raus, was besser ist … als Ungeübter vielleicht … Oder? Wir machen 'ne Mischung aus eins und zwei, denk ich. Weil, ich kann mich nicht entscheiden. Also ich fand eins zum Beispiel richtig cool … Weil bei eins war alles dabei. Eins hat auch eine bestimmte Tendenz – nein, das darf ich jetzt nicht verbreiten!*

A: *Du lieferst Dich halt schon aus!*

B lacht: Ja! Das gehört dazu!

A lacht mit.

A: *Guut! Dann nehmen wir jetzt die zwei.*

B nickt.

A: *Okay. Schmeiß eins und drei weg (macht ein entsprechendes Geräusch dazu). Weg. Einfach weg.*

A: *Hey, Du sollst nicht schon wieder gleich reingehen!*

A: *Also ich sag jetzt erstmal zu denen was und Du kannst in der Zwischenzeit dann schon mal ein bisschen reingehen.*

B blickt geradeaus auf sein zweites Erlebnis.

A mit langsamer Stimme: *Ich werde jetzt als Erstes das Gefühl noch ein bisschen verstärken. Als zweites …*

A blickt auf B und sieht, wie B bereits von selbst die Gefühle verstärkt. Dies sieht man klar an den Gesichtszügen von B.

A: *Klienten machen immer das, was sie nicht sollen! Sie machen immer alles sofort! Also das Gefühl zu verstärken, ne?*

B blickt zu A.

A weiter zum Publikum: *Als Master wisst Ihr ja schon …*

A blickt zu B und zeigt auf dessen zweites Erlebnis, während dieser mit der Zunge über seine Lippen fährt.

Pause.

A zu B: *Komm mal zurück! Ich versuch mich jetzt noch mal als Hellseher, ja? Du bist Basketballtrainer, oder? Du bist NOCH nicht schwul?*

Publikum lacht.

A: *Du kannst Dir auch im Moment noch was Besseres vorstellen?*

B: *Als schwul sein?*

A: *Als schwul sein!*

B nickt.

A: *Dann solltest Du das nicht machen so!*

A: *ICH hab nichts dagegen! Also ich kann damit gut leben!*

B grinst: *Ich bleib eh wie ich will.*

A lacht.

A zum Publikum: *Ich werde jetzt das Gefühl noch verstärken! Ich werde es in sämtlichen Sinneswahrnehmungen verdeutlichen. Alles, was ich hier draußen auch wahrnehmen kann, werde ich als hellseherische Fähigkeiten einsetzen. Darauf achten (in langsamer Sprache)! Und dann werde ich mal die … Dann werd ich mal VERSUCHEN, ob der Klient mir folgt, wenn ich etwas ganz Bestimmtes von ihm möchte. So, dass ihm dieser Moment … der exzellent ist, wie man deutlich sieht an der Physiologie – auch in Zukunft permanent abrufbar zur Verfügung steht.*

A zu B: *Das mit der Zunge müssen wir noch ein bisschen üben. Die hat da 'ne ziemlich – sag ich mal – deutliche Funktion in der Situation … Würde ich jetzt mal mutmaßen.*

B blickt zu A und schüttelt den Kopf.

A nickt und zeigt nach vorne. B blickt nach vorne.

A: *Dann hast du vergessen, die Zunge in der Situation einzusetzen!*

A: *Mach die mal mit dazu! … Jaja …*

B grinst viel stärker.

A: *Also, Du hast schon eine visuelle Wahrnehmung?*

B nickt.

A: *Gut! Du hast auch schon einen … Ton dazu … einen Klang … ein Geräusch?*

B nickt.

A: *Kann man das Geräusch noch ein bisschen lauter machen? Klingt es für Dich dann angenehmer?*

B grinst wieder verstärkt. Die Mundwinkel stehen fast bei seinen Ohren an.

A: *Hast Du es?*

B leckt sich die Lippen.

A: *Cool! Macht trockene Lippen, nicht wahr?*

B nickt.

A: *Durchscanne mal die Situation als Film. Als Abfolge von Bildern. Stell Dir mal vor, wie Du richtig Bewegung in diesen Abschnitt Deines Lebens … der am deutlichsten dazu gehört, bringst … Mach mal … Ohh ja!*

37

A: Und gibt es eine bestimmte Bewegung, die für Dich diese Situation symbolisiert und die Du uns nach außen demonstrieren kannst?

B nickt.

A: Kannst Du denn auch die Bewegung kleiner machen, so dass Du die Bewegung in allen möglichen Situationen des Lebens für dich nutzen kannst?

B nickt zustimmend.

A: Inklusive Klang und der Zungenbewegung?

B nickt.

A: Kannst Du Dir die Situation mal so vorstellen, als würdest Du die Zunge richtig (analog markiert) benutzen?

B lacht und schüttelt den Kopf.

A: Bringt das mehr Geschmack?

B nickt.

A: Guuut! Bleib ruhig noch ein bisschen drinnen und genieß das! Tut guuut!

A: Kannst Du aus der großen Bewegung jetzt schon eine ganz kleine machen?

B nickt.

A: Sollen sie die auch wahrnehmen?

B nickt.

A: Ja, gut, prima!

A: Normalerweise brauchen wir keinen Schutz dazu. Kannst Du für die Situation auch einen Begriff finden, ein Kennwort? Das nur Du weißt! Aber wenn das ausgesprochen wird, hast Du ganz viel ... DAS isses!

B grinst wieder breit und nickt.

A: Cool! Genau! Kannst Du mir das ins Ohr sagen?

B sagt A das Wort ins Ohr.

A: Guut!

A: Bleib mal da! Geh mal noch einmal in die Situation. Nein, jetzt richtig! Mach ruhig mal das, was Du mit der Zunge gemacht hast, was Du in der Situation eigentlich vergessen hast.

B lacht, Publikum lacht.

A: Und jetzt mach Deine Bewegung und sag Dein Kennwort zu Dir selber. Mach es nur mal so als Test, ob es besser wird.

B lacht und nickt.

A beobachtet B und wartet, bis B nicht mehr grinst. *Und komm jetzt wieder raus. Und dreh mal gleichzeitig Deinen Kopf dabei.*

B blickt zu A.

A: Das mit dem Kennwort ist 'ne gute Geschichte. Ich mein, ich könnte es ja mal vorsagen, wäre ja ne fiese Geschichte, aber das Kennwort ist ja auch mit dem Klang der EIGENEN Stimme verbunden UND mit der Bewegung. Wir haben Deinen Moment of Excellence gegen Fremdeinwirkung geschützt! LOS!

B lacht.

A: Cool!

A: Also Ihr wisst schon, wie Ihr Ressourcen bei ihm frei setzen könnt.

A: Lass Dir mal in Deiner Zukunft 'ne Situation einfallen, wo Du diese Ressourcen, die Du gerade eingesammelt hast, brauchen könntest.

B blickt nach rechts oben.

A: Zum Beispiel bei der nächsten Gehaltsverhandlung. Naja, das glaub ich kommt nicht sooo gut!

A: Hast Du eine Frau als Chefin?

B schüttelt den Kopf: Leider nicht!

A: Ich hab eine. So ungerecht ist die Welt!

A: Ich kann mit der auch nix anfangen.

A: Aber scan einfach mal, wo Du eine Situation hast in deiner Zukunft, wo Du genau die Ausstrahlung brauchst, die Du in DER Situation hast. (Wieder mit langsamer Stimme.) Kann sein, das es das nächste Mal 'n Kaffee mit Deiner Traumfrau ist, oder wenn Du Eva das nächste Mal siehst, glaub ich, das ist auch ganz sinnvoll. Scan einfach mal! Und ich rede mal kurz zur Gruppe ein bisschen.

A zum Publikum: Das Ganze nennt man jetzt Future Pace. Wo braucht man es, wo kann man es einsetzen? Future Pace. Ist das für Euch ein Begriff? (Nicken und Bestätigung aus dem Publikum.)

A: Cool! Und anschließend, das steht nicht auf EUREM Zettel, werd ich noch etwas fies, mach ich auch ganz gern!

A: War jetzt nur 'ne Vorankündigung. Er darf ja eh nicht zuhören.

A: Also er ist kein …

A abrupt zu B: Hast Du? Wie viele Erlebnisse hast Du, wo Du die Ressourcen brauchen kannst?

B: Genug!

A: Ahhh, hey! Wie viele? Drei?

B: Ja!

A zeigt nach vorne: Okay, dann mach mal drei Bilder.

B blickt nach vorne links.

A: Oder Filme. Hast Du?

(Pause)

B blickt nach vorne in die Mitte.

A unterbricht: *Nee nee, bleib im ersten!*

A: Hast Du?

B nickt.

A: Bist Du in dem Bild assoziiert oder dissoziiert?

B: Dissoziiert!

A: Dissoziiert?

B: Mhm!

A: Dann geh rein! Wir wollen es schon richtig testen.

A: Wo ist der schwerste Punkt in der Situation kurz vorher? Es ist ein Punkt, der am schwersten ist, kurz bevor die Situation ihren Höhepunkt erreicht.

A: Wenn Du den hast, nickst Du einfach.

(Pause)

B hat jetzt ein sichtlich angespanntes Gesicht. Mundwinkel sind nach unten gezogen. B nickt.

A: Okay, jetzt machst Du Deine Bewegung und sagst gleichzeitig Dein Kennwort und guckst mal, was passiert.

B's Gesichtszüge lockern sich und er fängt wieder an zu grinsen.

A: Cool!

A: Und lass den Film weiterlaufen.

B lacht und macht einen frohen Gesichtsausdruck.

A: Okay?

B nickt stark.

B: Mhm!

A: Cool. Hast Du eigentlich Deinen Weihnachtsbaum noch?

B blickt zu A: Nee!

A: Wie nee?

A zeigt nach vorne und sagt im befehlenden Ton: *Die zweite Situation.*

A: Dasselbe Spiel. Bis kurz vorher laufen lassen.

A zum Publikum: Ihr guckt, na? Ihr müsst das nämlich alle gleich selber machen!

A zu jemandem aus dem Publikum: Du bist schon müde, oder? Hab ich den Eindruck.

A zu B: Hast Du?

B nickt und zeigt wieder deutliche Problemphysiologie.

A: Kennwort, Bewegung?

B fängt langsam an zu grinsen und zeigt wieder eine Zielphysiologie.

A: War das 'ne schwierige Situation oder hast Du noch 'ne schwierigere?

B schüttelt den Kopf und blickt zu A.

A: Du hast keine schwierigere mehr, nicht? Ok, dann kreier ich mal für Dich eine schwierige!

B nickt.

A: Zum Beispiel wir gehen heut gemeinsam essen und ich mach Dir 'nen Heiratsantrag!

(Alle Anwesenden lachen.)

A schüttelt lächelnd den Kopf: *Wir gehen mal essen mit Eva. Du machst Eva einen Heiratsantrag und sie ist kurz davor, Dir eine zu scheuern!*

A: Mach mal!

B blickt nach vorne und fängt an zu lachen.

A: So, mach mal richtig! Nimm Deine Traumfrau! Du hast sie angebaggert und kriegst 'ne Abfuhr.

B blickt nachdenklich nach vorne.

A: Und kurz bevor Du die Abfuhr kriegst, in dem Moment, in dem Du siehst, dass Du sie kriegst, nickst Du.

B nickt.

A: Bewegung und Codewort und LOS!

B lacht.

A: Find ich schon cool! Das ist Dein GANZ PERSÖNLICHER Moment of Excellence! Genieß Deine neue Fähigkeit und komm langsam zurück!

B blickt wieder auf A.

A: Schön! Alles klar?

B: Ja!

A zum Publikum: Mmmmmhh ... Ist eigentlich ein langweiliges Format. Aber wir üben es trotzdem mal ... Keiner braucht das so richtig ... Aber jeder ist froh, wenn er es irgendwann mal anwenden kann!

Wahrnehmung

Jeder von uns schafft sich sein eigenes Modell der Welt, seine eigene innere Land-karte. Diese wird durch unsere Wahrnehmung bestimmt und ist verantwortlich für unser Verhalten.

Diese Repräsentation der Welt bestimmt weitgehend, wie unsere Erfahrungen von dieser Welt sein werden und wie wir diese Welt wahrnehmen, wie wir sie erle-ben und uns in ihr bewegen. Durch diese für und von uns erschaffene Wirklichkeit der Welt wird letztlich auch bestimmt, welche und wie viele Wahlmöglichkeiten wir für unser Verhalten haben. Bestimmt wird diese Wahrnehmung durch sogenannte Wahrnehmungsfilter:

- ◆ Neurologische Filter: Radioaktivität, Radiowellen

- ◆ Sozial-genetische Filter: kulturelle Regeln, soziales Umfeld

- ◆ Individuelle Filter: persönliche Erfahrungen

Häufig werden aufgrund von Filtern Überzeugungen gebildet, auch um sich gegen die Erweiterung von Wahlmöglichkeiten zu wehren. Durch das Infragestellen dieser Überzeugungen vergrößern wir gezielt die Chance auf Veränderung, vor allem in Richtung stärkerer Flexibilität und mehr Lebensfreude.

Im NLP wird oft von Wahrnehmungskanälen gesprochen, die auch VAKOG genannt werden. Die Buchstaben in VAKOG stehen dabei für die einzelnen Wahr-nehmungskanäle visuell, auditiv, kinästhetisch, olfaktorisch und gustatorisch und entsprechen damit unseren fünf Sinnen.

Innerhalb dieser Kanäle können wir unsere Wahrnehmung trainieren und verbes-sern. Hierbei ist wichtig, dass wir unsere Welt sinnlich und konkret wahrnehmen. Das bedeutet, dass die Dinge, die wir mit unseren Sinnen wahrnehmen, ausschließ-lich nur beobachtet werden. Dies ist einfacher gesagt als getan, da Menschen dazu neigen, jeder Wahrnehmung gleichzeitig auch noch Interpretationen, Hellseherei oder Wertungen hinzuzufügen.

Die unterschiedlichen Wahrnehmungsebenen drücken sich natürlich auch über die Sprache aus. So können wir bereits bei einer normalen Unterhaltung erkennen, welches Repräsentationssystem unser Gegenüber bevorzugt. Im Folgenden findest Du eine Liste mit für das jeweilige Repräsentationssystem typischen Wörtern und Redewendungen. Achte in der nächsten Zeit einmal bewusst auf die Sprache Deiner Mitmenschen und ergänze die Liste mit Deinen eigenen Entdeckungen.

Übersicht VAKOG

V	Visuell	Sehen	Gesichtsausdruck, Mimik, Physiologie
A	Auditiv	Hören	Sprache, Tonalität, Tempo
K	Kinästhetisch	Spüren	Temperatur, Druck, Spannung
O	Olfaktorisch	Riechen	Würzig, verbrannt, rauchig
G	Gustatorisch	Schmecken	Süß, sauer, bitter

Kinästhetische Wahrnehmung

Wörter	haarscharf, berühren, Berührung, durchschlüpfen, fühlen, begreifen, umdrehen, leiden, durchschlüpfen, machen, begreifen, bestimmt, gefühllos, unbeweglich etc.
Redewendungen	In den Griff bekommen, ein Stein fällt mir vom Herzen, Hals über Kopf, ich kann Dir nicht folgen, Verbindung aufnehmen, auf dem Teppich bleiben, etwas einfädeln, Haare auf den Zähnen haben, leicht von der Hand gehen, die Fäden in der Hand haben, die Karten auf den Tisch legen, den Daumen drauflegen, in der Luft hängen etc.

Visuelle Wahrnehmung

Wörter	Einblicke, zeigen, erleuchten, kurzsichtig, sehen, schauen, beobachten, erkennen, klar, blinzeln, vorstellen, verschwommen, deutlich, zeigen, erscheinen, neblig etc.
Redewendungen	schwarzsehen, Klarheit gewinnen, Licht ins Dunkel bringen, meiner Ansicht nach, einen Überblick / Eindruck bekommen, sich ausmalen, einen Blick erhaschen, schwache Sicht haben, bei Lichte betrachtet, vor dem geistigen Auge vorstellen, einen Tunnelblick haben, mir ist ein Licht aufgegangen etc.

Auditive Wahrnehmung

Wörter	laut, hören, schweigen, einstimmen, lauschen, taub, überhören, einstellen, ausstellen, widerhallen, harmonisch, klingen etc.
Redewendungen	hört sich gut an, klingt überzeugend, im Einklang sein, Gläser klingen lassen, gehört werden, eine gelöste Zunge haben, um die Wahrheit zu sagen, Wort für Wort, den Mund halten, in Hörweite sein, die Ohren volljammern, leih mir mal ein Ohr, einen Bericht geben, sich ausdrücken etc.

Sinnestäuschung

Betrachte doch einfach mal dieses Bild und zähle die schwarzen Punkte in den Schnittpunkten der Quadrate.

Augenzugangshinweise

Unser Gehirn ist die Schaltzentrale unseres Körpers. Hier werden Gefühle, Erinnerungen, Reize und Reaktionen auf solche gespeichert und verarbeitet. In dieser Schaltzentrale laufen also sehr komplexe und umfangreiche Reaktionen ab, die wir im Einzelnen nicht zwingend kennen müssen.

Auch werden diese Reaktionen von jedem Menschen unterschiedlich verarbeitet. So können Informationen visuell, auditiv, kinästhetisch, olfaktorisch und gustatorisch wahrgenommen werden. Und wenn wir unsere Wahrnehmung hochschrauben, dann können wir an äußeren Merkmalen beobachten, auf welche Art und Weise und in welchem Repräsentationskanal unser Gegenüber sich innerlich organisiert.

An den Bewegungen der Augen können wir erkennen, in welchem Sinneskanal sich jemand befindet und wie er die äußere Welt in seinem Inneren repräsentiert. Und diese inneren Repräsentationen sind die »Landkarten« der äußeren Welt, von denen wir schon bei den Grundannahmen gesprochen haben. Genau aus diesem Grund ist jede »Landkarte« auch einzigartig, was vielen Menschen so viel Probleme bereitet, da sie diese Tatsache nicht verstehen.

Bandler und Grinder haben beobachtet, dass Menschen ihre Augen in bestimmte Richtungen bewegen, abhängig davon, an was und in welchem Sinneskanal sie gerade denken. Diese sogenannten Augenzugangshinweise liefern uns also wertvolle Informationen über den im jeweiligen Moment genutzten Wahrnehmungskanal. Und wenn wir wissen, in welchem System sich jemand gerade befindet, erleichtert uns dies das Pacing und Leading um ein Vielfaches, da wir ihn von dort abholen können, wo er sich gerade befindet.

In der Grafik siehst Du, in welche Richtung sich die Augen bewegen und was es bedeuten kann.

Visuell konstruiert
Sich Personen oder Gegenstände, die so noch nie gesehen wurden, vorstellen. Reine Fantasiebilder schaffen

Visuell erinnert
Personen oder Gegenstände so vor dem geistigen Auge sehen, wie man sie zuvor bereits sah

Auditiv konstruiert
Sich noch nie gehörte, veränderte Fantasieklänge oder -geräusche vorstellen

Auditiv erinnert
Töne, Klänge und Geräusche so hören, wie man sie bereits zuvor hörte

Kinästhetisch
Aktuelle Gefühle, Empfindungen und körperliche Wahrnehmungen spüren

Auditiv digital
Innerer Dialog, mit sich selbst reden, sich die Welt selbst beschreiben

Einige Menschen machen die Augenbewegung auch spiegelverkehrt. Und wiederum andere geben Dir die Möglichkeit der Beobachtung gar nicht.

Sei Dir bewusst, dass sich Augen sehr schnell bewegen und Du daher sehr genau beobachten musst. Aber auch hier gilt: Übung macht den Meister.

Wenn du mit Augenzugangshinweisen arbeiten möchtest, ist es das Einfachste, wenn Du Dir die Grafik gedanklich auf das Gesicht Deines Gegenübers legst. Dann kannst du die jeweilige Reaktion der Augen Deines Gegenübers in eine bestimmte Richtung einfach dem entsprechenden Repräsentationssystem zuordnen.

Noch ein wichtiger Hinweis: Bitte prüfe die beobachteten Reaktionen und die daraus resultierenden Interpretationen kritisch. Sei Dir bewusst, Dich in einem Modell zu bewegen, welches keinen Anspruch auf absolute Richtigkeit erhebt. Wir haben bisher jedoch noch keinen Menschen kennengelernt, bei dem wir keine Augenzugangshinweise beobachten konnten.

Eine gute Möglichkeit, diese Hinweise zu testen, ist das Stellen von eleganten Fragen. Mit den folgenden Fragen kannst Du überprüfen, ob und wie Dein Gesprächspartner Augenzugangshinweise verwendet. Denn um Dir eine Antwort zu geben, muss er die nötigen Informationen innerlich in einem bestimmten Wahrnehmungskanal verarbeiten.

Probiere es einfach mal aus und ergänze die Liste mit eigenen Fragen!

Visuell erinnert

- ◆ Welche Farbe hat Dein Lieblingsshirt?
- ◆ In welcher Höhe befindet sich das Schloss Deiner Haustür?
- ◆ Was siehst Du als Erstes, wenn Du morgens aufstehst?
- ◆ Auf welcher Seite Deiner Wohnungstür ist die Klingel?
- ◆ Wann sahst Du das letzte Mal deine Unterschrift?
- ◆ Auf welcher Seite ist der Tacho in deinem Auto?

Visuell konstruiert

- ◆ Wie würde Deine Mutter mit lila Haaren aussehen?
- ◆ Beschreibe die Einrichtung eines Raumes, den du gestalten würdest!
- ◆ Wie wirst Du wohl in zehn Jahren aussehen?
- ◆ Hast Du ein Lieblingsbuch? Welche Farbe hat das Etikett?
- ◆ Beschreib mal eine Kreuzung zwischen Katze und Maus!
- ◆ Beschreib mal einen Elefanten mit Borsten am Schwanz!

Auditiv erinnert

- Was macht eine angenehme Stimme aus?
- Wie hört sich das Lied an, das Du zuletzt gehört hast?
- Mit wem hast Du als Letztes telefoniert?
- Wie hört sich die Stimme Deiner Mutter an?
- Was hat Dein Mann Dir beim Heiratsantrag gesagt?

Auditiv konstruiert

- Wie klingt Deine Lieblingsmusik mit Presslufthammer?
- Sag Deinen Namen rückwärts!
- Wie würde sich Dein Name auf chinesisch anhören?

Innerer Dialog

- Stell Dir mal innerlich folgende Frage: Welche Situation hat Dich im Leben am meisten geprägt?

Kinästhetische Repräsentation

- Kannst Du jetzt Deine Zehen spüren?
- Was gab es gestern zum Mittagessen?
- Wie fühlte sich Dein Bauch danach an?
- Wie fühlt es sich an, auf Eis zu schlittern?
- Sind Deine Füße jetzt warm?
- Wie hast Du Dich beim letzten Kompliment gefühlt?
- Wie kalt war das Wasser, als Du das letzte Mal im Meer gebadet hast?

Submodalitäten

Wir wissen nun, wie wir unsere eigene Realität schaffen und unsere inneren Landkarten gestalten, nämlich über unsere fünf Sinneskanäle. Wir kreieren diese inneren Karten als Abbild der äußeren Welt, damit unser Gehirn weiß, wie es sich in bestimmten Situationen verhalten soll.

Jedes unserer fünf Repräsentationssysteme, die auch sensorische Modalitäten genannt werden, unterscheidet sich von den anderen auf eine bestimmte Art und Weise und durch sie werden neue Informationen zu unseren Landkarten hinzugefügt. Insgesamt betrachtet ist eine bestimmte innere Landkarte dann eine einzigartige Mischung aus Bildern, Tönen, Gefühlen, Gerüchen und Geschmäckern. Wird nur eine dieser Modalitäten geändert, so ändert sich auch gleichzeitig die Erfahrung.

Die Unterschiede innerhalb dieser sensorischen Modalitäten, also die Art, Form und Intensität innerhalb eines Repräsentationssystems, werden als Submodalitäten bezeichnet. Und eine Veränderung der Submodalitäten kann große Auswirkungen haben.

Kennst Du noch die Zeit der Stummfilme? Dort spielte Charlie Chaplin viele Filme, die in Schwarz-Weiß liefen und keinen Ton hatten. Das Publikum bekam die Informationen über den Inhalt als Untertitel eingeblendet. Dann kamen die ersten Filme mit Ton und der Farbfilm wurde erfunden. Und der gleiche Film mit Charlie Chaplin wurde von den meisten Menschen auf eine völlig andere Art wahrgenommen, obwohl der eigentliche Inhalt der Gleiche war. Und heutzutage ist es noch extremer. Es macht einen riesigen Unterschied, ob Du Dir einen spannenden Thriller auf einem kleinen Fernseher im Schlafzimmer anschaust oder ob Du ihn im Kino auf einer 30 Meter großen Leinwand mit Dolby Surround Sound genießt. Und genau diese Unterschiede der einzelnen Erfahrungen sind die Unterschiede in den Submodalitäten.

Es gibt grundsätzlich zwei Arten von Submodalitäten: digital oder analog.

Digitale Submodalitäten schließen sich gegenseitig aus, z. B. an oder aus, assoziiert oder dissoziiert. So macht es Sinn – und dies gilt für die meisten Menschen –, sich schöne Situationen assoziiert zu betrachten, also aus Deinen eigenen Augen heraus. Andersherum ist es eine gute Idee, negative Situationen möglichst so zu erleben, dass Du Dich selbst aus der Vogelperspektive in der Situation siehst.

Die analogen Submodalitäten können stufenlos verändert werden. So kannst Du etwas scharf oder verschwommen sehen, in Farbe oder schwarz-weiß, nah oder fern, groß oder klein, 3-D oder 2-D usw. Genauso kannst Du die auditiven Submodalitäten nach Tonhöhe, Lautstärke, Rhythmus, Tonalität und vielem mehr regulieren.

Und genauso wie es einen Unterschied macht, ob Du einen Film auf Deinem iPod schaust oder in einem Multiplex-Kino, so macht auch die Veränderung der einzelnen Submodalitäten einen dramatischen Unterschied im Erleben einer Erfahrung.

So kannst Du jeder Erfahrung in Deinem Leben nur durch die Veränderung einer oder mehrerer Submodalitäten eine völlig neue Bedeutung geben. Dadurch können schöne Situationen noch schöner und intensiver werden oder eine negative Erfahrung wird neutralisiert oder sogar in eine positive umgewandelt.

Dies bringt uns natürlich unendliche Möglichkeiten. Wir können zum einen herausfinden, mit welchen Submodalitäten Menschen ihre guten und schlechten Erfahrungen strukturieren. Zum anderen aber können wir dann durch die Änderung einiger Details große Veränderungen bewirken.

Vielleicht fragst Du Dich, welche Submodalitäten Du denn nun genau verändern solltest? Dies ist natürlich bei jedem Menschen unterschiedlich. Schlussendlich kommt es auf Deine Wahrnehmung an, auf welche Änderung Dein Klient am positivsten reagiert.

Eine Übersicht der unterschiedlichen Submodalitäten findest Du in der folgenden Tabelle:

Visuell	Auditiv	Kinästhetisch	Sonstige
Bild oder Film	Lautstärke	Druck	Süß / sauer
Entfernung	Tonfolge	Gefühle	Aroma
Hell / dunkel	Tonhöhe	Gewicht	Geruch
Farbig / schwarz-weiß	Intensität	Richtung	Bitter / süß
Klar / verschwommen	Stereo, mono	Bewegung	Schärfe
Nah / fern	Ort des Geräusches	Temperatur	

Übung zu zweit
Submodalitäten

Übung zur eigenen Erfahrung der Wirkungsweise von Submodalitäten.
Nimm Dir aus Deinem Erfahrungsschatz zwei Ereignisse: eines, bei dem Du
Dir vollkommen sicher bist, und eines, bei dem Du Dir unsicher vorkommst.
Vergleiche diese nacheinander anhand der folgenden Aufstellung.

B unterstützt A mit geeigneten Fragen und notiert.

Auditiv	Sicher	Unsicher
Lautstärke		
Tempo		
Hell / dunkel		
Intensität		
Dauer		
Rhythmus		
Stereo / mono / Ort		
Tonalität		
Kinästhetisch		
Wo im Körper		
Pulsschlag		
Gewicht		
Druck		
Intensität		
Hauttemperatur		
Bewegung		
Farbe des Gefühls		
Amplitude		
Visuell		
Foto oder Film		
Farbe oder S / W		
Hell / dunkel		
Assoziiert / dissoziiert		
Größenverhältnis		
Kontrast		
Entfernung im Raum		
3-D / 2-D		
Grenzenlos / begrenzt		
Mit oder ohne Rahmen		

Visual Squash

Übung für eine Gruppe zu dritt

A ist Coachee, B ist Coach und C ist Beobachter.

1. Wähle einen Konflikt aus Deinem Leben (Beispiel: Steuererklärung machen wollen oder spazieren gehen).

2. Mach ein Bild von beiden Teilen und nimm jeden Teil in die Hand, die Dir für diesen recht ist.

3. Trenne von beiden Teilen Absicht und Verhalten (gib jedem Teil so lange andere und positive Bedeutungen, bis die positive Absicht ersichtlich wird und letztlich beide Teile dieselbe Absicht haben. Das kann so weit gehen, dass jeder Teil sogar letztlich nur das Überleben von A sicherstellen will.)

4. Welche zusätzlichen Ressourcen sind nötig, damit die beiden Teile vielleicht effektiver als je zuvor zusammenarbeiten?

5. Mach Dir ein Bild davon, wie ein dritter Teil aussehen müsste, der die Ressourcen der beiden ersten Teile in sich trägt. Platziere dieses Bild zwischen die beiden Teile.

7. Führe die Hände deines Gegenübers behutsam zusammen und bitte es zur gleichen Zeit, die Bilder gedanklich ineinander so zu verschmelzen, dass ein neues einzelnes Bild entsteht.

8. Führe die Hände zur Stirn und somit das neue Bild nach innen.

9. Fordere dazu auf, das neue Verhalten in der Zukunft zu testen.

Glauben verändern

Übung für eine Gruppe zu dritt

A ist Coachee, B ist Coach und C ist Beobachter.

1. Finde die Submodalitäten eines limitierenden Glaubenssatzes. »Das schaffe ich nicht!« oder »Das kann ich nicht!« sind Beispiele für limitierende Glaubenssätze.

2. Finde die Submodalitäten eines sehr dienlichen Glaubenssatzes. Denke dazu an eine Situation, die Du beispielsweise mit den Worten »Kein Problem, das schaffe ich mit links« oder »Na klar, das mach ich doch jeden Tag« kommentieren würdest.

3. Finde die Submodalitäten einer Situation, von der Du glaubst, sie vielleicht meistern zu können. Das könnten zum Beispiel Herausforderungen sein, zu denen dir die Kommentare »Vielleicht klappt es ja …« oder »No risk, no fun« einfallen würden.

4. Versetze A in eine Situation ähnlich kurz vor einem Höhepunkt in seinem Leben. Ankere diese Ressourcen! Verstärke den Anker dann durch Verändern der Submodalitäten!

5. Ändere die Submodalitäten langsam! Gehe dabei von den Submodalitäten des limitierenden Glaubenssatzes über die der Herausforderung, von der du glaubst, sie vielleicht meistern zu können, um dann die Submodalitäten des dienlichen Glaubenssatzes zu erreichen. Löse nach der Veränderung – auf dem Höhepunkt – den Anker des dienlichen Glaubenssatzes aus.

6. Schicke A gedanklich in eine Situation in der Zukunft und lass ihn seine neuen Erkenntnisse prüfen.

In den meisten Fällen sind es drei bis fünf Submodalitäten, die sich wirklich unterscheiden und den Unterschied ausmachen.

Sprache und Kommunikation

Ein weiser Mann sagte einmal: »Sprache ist die Kleidung der Gedanken.« Sprache steht nicht nur für das »N« in NLP, sondern ist auch das Herz und die Basis dieses Kommunikationsmodells, denn über Sprache gestalten wir unsere Welt und das, was wir als unsere Realität bezeichnen. Der elegante Gebrauch von Sprache und Kommunikation, um Menschen mit einer positiven Absicht zu beeinflussen, ist deshalb auch eines der wichtigsten Dinge, die Du lernen solltest, wenn Du es zur Meisterschaft in der Disziplin des NLP bringen möchtest.

Gehe aber sorgfältig mit dem Gebrauch Deiner Sprachmuster um, denn Sprache ist ein sehr mächtiges Werkzeug. Richtig eingesetzt, kann sie zu ungeheurer Freiheit führen, wundervolle Erlebnisse schaffen und sogar Prozesse im Körper verändern. Wird sie jedoch missbraucht, so kann sie verletzen, andere Menschen kränken oder in die Verzweiflung treiben.

Manchmal fühlen wir uns wie ein Chirurg, dem zwar alles zur Verfügung steht, was er für eine bestimmte Operation braucht, der aber nicht so recht weiß, wo er den ersten Schnitt genau setzen soll. Das liegt dann daran, dass wir zwar viele NLP-Techniken kennen, allerdings vielleicht kurz nicht aufmerksam genug waren, die gegebenen Informationen sicher, schnell und korrekt zu erfassen und zu analysieren.

Zugleich interpretieren wir manchmal die erhaltenen Informationen so, wie sie in unser Modell der Welt passen, und erliegen der Versuchung, unser Modell zu Grunde zu legen anstatt das des Gegenübers. Das heißt, dass die Frage, was etwas bedeutet, immer mit der Frage, für wen es das bedeutet, verknüpft werden muss.

Es gibt wahrscheinlich eine stillschweigende Übereinkunft zwischen den Menschen, wenn es beispielsweise um den Begriff »Rotwein« geht. Wir haben dann wohl ein Bild vor Augen, das sehr ähnlich ist. Wir können uns eine Farbe vorstellen, eine geeignete Verpackung, einen Geruch. Schon dann aber beginnen vielleicht die Unterschiede größer zu werden.

Ebenso verläuft der Abgleich bei Wörtern wie »Politik«, »Erziehung« oder gar »Liebe«. Wir können unseren Gesprächspartner nur verstehen, wenn wir seinen Worten eine bestimmte Bedeutung geben, einen Sinn. Dabei ist es keinesfalls normal, dass meine Bedeutung mit der meines Gegenübers übereinstimmt.

Wie geben wir den Worten, die wir hören, einen Sinn? Wie wählen wir Worte, um uns auszudrücken?

Aus den Grundannahmen des NLP kennen wir noch den Satz: Die Landkarte ist nicht das Gebiet. Wir nutzen Sprache in verschiedener Art, um unser Modell der Welt zu bilden. So schaffen wir uns ein inneres Abbild der Welt, definieren unsere Landkarte von ihr und ermöglichen uns damit erst, uns darin zu bewegen. So kommen wir aber auch zu Einschränkungen, die wir unserem Leben setzen. Denn je ungenauer unsere Landkarte ist, je mehr schwarze Flecken sie hat, desto weniger flexibel sind wir.

Sinn einer gut geführten Kommunikation kann es sein, unserem Gegenüber tiefere Einsichten zu ermöglichen und ihm dadurch ein deutliches Mehr an Möglichkeiten zu geben, ein Mehr an Flexibilität.

Das ist letztlich der Anspruch des Modells von NLP – das Geben von weiteren Wahlmöglichkeiten.

Jede Sprache ist ein komplettes Repräsentationssystem der Erfahrungen einer Kultur und damit ein Modell der Welt dieser Kultur. Es basiert auf der Feststellung, dass wir die Welt mit unseren fünf Sinnen nur unvollständig wahrnehmen können und damit unsere Vorstellung von der Welt nicht wirklich mit der Realität übereinstimmt. Wie jedes Modell unterliegt auch die Sprache den drei Universalien der Modellbildung:

Generalisierung, Tilgung, Verzerrung.

Diesen drei Prozessen unterliegen Menschen, wenn sie Sprache nutzen, um sich ihr Modell der Welt – ihre Landkarte – zu gestalten.

Jeder Mensch benutzt Sprache auch zur Kommunikation seines Modells der Welt an andere. Die Wortwahl und die Struktur der Sprache, die ein Mensch nutzt, sind praktisch völlig unbewusst. Sie unterliegen aber ganz klaren Strukturen. Das nennen wir das Meta-Modell der Sprache, da Sprache als solche bereits ein Modell ist. Das Meta-Modell geht davon aus, dass wir in unserer Muttersprache ein Gespür für die Wohlgeformtheit von Sätzen haben und in der Lage sind, dadurch Bedeutungen abzuleiten. Erst durch diesen Prozess verstehen wir Sätze. Die Worte sind dabei lediglich Begriffe für Sinneserfahrungen, die sehr komprimiert ausdrücken, was wir tatsächlich meinen. Sie haben mehr Sinn, wenn wir hinzufügen, was wir uns vorstellen, und eigene Interpretationen einfließen lassen.

Mit Hilfe des Meta-Modells gelangt ein Kommunikator, ganz gleich ob Therapeut, Mitmensch, Coach oder Verkäufer, von der Oberflächenstruktur zur Tiefenstruktur seines Gegenübers. Das macht es ihm möglich, das ganz persönliche Modell der Welt seines Gegenübers besser kennenzulernen und dieses Modell der Welt unter Umständen so zu manipulieren, dass sein Gegenüber mehr Wahlmöglichkeiten hat.

Folgenden Grundsatz solltest Du Dir daher so oft wie möglich vergegenwärtigen:

Sprache ist die wichtigste Kommunikationsmöglichkeit, Erfahrungen auszudrücken und sich gegenseitig das eigene Modell der Welt und die eigene Landkarte zu beschreiben.

Oberflächenstruktur und Tiefenstruktur

Die Oberflächenstruktur eines Satzes vermittelt die *Form* und die Tiefenstruktur seine *Bedeutung.* Das bedeutet aber auch, wenn wir die Regeln der Prozessbildung kennen, können wir in der Kommunikation von der mitgeteilten Oberflächenstruktur zur Tiefenstruktur und damit zu den ursprünglichen Erfahrungen unseres Gegenübers gelangen.

Wie aber genau verläuft der Prozess von der ursprünglichen Erfahrung in der Tiefenstruktur hin zur Oberflächenstruktur?

Die Tiefenstruktur entsteht durch das Erleben eines bestimmten Ereignisses, welches wir über unsere Sinne wahrnehmen. Einiges davon bekommen wir auf bewusster Ebene mit, doch viele Sachen nimmt unser Unterbewusstsein auf. (Im Hypnose-Abschnitt wirst Du noch viele interessante Dinge über Dein Unterbewusstsein lernen!) Wenn wir diese Erfahrung nun für uns und für andere mit Worten beschreiben, so verfälschen wir diese Repräsentation der ursprünglichen Situation, indem wir etwas weglassen, verzerren oder verallgemeinern.

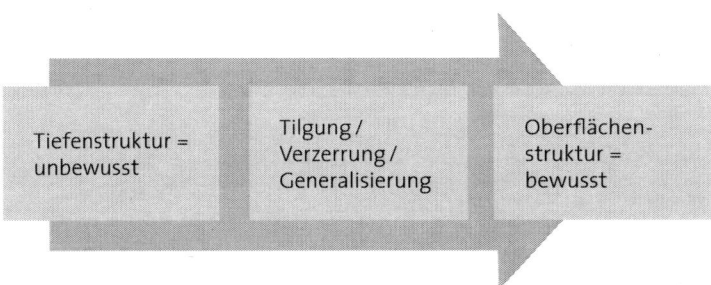

Tilgung

Bei der Tilgung werden ganze Teile der ursprünglichen Erfahrung ausgelassen oder zumindest ein Teil der Bedeutung dieser Erfahrung. Das heißt nichts anderes, als dass in der Oberflächenstruktur deutlich wird, dass wichtige Elemente der Bedeutung einer Erfahrung fehlen, da sie ausgelassen oder gelöscht worden sind.

Dies ist weder gut noch schlecht, denn es kommt immer darauf an, was genau wir tilgen. So werden im Stimmengewirr einer Kneipe oder am Bahnhof alle Stimmen und Geräusche von uns getilgt außer denen unserer Gesprächspartner. Eine weitere sinnvolle Tilgung finden wir bei Menschen, die an einem Tinnitus leiden. Diese Menschen überhören in der Regel das Piepsen im Ohr.

Manche Menschen überhören Botschaften der Zuneigung, des Lobes und der Anerkennung. Dieses Verhalten ist irgendwann einmal gewachsen. Zu einem späteren Zeitpunkt führt diese Tilgung allerdings zur Unzufriedenheit, obwohl es diese Botschaften der Anerkennung gibt. Aufgrund des Gelernten wird unser Gegenüber diese positiven Botschaften tilgen. Es nimmt sie nicht wahr, kann sie nicht hören und somit nicht wiedergeben. Diese Zeugnisse der Zuneigung, der Anerkennung oder des Lobes können also nicht dazu benutzt werden, die persönliche Landkarte zu ergänzen.

Verzerrung

Über den Prozess der Verzerrung ändern wir Teile der ursprünglichen Erfahrung, indem wir wichtige Sachen hinzufügen, Dinge verschönern oder verschlechtern, größer oder kleiner machen oder uns selektiv auf etwas Bestimmtes konzentrieren.

Und genau aus diesem Grund nehmen Menschen ihre (gleiche) Umwelt unterschiedlich wahr. Eine Person, die Hunger hat, wird bei einer Autobahnfahrt eher Raststätten wahrnehmen, während jemand, der tanken muss, eher Tankstellen wahrnehmen würde.

Auch Verzerrungen können in einem bestimmten Kontext dienlich sein, besonders wenn es um künstlerische und kreative Tätigkeiten geht. Zum Beispiel, wenn Menschen Visionen und Utopien entwickeln, und ebenso bei der bildhaften Vorstellung einer Wohnungseinrichtung oder Ähnlichem.

Wenn eine Person A auf eine Person B einredet, während diese lesen möchte, kann es dazu kommen, dass diese überreagiert und ihr Buch wutentbrannt auf den Tisch haut und vielleicht noch laut dazu ruft: »Halt die Klappe!« Dann kann es passieren, dass Person A verstört aus dem Zimmer läuft und einer dritten Person mitteilt, B habe gerade mit dem Buch nach ihr geworfen. Hier findet einfach ein Vermischen der Inputkanäle statt (Overlap).

Wie weit so eine Verzerrung im negativen Fall führen kann, verdeutlicht eine schöne Geschichte von Paul Watzlawick:

Ein Mann will ein Bild aufhängen. Den Nagel hat er, nicht aber den Hammer. Der Nachbar hat einen. Also beschließt unser Mann, hinüberzugehen und ihn auszuborgen. Doch da kommt ihm ein Zweifel: Was, wenn der Nachbar mir den Hammer nicht leihen will? Gestern schon grüßte er mich nur so flüchtig. Vielleicht war er in Eile. Aber vielleicht war die Eile nur vorgeschützt, und er hat etwas gegen mich. Und was? Ich habe ihm nichts angetan; der bildet sich da etwas ein. Wenn jemand von mir ein Werkzeug borgen wollte, ich gäbe es ihm sofort. Und warum er nicht? Wie kann man einem Mitmenschen einen so einfachen Gefallen abschlagen? Leute wie dieser Kerl vergiften einem das Leben. Und dann bildet er sich noch ein, ich sei auf ihn angewiesen. Bloß weil er einen Hammer hat. Jetzt reicht's mir wirklich.

Und so stürmt er hinüber, läutet, der Nachbar öffnet, doch bevor er »Guten Tag« sagen kann, schreit ihn unser Mann an: »Behalten Sie Ihren Hammer, Sie Rüpel!«

Wieder in seiner Wohnung sitzt er da mit seinem Bild in der Hand – enttäuscht und verzweifelt über seine Mitmenschen. Und er beschließt ganz fest: »Nie wieder spreche ich einen an!«

Generalisierung

Wenn wir von einem einzelnen Ereignis auf eine ganze Gruppe von Ereignissen schließen, sprechen wir von Generalisierung. Teile einer Erfahrung werden von dieser abgetrennt und verkörpern dann die komplette Erfahrung. Verallgemeinerungen können sehr positiv sein, wenn es sich ums Lernen handelt, denn durch eine Generalisierung müssen wir uns ein und dieselbe Sache nur einmal merken. Aus einzelnen Beispielen leiten wir dann für uns allgemeingültige Regeln, Informationen, Überzeugungen und Werte ab, auf deren Grundlage wir dann weitere Informationen und Handlungen ableiten.

Wenn sich jemand an einem heißen Ofen einmal die Finger verbrannt hat, kann es passieren, dass er gar keine heißen Öfen mehr anfasst oder dass er Zimmer, in denen sich ein Ofen befindet, ganz meidet.

Ebenso ist es sicherlich nützlich, mit allen Mitteln sein Recht vor Gericht zu erkämpfen, dieses Verhalten in einer Partnerschaft oder Ehe an den Tag zu legen wäre allerdings sehr schädlich.

Tilgung, Verzerrung und Generalisierung sind also Verletzungen des Meta-Modells und verändern auf dem Weg zur Oberflächenstruktur die eigentliche Tiefenstruktur. Sie können einerseits nützlich sein, andererseits auch sehr einschränken.

Diese sogenannten Gestaltungsprozesse erfüllen Funktionen, die sehr wertvoll sind; teilweise sogar das Überleben eines Menschen sicherstellen. Leider können sie auch sehr einschränkend wirken.

Menschen haben den inneren Drang sich zu beweisen, was sie glauben wollen, und erschaffen sich damit eine Realität – ihre Realität.

Es ist oftmals einfacher, die Beweisführung zu ändern, als in einer solchen Realität zu versuchen, glücklich zu werden.

Das Meta-Modell der Sprache

W ie genau wir nun bei einem Menschen von der Oberflächenstruktur wieder zur ursprünglichen Tiefenstruktur gelangen können, damit beschäftigt sich das Meta-Modell der Sprache. Oftmals wird es als die Wiege des NLP bezeichnet, da es das erste offizielle Format in den 1970er Jahren war, noch Jahre bevor das Milton-Modell und andere berühmte NLP-Formate entwickelt wurden.

Das Meta-Modell basiert auf der Arbeit von Richard Bandler und John Grinder mit einigen der erfolgreichsten Therapeuten der damaligen Zeit, u. a. Fritz Perls und Virginia Satir, und den Untersuchungen Grinders über Noam Chomskys Transformationsgrammatik. Sie modellierten diese beiden Ausnahmetherapeuten und fanden heraus, dass die Erfolge auf der Verwendung bestimmter Sprachmuster basierten. Sie beobachteten, dass wieder und wieder die gleichen Fragen gestellt wurden, kurz bevor es bei einem Patienten zu wichtigen Veränderungen kam. Diese Erkenntnisse testeten Bandler und Grinder dann mit eigenen Patienten, indem sie für eine gewisse Zeit unterschiedliche Fragen stellten und die Ergebnisse verglichen. Nach einiger Zeit kristallisierten sich bestimmte Sprachmuster heraus, die es ihnen ermöglichten, wahre Wunder zu vollbringen. Sie entdeckten Sprachmuster, die magische Wirkung auf Menschen mit Problemen hatten. Dies war die Geburtsstunde des Meta-Modells, welches sie in ihrem Buch *The Structure of Magic I* veröffentlichten.

»Was genau?«, »Wie?«, »Wer?«, »Womit genau?« können Meta-Modell-Fragen sein. Mit ihnen kann man

- ◆ eine möglichst genaue Beschreibung des Ereignisses erhalten
- ◆ das individuelle Verständnis und die Bedeutung bestimmter Worte klären
- ◆ Einschränkungen im Weltbild des Sprechers erkennen
- ◆ neue Wahlmöglichkeiten eröffnen und Einschränkungen auflösen

Das Meta-Modell analysiert die Dinge, die Menschen mit ihren Worten sagen, und findet heraus, welche ursprüngliche Erfahrung hinter diesen Worten steckt. Es hinterfragt die Tilgungen, Verzerrungen und Generalisierungen von Sätzen und wir wissen somit, worauf Menschen ihre Aufmerksamkeit richten oder was sie ausblenden. Durch bestimmte Fragen schaffen wir es, gelöschte Informationen wieder hervorzuholen, um dann auf dieser neuen Basis weiterarbeiten zu können. Wir können nur durch das Stellen von klugen Fragen Einschränkungen identifizieren und anderen Menschen eine Tür zu mehr Flexibilität und Wahlmöglichkeiten öffnen. Gleichzeitig stellen wir sicher, dass wir selber aufhören, ausschließlich zu mutmaßen, was im Kopf eines anderen Menschen vorgeht, und zu halluzinieren, was wir denken, dass sie denken sollten. Insgesamt besteht das Meta-Modell der Sprache aus mehreren Sprachmustern, die alle unter die uns schon bekannten Kategorien fallen:

Tilgung

Tilgungen löschen wichtige Informationen und können uns bei bestimmten Aufgaben stark behilflich sein, allerdings aber auch unser Denken und Handeln stark einschränken. Durch sie können wir einerseits Aufgaben konzentriert erledigen. Andererseits können wir positive Erlebnisse ausblenden, weil wir nur Negatives erwarten.

Die zu dieser Kategorie gehörenden Meta-Modell-Muster sind:

- Einfache Tilgung
- Vergleichende Tilgung
- Fehlender Bezug
- Unspezifische Verben

Verzerrung

Verzerrungen sind sehr dienlich bei der Projektion von Visionen und Zielen. Sie können aber ebenso hemmend wirken, wenn Erfahrungen so umgedeutet werden, dass sie unseren Erwartungen entsprechen und auf diese Weise unsere Wahlmöglichkeiten einschränken.

Die zu dieser Kategorie gehörenden Meta-Modell-Muster sind:

- Nominalisierung
- Ursache / Wirkung
- Hellsehen
- Verlorener Urheber

Generalisierung

Verallgemeinerungen dienen dem Wiedererkennen und Übertragen von einzelnen Beispielen auf eine ganze Gruppe. Ich muss nicht alle möglichen Formen von Türen kennen, um zu wissen, was eine Tür ist. Gleichwohl wirkt es einschränkend, wenn ich die Erfahrung eines suboptimalen Erlebnisses auf das ganze Leben übertrage.

Eine Generalisierung kann mit Hilfe von Tilgung und Verzerrung immer wieder bestätigt und verfestigt und so zu einer sich selbst erfüllenden Prophezeiung werden.

Die zu dieser Kategorie gehörenden Meta-Modell-Muster sind:

◆ Universelle Mengenangaben
◆ Modaloperatoren der Möglichkeit
◆ Modaloperatoren der Notwendigkeit
◆ Vorannahmen

Übersicht Meta-Modell-Muster

Tilgung	Verzerrung	Generalisierung
Einfache Tilgung *(fehlende und / oder unvollständige Information)*	**Nominalisierungen** *(ein Verb wird zu einem Nomen, damit wird der dahinterstehende Prozess undeutlich)*	**Universelle Mengenangaben** *(Ausnahmen und / oder andere Wahlmöglichkeiten werden ausgeschlossen)*
Vergleichende Tilgung *(es fehlt der Maßstab der Bewertung)*	**Ursache / Wirkung** *(aus x wird y, ein bestimmter Reiz wird eine Erfahrung)*	**Modaloperatoren der Notwendigkeit / Möglichkeit** *(wie können, wollen, dürfen Aussagen die exakte Handlungen verlangen – oder Flexibilität einschränken)*
Fehlender Bezug *(Pronomen ist unbestimmt)*	**Hellsehen** *(Annahme zu wissen, was ein anderer meint, fühlt, glaubt etc.)*	**Vorannahmen** *(Voraussetzung, dass eine Aussage richtig ist)*
Unbestimmte Verben *(Verben, die Aussagen über das Wie, Wann und / oder Wo tilgen)*	**Verlorener Urheber** *(Bewertung und / oder Meinung ohne bestimmte Quelle)*	

Meta-Modell-Kategorie Tilgung

Einfache Tilgung

Etwas Wichtiges in einem Satz ist getilgt worden und fehlt daher. Typische Fragen für einfache Tilgungen sind *Was, Wo, Wer* oder *Wie genau?*

Das ist wichtig. *Was genau ist wichtig?*
Verstehe ich nicht. *Was genau verstehst Du nicht?*
Ich bin nicht sicher. *Worüber?*
Mir geht es nicht gut. *Inwiefern geht es Dir nicht gut?*
Ich gehe fort. *Wohin genau gehst Du?*

Vergleichende Tilgung

In diesem Muster ist der Vergleichsmaßstab getilgt worden. Diesen erfragst Du am leichtesten mit der Frage *Im Vergleich wozu?*

Herr Meier ist der Beste. *Worin ist er der Beste?*
Er ist viel netter. *Im Vergleich mit wem?*
Hier ist es schöner. *Im Vergleich wozu?*
NLP ist leichter. *Leichter als was?*

Fehlender Bezug

Es fehlt die Person oder das Objekt, die handelt oder durch Handlungen anderer beeinflusst wird. Deshalb fragst Du bei diesen Meta-Modell-Mustern am besten *Wer* oder *Was genau?*

Man tut sich schwer, neu anzufangen. *Wer genau tut sich schwer?*
Sie sind nicht gut zu mir. *Wer genau ist nicht gut zu Dir?*
Es ist nicht leicht. *Was genau ist nicht leicht?*
Keiner mag mich. *Wer genau mag Dich nicht?*
Man sollte endlich handeln. *Wer genau sollte handeln?*

Unbestimmte Verben

Die unspezifischen Verben tilgen den Prozess in einem Satz, also wie etwas getan wurde. Die Standard-Frage für dieses Muster ist *Wie genau?*

Mein Chef schneidet mich. *Wie genau schneidet er Dich?*
Meine Frau hat mich gezwungen, an dieser Ausbildung teilzunehmen. *Wie genau hat sie Dich gezwungen?*
Man handelte. *Wer handelte und wie genau?*
Ich habe das Meta-Modell gelernt. *Wie genau hast Du das gemacht?*

Meta-Modell-Kategorie Verzerrung

Nominalisierungen

Immer dann, wenn ein Verb in ein Subjekt umgewandelt wird, entsteht eine Nominalisierung. Dies verschleiert den dahintersteckenden Prozess (Wer macht was mit wem?) und macht dadurch das entstehende Subjekt extrem vage. Diese Tatsache wird uns später im Milton-Modell noch sehr hilfreich sein. Richard Bandler hat diese kompliziert klingende Aussage sehr einfach formuliert:

»Eine Nominalisierung kann ich nicht in die Schubkarre legen und wegfahren. Damit wird ein Prozess zu einem Ding! Die Selbsterreichbarkeit geht verloren.«

Die Hinterfragung einer Nominalisierung muss so geschehen, dass aus dem Subjekt wieder ein Verb wird, also der ursprüngliche Prozess zum Vorschein kommt:

Ich habe Depression! *Wie genau machst Du das, wenn Du Depression hast?*
Ich muss eine Veränderung vornehmen. *Was genau wirst Du tun? Was ist Dein Ziel?*
Ich leide unter Stress. *Wie genau stresst Du Dich? Oder wer stresst Dich?*
Da habe ich so meine Angst. *Was ängstigt Dich und in welcher Weise geschieht das?*

Ursache / Wirkung

Durch dieses Meta-Modell-Muster scheint es so, als ob das Verhalten von Person X Auswirkungen auf Person Y hat und damit eine bestimmte Reaktion auslöst. Dieses Muster kannst Du entweder mit einer *Wie genau?*-Frage oder mit einer *Frage nach Wahlmöglichkeiten* auflösen:

Er bringt mich zur Weißglut mit seinen Ideen! *Wie bewirken seine Ideen, dass Du zur Weißglut gebracht wirst?*
Sein Blick zu mir herüber bringt mich jedes Mal aus dem Konzept. *Wie genau bringt Dich sein Blick aus dem Konzept?*
Du machst mich traurig. *Warum entscheidest Du Dich dafür, traurig zu sein? Würdest Du nicht gerne anders reagieren?*
Wenn ich seine Stimme höre, werde ich aggressiv. *Wieso entscheidest Du Dich für diese Reaktion? Was für Möglichkeiten hast Du noch?*

Hellsehen

Wenn Du Deine Landkarte für allgemeingültig hältst und davon ausgehst, dass sich alle anderen Menschen so verhalten wie Du, dann gerätst Du in den Bereich des Hellsehens. Du gehst davon aus, den Zustand oder die Gedanken eines anderen zu kennen, ohne wirkliche Beweise dafür zu haben. Wie das in Perfektion funktioniert, hast Du an der Geschichte des Mannes mit dem Hammer eindrucksvoll sehen können. Um dieses Meta-Modell-Muster aufzulösen, fragst Du am besten: *Woher genau weißt Du das?*

Paul berücksichtigt nie meine Interessen. *Woher / Wie genau weißt Du das?*
Weil Sie mein Anliegen sicher uninteressant finden werden, möchte ich Sie nicht länger stören. *Woher weißt Du, dass ich Dein Problem uninteressant finde?*

Der geht allen im Büro auf die Nerven. *Woher weißt Du das?*

Das sagen mir alle. *Wirklich alle?*

Achtung! Es kann die Wahrheit sein, dass ihm das alle sagen. Hier kann eventuell eine Spiegelung vorliegen!

Verlorener Urheber

Wenn eine Aussage getroffen oder eine Bewertung vorgenommen wird, ohne dass klar ist, von wem diese stammt, fällt dies unter das Meta-Modell-Muster »Verlorener Urheber«. Dieses Muster wird übrigens von Politikern in Perfektion beherrscht und in fast jedem Statement verwendet. Die richtige Frage lautet hier: *Von wem stammt die Aussage?* oder *Wer sagt das?*

Das ist die richtige Art, es zu machen. *Für wen ist es die richtige Art, was zu machen?*

Es ist Unsinn, diese Dinge auszudiskutieren. *Für wen ist es Unsinn und wer sagt das?*

Es wurde beschlossen, dass es so gemacht wird. *Wer hat beschlossen, dass was wie gemacht wird?*

Meta-Modell-Kategorie Generalisierung

Universelle Mengenangaben

Immer, alle, jeder, nie, keiner, niemand und andere Wörter, die scheinbar keine Ausnahme zulassen, nennt man auch *Universalquantoren*. An ihnen können Generalisierungen gut erkannt werden. Sie weisen sehr deutlich auf die Einschränkungen im Modell der Welt unseres Gegenübers hin. Hinterfragen kannst Du dieses Meta-Modell-Muster mit einem *Gegenbeispiel*, einer *Übertreibung* oder einer *Anzweiflung* der Behauptung:

Ich mache nie etwas richtig. *Du machst wirklich nie etwas richtig? Du hast Dich doch gerade auf den Stuhl neben mir gesetzt. Das war doch richtig, oder?*

Alle sehen mich immer so merkwürdig an. *Stimmt, wirklich alle! Und auch wirklich immer. Seit ich Dich kenne, kann ich mich nicht daran erinnern, dass es einmal anders war.* Aber vorsichtig! Achte auf einen guten Rapport!

Keiner mag mich. *Wirklich keiner? Ich kenne mindestens vier Menschen, die Dich sehr gern haben. Es kann also nicht stimmen.*

Modaloperatoren der Möglichkeit und der Notwendigkeit

Modaloperatoren formulieren verallgemeinerte Regeln und Abläufe. Dadurch kommt es oft zu Einschränkungen und einem Fehlen von Wahlmöglichkeiten. Im Meta-Modell werden zwei unterschiedliche Arten von Modaloperatoren unterschieden.

Modaloperatoren der Möglichkeit

Hier werden Regeln aufgestellt, was möglich ist und was nicht. Grundsätzlich besteht also die Möglichkeit, etwas zu tun, und es besteht somit kein Ausschluss eines Verhaltens, sondern nur eine Einschränkung. Dies lässt sich gut mit einem *»Tu mal so als ob«-Rahmen* oder der Frage *Was würde passieren, wenn Du es doch tätest?* auflösen:

> Ich kann das nicht machen. *Was hindert Dich? Was würde passieren, wenn Du es tätest?*
>
> Ich kann nicht offen mit ihm darüber reden. *Was hindert Dich daran? Stell Dir doch mal vor, Du könntest es. Was würde passieren?*
>
> Ich kann die Entscheidung nicht so schnell treffen. *Tu mal so, als ob Du es könntest. Wie würde Deine Entscheidung aussehen?*

Modaloperatoren der Notwendigkeit

Hier geht es um Regeln, was getan werden muss oder sollte. Diese Einschränkung an Handlungsalternativen kann aufgelöst werden, indem nach *möglichen Auswirkungen* gefragt oder die behauptete *Notwendigkeit* in Frage gestellt wird. Aber auch der *»Als-ob-Rahmen«* kann bei diesem Meta-Modell-Muster Wunder wirken.

Müssen, nicht können, nicht dürfen … nennt man im NLP MODALOPERATOREN DER MÖGLICHKEIT UND NOTWENDIGKEIT. Mit ihrer Benutzung schränkt sich der Gesprächspartner selbst ein. Dieses Fehlen von Wahlmöglichkeiten kann hinterfragt werden.

> Ich muss das jetzt tun. *Was würde passieren, wenn Du es nicht tätest?*
>
> Ich darf mir keinen Fehler leisten. *Angenommen, Du würdest einen Fehler machen. Was würde passieren?*
>
> Ich muss mich von meiner Frau trennen. *Ist das wirklich nötig? Was zwingt zu dieser Handlung?*

Vorannahmen

Vorannahmen werden auch Präsuppositionen genannt und sind eine Voraussetzung für die Richtigkeit einer Aussage. So ist die Vorannahme für die Richtigkeit des Satzes »Ich mag es nicht, wenn Du mir nachspionierst«: *Du spionierst mir nach!* Im Meta-Modell werden Vorannahmen dadurch hinterfragt, indem die Vorannahme in Zweifel gezogen wird:

> Warum kannst Du nicht endlich anfangen, mich zu lieben? *Du glaubst, ich liebe Dich nicht? Ich liebe Dich sogar sehr.*
>
> Es stört mich, dass Du eine andere hast. *Was lässt Dich glauben, dass ich eine andere habe?*

Anhand dieser Beispiele wird sehr deutlich, wie das Meta-Modell der Sprache auf uns wirkt. Denn letztlich spricht jeder von uns jeden Satz als Erstes zu sich selbst.

Das Hinterfragen der einzelnen Muster kann bei einem entsprechenden Rapport schon manche Blockade lösen und im Verkauf ganz neue Welten öffnen.

Im zwischenmenschlichen Bereich kann es sogar passieren, dass wir den anderen verstehen. Möglicherweise verstehen wir uns durch die präzise Verwendung von Sprache aber auch selbst ein kleines Stückchen besser.

Mit Hilfe einer kleinen Übung hast Du die Möglichkeit, Deine Sprache in einigen wesentlichen Punkten zu schärfen und gleichzeitig viel Geld zu sparen, das Du in andere Workshops stecken müsstest, wenn Du den gleichen Effekt erreichen wolltest wie mit dieser Übung.

Schnapp Dir einen Freund und eine Videokamera und verschwinde mit ihm an einen ruhigen Ort. Hier nimmst Du nun auf, wie Du in die Kamera sprichst und von Deinen Zielen berichtest.

Erzähle einfach, was Du Dir für die kommenden zwei Jahre vorgenommen hast und mache das für zehn bis zwanzig Minuten. Erzähle von Deinen Wünschen und Plänen, ganz gleich aus welchem Bereich.

Schau Dir nun anschließend die Aufnahmen an und arbeite sie auf Nominalisierungen, Generalisierungen, Vorannahmen durch.

Schreibe Dir dann auf, was Dir auffällt, und wende an, was du im Meta-Modell gelernt hast. Hinterfrage dich selbst!

Achte darauf, *Wie-Fragen* zu stellen und keine *Warum-Fragen*.

Nach Abschluss dieser Übung kann es passieren, dass Du am Tisch sitzt und eine komplette Planung für Deinen zukünftigen Erfolg vor Dir liegen hast. Wenn Du nun noch einen Starttermin und ein Enddatum festlegst, bist Du auf dem richtigen Weg, diese Planung auch in die Tat umzusetzen.

Denn die richtigen Fragen kennst du bereits und die richtige Vorgehensweise, um Ressourcen zu optimieren, wirst du noch im Format PeneTrance kennenlernen.

Zusammenfassung Meta-Modell

Meta-Modell-Muster	Beispiel	Frage zur Auflösung
TILGUNG		
Einfache Tilgung	Das ist gut.	Was genau ist gut?
Vergleichende Tilgung	Dort ist es schöner.	Im Vergleich wozu?
Fehlender Bezug	Es ist schwer.	Was genau ist schwer?
Unbestimmte Verben	Man lachte.	Wer genau lachte?
VERZERRUNG		
Nominalisierung	Ich brauche eine Veränderung.	Was genau brauchst Du und wozu?
Ursache / Wirkung	Du bringst mich zum Weinen.	Wie kann ich Dich dazu bringen, dass Du weinst?
Hellsehen	Du verstehst mich nicht.	Woher weißt Du das?
Verlorener Urheber	Zu viele Köche verderben den Brei.	Wer sagt das zu wem?
GENERALISIERUNG		
Universelle Mengenangaben	Ich versage immer.	Wirklich immer? Ich kann mich an letzte Woche erinnern, da warst Du toll.
Modaloperatoren der Möglichkeit	Ich kann es nicht tun.	Was würde passieren, wenn Du es tust?
Modaloperatoren der Notwendigkeit	Ich muss das tun.	Wer zwingt Dich dazu? Angenommen Du tätest es nicht, was wäre dann?
Vorannahmen	Warum ignorierst Du mich?	Was lässt Dich glauben, dass ich Dich ignoriere?

Übung für eine Gruppe zu dritt

A ist Coachee, B ist Coach und C ist zweiter Coach

B stellt Rapport zu A her.
A soll eine Begebenheit schildern, zum Beispiel einen Streit mit einem Kollegen oder seinen letzten Verkaufsversuch. Nach jedem Satz eine kurze Pause machen, in der B und C überlegen, welche Frage gestellt werden kann, damit die Schilderung genauer wird.

Wirklich genau ist ein Satz, wenn er:

◆ keine Tilgungen oder Nominalisierungen aufweist,

◆ keine Worte oder Satzteile ohne Bezugsindex und keine unvollständig spezifizierten Verben aufweist und

◆ keine unaufgeklärten Vorannahmen enthält.

Achte auf den Rapport! Das Meta-Modell eignet sich ausgezeichnet, um seinen Freundeskreis zu verkleinern!
Stell deine Fragen zur richtigen Zeit! Lass A ausreden! Und gib A nach jeder Frage Zeit zum Nachdenken.
Die Fragen sollten in dieser Form gestellt werden:

Aussage von A wiederholen, dann

◆ *Ich würde gern wissen ...?*

◆ *Ich bin neugierig ...?*

◆ *Kannst du mir Folgendes sagen ...?*

Erteile keine Ratschläge! Niemals!
Denn Ratschläge, die auf Lücken in der Tiefenstruktur stoßen, welche durch Tilgung entstanden sind, sind sowieso unwirksam und verklingen oder lösen Widerstand aus. Auch Ratschläge sind Schläge!

PeneTrance nach Thies Stahl

Ein Ziel (keine Wünsche) lässt sich wesentlich leichter erreichen, wenn bestimmte Voraussetzungen erfüllt sind. Hierzu gehört ganz sicher, dass bereits die Formulierung des Zieles der semantischen Wohlgeformtheit genügt.

Ein in diesem Sinne wohlgeformtes Ziel ist:

- selbst erreichbar, selbst aufrechtzuerhalten,
- positiv formuliert,
- sinnesspezifisch konkret und kontextualisiert,
- motivierend,
- ökologisch und
- im Hier und Jetzt demonstrierbar. (Zielphysiologie)

Solange Ziele nicht diesen Kriterien entsprechen, besteht aller Wahrscheinlichkeit nach ein Unterschied zwischen der Oberflächen- und der Tiefenstruktur.

Das Format PeneTrance eignet sich ideal, um einen Klienten bei der Formulierung seines Zieles und damit gleichzeitig beim Erreichen desselben zu unterstützen.

Zum Einstieg in dieses Modell ist die Vorgabe eines Rahmens optimal, den wir *Als-ob-Rahmen* nennen:

Tu mal so, als ob Du Dein Ziel bereits erreicht hättest!

Innerhalb dieses Rahmens sind bestimmte zielorientierte Fragen hilfreich, um die einzelnen Kriterien der semantischen Wohlgeformtheit zu erreichen. Der Als-ob-Rahmen wird initialisiert über Fragen. Hierzu eignen sich besonders:

»Tu mal so, als ob Du X *(Zitat des Zieles)* jetzt schon erreicht hast.«

»Angenommen Du hättest das Problem Y *(Zitat des Problems)* jetzt gelöst, wie würde sich das anfühlen?«

Halte Deinen Gesprächspartner eine Weile in diesem veränderten Bewusstseinszustand und lasse ihn innerlich nach möglichen Antworten auf Deine Fragen suchen, indem Du z. B. folgende Fragen stellst:

- Wie fühlt es sich an, wenn Du Dir vorstellst, du hättest X (Zitat des Zieles) jetzt bereits erreicht?
- Was ist jetzt besser?
- Wie geht es Dir jetzt?

Selbst erreichbar und aufrechtzuerhalten

Dies ist eines der wichtigsten Kriterien für wohlgeformte Ziele, denn es beinhaltet die Verantwortung für mein Handeln und dafür, dass ich nur solche Dinge selber steuern kann, bei denen ich in der Lage bin, sie zu beeinflussen. Ziele, die nicht in der eigenen Kompetenz liegen, also vom Zufall oder anderen Menschen abhängen, sind letztlich keine Ziele. Daher sind Pseudo-Ziele wie »Ich will, dass mein Sohn sein Abitur schafft« oder »Ich will im Lotto gewinnen« keine Ziele, sondern Wünsche.

Wir können die Menschen in unserer Umgebung ebenso wenig ändern wie das Wetter. Allerdings können wir so mit ihnen umgehen, dass sie sich verhalten, wie wir es uns wünschen. Die Entscheidung liegt allerdings bei ihnen. Beispielfragen wären:

- ◆ Kannst Du X (Zitat des Zieles) selbst erreichen?
- ◆ Was genau wirst Du tun, um X zu erreichen?
- ◆ Angenommen Du müsstest etwas lernen, um X zu erreichen, was wäre das?

Positiv formuliert

Hierzu gehört, dass die Zieldefinition

- ◆ keine Vergleiche und
- ◆ keine Negationen enthält.

Vergleiche mit anderen Personen sind nicht sehr hilfreich, und auch Vergleiche mit sich selbst sind meist problematisch. Warum dies so ist, hast Du im Abschnitt über das Meta-Modell sehen können.

Vergleiche wie »weniger rauchen«, »selbstsicherer werden«, »mehr verkaufen« etc. basieren auf dem Ist-Zustand und der Fokus kann unter Umständen schnell auf diesem liegen.

Meist hat der Gesprächspartner eine visuelle Vorstellung vom Ziel, der kinästhetische Sinneskanal verharrt allerdings im alten Verhaltensmuster.

Mit Hilfe des Formats »PeneTrance« soll dem Gegenüber ermöglicht werden, in den psychischen und physischen Zustand zu kommen, sein Ziel auch wirklich erreichen zu können.

Negationen werden nur von einem Teil des Gehirns, dem sogenannten Neocortex, verstanden. Der wesentlich größere Teil des Gehirns, im Problemkontext der überwiegend handlungsleitende Teil, arbeitet mit sinnlicher und vor allem bildlicher Wahrnehmung.

Um einen Satz wie »Denk mal nicht ans Trinken, Essen, Arbeiten oder Rauchen!«

zu verstehen und in seiner Bedeutung begreifen zu können, muss man sich genau diese Tätigkeiten vorstellen und dann eine Negation davon bilden. Du hast doch bestimmt auch schon einmal eine Diät gemacht, nicht wahr? Und im Kühlschrank stand dieser verführerisch leckere Schokoladen-Kuchen. Und Du hattest nur noch einen Gedanken im Kopf: »Denk nicht an den Schokoladen-Kuchen ... denk nicht an den Schokoladen-Kuchen!« Und je mehr Du versucht hast, nicht an diesen schmackhaften Kuchen zu denken, desto mehr beherrschte er Deine Gedanken. Und vielleicht bist Du dann sogar nachts um drei Uhr aufgestanden und hast ihn mit Genuss direkt in der Küche verputzt.

Aus diesem Grund sind Negationen kontraproduktiv und führen zu Sätzen wie diesem: »Ich muss nur ans Essen denken, um dicker zu werden.«

Um Gedanken und Physiologie unseres Gesprächspartners in die gewünschte Richtung zu lenken, müssen wir die richtigen Fragen stellen:

- ◆ Wie genau ...?
- ◆ Was genau wirst Du tun, um X zu erreichen?
- ◆ Was wirst Du haben, was Du vorher nicht hattest?
- ◆ Was willst du stattdessen für Dich erreichen?

Sinnesspezifisch konkret und kontextualisiert

Sinnesspezifisch konkret und kontextualisiert bedeutet, dass unser Gegenüber das Körpergefühl seines Ziels mit seinen fünf Sinnen (VAKOG) wahrnehmen soll.

In der Regel wird es sich um ein Gefühl handeln, an dem unser Gegenüber erkennt, dass es sein Ziel erreicht hat. Ist das Ziel beispielsweise, sportlicher zu sein, so kann sich unser Klient dabei gut fühlen und spüren wie es ist, beweglich und vital zu sein. Möchte die Person selbstbewusster werden, so kann sie sich ruhig, entspannt und gelassen fühlen.

Ebenso können auch ein inneres Bild, ein bestimmter Geruch oder eine innere Stimme Wahrnehmungen sein, die unser Gegenüber spüren kann, wenn es sein Ziel erreicht hat. Je detaillierter er sich dabei das Ziel mit all seinen Sinnen vorstellt, desto realistischer wird es für ihn. Im Abschnitt über Hypnose werden wir noch detailliert auf eine sehr bedeutende Tatsache zu sprechen kommen: Unser Gehirn macht keinen Unterschied, ob wir eine Situation wirklich erlebt haben oder ob wir uns Sie vorstellen. Unser Unterbewusstsein wird alle Prozesse im Körper genau so ablaufen lassen, als ob die Erfahrung real wäre. Und da macht es doch Sinn, sich das Ziel so sinnesspezifisch wie möglich vorzustellen, oder? Mit folgenden Beispielfragen kannst Du Deinen Klienten bei der sinnesspezifischen Konkretisierung seines

Ziels unterstützen:

- Woran merkst du, dass Du Dein Ziel erreicht hast?
- Was genau siehst / hörst / fühlst Du, wenn Du Dein Ziel erreicht hast?
- Gibt es einen bestimmten Geruch oder einen speziellen Geschmack, wenn Du X erreicht hast?
- Wie könnte ich erkennen, dass Du Dein Ziel erreicht hast?
- Welche Körperhaltung gehört für Dich zu diesem Ziel dazu? Zeig sie mir bitte!
- Nimm einmal an, Du hättest Dein Ziel schon erreicht. Wie würdest Du dann vor mir sitzen?

Den gewünschten Zielzustand kennt unser Gegenüber bereits aus anderen Kontexten. Andernfalls könnte er ihn nicht benennen. In bestimmten Kontexten hat er lediglich keinen Zugang zu den Ressourcen, die sich in ihm befinden. Deswegen kann unser Klient diese Fähigkeiten und Ressourcen dann nicht in den Zielkontext übertragen. Genau in dem Moment, in dem unser Gegenüber diese Ressourcen am dringendsten braucht, fehlt ihm der Zugang.

Durch das Format PeneTrance werden diese Ressourcen in den Zielkontext übertragen. Hier ein paar Beispielfragen:

- Wann genau wirst Du Dein Ziel erreicht haben?
- Wo genau bist Du da?
- Ist außer Dir noch jemand da?
- Wann, wo, mit wem wirst Du Dein Ziel erreichen?

Feedbackbogen zu lang

Manchmal ist der Feedbackbogen einer Zielformulierung zu lang. Dies ist dann der Fall, wenn der Klient erst zu spät bzw. hinterher merkt, dass er sein Ziel erreicht hat. Nehmen wir als Beispiel einen Menschen, der schlanker werden möchte. Ein zu langer Feedbackbogen könnte dann in einer Antwort wie dieser münden: »Ich sehe am Abend in die Schachtel Pralinen und es ist noch viel mehr drin als sonst.« Ist dies der Fall, solltest Du so konkret wie möglich nachfragen, woran er schon viel früher merken könnte, dass das Ziel erreicht ist:

- Woran kannst Du schon viel eher bemerken, dass Du weniger Pralinen gegessen hast?
- Tu mal so, als ob du schon im Laufe des Tages bemerken kannst, dass Du Dein Ziel erreichst hast. Woran würdest Du es merken?

Motivierend

Ein wohlgeformtes Ziel muss kraftvoll und anziehend sein und damit automatisch ein sehr hohes Maß an Motivation freisetzen. Andernfalls kann die für entschlossenes Handeln notwendige Energie nicht aktiviert werden. So möchten manche Menschen gerne ein Top-Verkäufer werden, sind aber nicht bereit, richtig sprechen zu lernen. Andere Menschen möchten gerne erfolgreiche Kommunikatoren werden, sind aber nicht bereit, NLP zu lernen und in ihr Leben zu integrieren. In diesen Fällen ist das Ziel noch nicht so gut formuliert, dass die Motivation entsprechend hoch ist.

Das Ziel sollte dem Klienten daher so wichtig sein, das er bereit ist, sich anzustrengen, Gewohntes aufzugeben und sich zu verändern. Helfen kannst Du ihm bei einer entsprechenden Formulierung mit Fragen wie:

- Stell Dir mal vor, Du hast Dein Ziel bereits erreicht, wie wird sich Dein Leben verändert haben?
- Hat es sich gelohnt, um Dein Ziel zu kämpfen, wenn Du Dir vorstellst, es erreicht zu haben?

Ebenso sind Fragen nach dem Meta-Ziel, dem wahren Ziel hinter dem Ziel, sehr gut geeignet, um ein hohes Maß an Motivation zu erreichen:

- Was genau ist an diesem Ziel wichtig für Dich?
- Was ist das Allerbeste daran?
- Wenn sich Dein Ziel erfüllt hat, was ist dann noch für Dich in Erfüllung gegangen?
- In welcher Hinsicht bringt Dich die Erreichung dieses Zieles weiter?

Ökologie

Menschen sind immer Teil eines sozialen Systems. Ändert sich auch nur ein Teil dieses Systems, wird sich auch immer das gesamte Gefüge an einer bestimmten Stelle ändern und es kann sein, dass irgendwo eine Störung im System eintritt. Der Partner wird vielleicht auf das neu gewonnene Selbstbewusstsein mit Neid und Argwohn oder gar mit Minderwertigkeitsgefühlen reagieren und versuchen, die Veränderung zu bekämpfen.

Es gibt sehr viele Beispiele, an denen sich zeigen lässt, wie wichtig die Überprüfung der Ökologie, also der Umwelt und des Umfelds des Klienten, ist. Auf eine Veränderung in seiner Ökologie muss er vorbereitet sein und sich auf mögliche Konflikte einstellen können. Denn von vielen Menschen wird alles Neue als Bedrohung empfunden.

Ein wohlgeformtes Ziel, das wirklich erreicht werden soll, befindet sich im Einklang mit den Werten und Überzeugungen Deines Klienten (nicht mit Deinen!), mit seinen Beziehungen zu seinen Mitmenschen und seinen übrigen Projekten. Die Ökologie kannst Du durch einige einfache Fragen überprüfen:

- ◆ Was wird passieren, wenn Du bekommst, was Du willst?
- ◆ Wäre Dein Ziel jetzt schon da, würdest Du es annehmen?
- ◆ Stell Dir vor, Du hast Dein Ziel jetzt erreicht. Was ist das Schlimmste, was noch passieren kann?
- ◆ Welche Auswirkungen hat die Erreichung Deines Ziels auf Deine Beziehungen zu anderen Menschen?
- ◆ Wenn Du Dir jetzt vorstellst, Du hast Dein Ziel erreicht, was ist aus Deinen anderen Plänen geworden?

Zielphysiologie demonstrierbar

Ein sehr wichtiges Kriterium für jede NLP-Anwendung ist die Demonstration einer entsprechenden Physiologie, für dieses Format die Zielphysiologie. Zu einem optimal ausformulierten Ziel gehört zwingend eine ressourcenvolle, in sich stimmige Zielphysiologie. An dieser kannst Du erkennen, ob das Ziel wirklich ohne weitere Bedenken als erfüllbar und ausreichend motivierend von Deinem Klienten angenommen werden kann. Zweifel und Widersprüche zeigen sich in Unstimmigkeiten der Physiologie.

Sollte die Zielphysiologie nicht erkennbar sein, muss an vorhergehenden Punkten nachgearbeitet werden.

Das Format ist erfolgreich abgeschlossen, wenn eine klare, kongruente und ausdrucksstarke Zielphysiologie deutlich erkennbar ist.

Die folgende Aufgabe, Übung und Übersicht kann Dir nützlich sein, wenn Du das Format PeneTrance anwenden willst.

PeneTrance-Übung und Zusammenfassung

Übung für eine Gruppe zu dritt

A ist Coachee, B ist Coach und C beobachtet die Physiologie.

A benennt ein Ziel, z. B.

- Ich will schlanker werden
- Ich will mehr Sport treiben
- Ich will charismatischer werden

Prozessinstruktionen für B an A:

»Tu mal so, als ob Du das Ziel bereits erreicht hast. Was ist dann für Dich erfüllt?« B stellt interessierte Fragen, bis die Wohlgeformtheitskriterien erfüllt sind. Nach jeder Frage lässt B das Ziel neu formulieren und neu erleben! Dabei lässt B seinen A das Ziel in allen fünf Sinnen erleben.

A muss das Gefühl bekommen, dass B seine Antworten wirklich interessieren (Rapport!).

Arbeite langsam und sorgfältig! Hier geht es nicht um schneller, höher oder weiter. A benötigt genug Zeit für die Antworten.

Mögliche Frageeinleitungen sind zum Beispiel:

- »Ich würde gerne wissen …«
- »Ich bin neugierig …«
- »Kannst Du bitte …?«
- »Ich frage mich …«

Die letzte Antwort von A ist für B gleichzeitig das Zitat zum Wiederholen der Zieldefinition (verbales Pacing!).

»Du als Mensch, der schon so viel erreicht und erlebt hat, was von all dem kannst Du auch jetzt nutzen, um Dein Ziel noch leichter und effektiver zu erreichen?« (Fünf Ressourcen organisieren.) Und für jede Ressource:

»Ich möchte gerne, dass Du einen kleinen Traum träumst, der sicherstellt, dass Du Dich in einem möglichen schwierigen Kontext an diese Ressource *(die Ressource benennen)* erinnerst!«

»Schau mal in Deine Zukunft. Wann hast Du wieder eine Gelegenheit, Dich an diese, Deine Möglichkeit zu erinnern?«

Selbst erreichbar und aufrechtzuerhalten

Kannst **Du** (*immer Zitat des Zieles)* es selbst erreichen?
Was genau wirst **Du** tun?
Angenommen es gäbe etwas für Dich neu oder besser zu lernen damit Du das Ziel erreichst, was wäre das?

Positiv formuliert

Wie genau?
Was genau wirst Du tun, um Dein Ziel zu erreichen?
Was wirst du haben, was Du vorher nicht hattest?
Was willst Du stattdessen für Dich erreichen?

Sinnes- und kontextspezifisch konkret

Woran wirst Du merken, dass Du Dein Ziel erreicht hast?
Wie könnte ich erkennen, dass Du dein Ziel erreicht hast?
Welche Körperhaltung gehört für Dich zu diesem Ziel dazu? Zeig sie mir bitte!
Nimm mal an, Du hättest dein Ziel schon erreicht!
Wie würdest Du dann vor mir sitzen?
Wann genau möchtest Du Dein Ziel erreicht haben?
Wo genau bist Du da?
Ist außer Dir noch jemand da?
Wann, wo, mit wem möchtest Du Dein Ziel erreichen?

Feedbackbogen zu lang

Woran kannst Du viel eher merken, dass Du weniger Pralinen gegessen hast?
Tu mal so, als ob Du schon im Laufe des Tages merken kannst, dass Du dein Ziel erreichst!

Motivierend

Stell Dir mal vor, Du hast Dein Ziel erreicht. Wie wird sich Dein Leben verändert haben?
Hat es sich gelohnt, um Dein Ziel zu kämpfen, wenn Du dir vorstellst, Du hast es erreicht?
Was genau ist an diesem Ziel wichtig für Dich?
Was ist das allerbeste daran?
Wenn sich Dein Ziel erfüllt hat, was hat sich dann noch für Dich erfüllt?
In welcher Hinsicht bringt Dich die Erreichung dieses Zieles weiter?

Ökologie

Was wird passieren, wenn Du bekommst, was Du willst?
Wäre Dein Ziel jetzt schon da, würdest Du es annehmen können?
Stell Dir vor, Du hast Dein Ziel jetzt erreicht. Was ist das Schlimmste, was noch passieren kann?
Welche Auswirkungen hat die Erreichung Deines Zieles auf Deine Beziehungen zu anderen Menschen?
Wenn Du Dir jetzt vorstellst, Du hast Dein Ziel erreicht, was ist aus Deinen anderen Plänen geworden?

Demonstration PeneTrance

Axel (im Folgenden A) und Christian (im Folgenden B) sitzen auf dem Tisch und haben den Oberkörper beide nach vorne gerichtet.

A richtet sich an B: *Geht es Dir gut?*

B: Ja

A: So richtig?

B richtet sich auf und grinst nun.

Publikum lacht.

Zwischenruf aus dem Publikum: *Zielphysiologie!*

A grinst: *Jaa, also die Zielphysiologie haben wir schon!*

A humorvoll zu B: Lass es Dir ruhig wieder schlecht gehen! Sonst geht es ja zu schnell.

A richtet sich gerade und spiegelt die neue Körperhaltung von B: *Hast Du ein schönes Ziel?*

B: Ja, ich habe ein schönes Ziel.

A: Was hast Du denn?

B: Gehaltserhöhung.

A: Gehaltserhöhung, oohh … GELD! So was Profanes! Geld hat man oder hat man einfach nicht. Simpel.

A: Aber es ist natürlich okay. Fühlst Dich gut?

B: Ja!

A: Dann formulier Dein Ziel doch gleich mal in einem Satz!

B ruhig, mit aufrechter, dennoch entspannter, symmetrischer Körperhaltung: *In einem Satz? Ich will mehr Geld!*

A: Hnnnngh!

A zum Publikum: Guut … Also ressourcevoll ist das Ziel, oder? Was seht Ihr?

A: Okay, kommen wir noch mal kurz zu den Basics.

A: Was tun wir jetzt schon drei Tage oder vier Tage und ich kann es letztendlich nicht oft genug wiederholen?

A: Zielphysiologie, Problemphysiologie, Mischphysiologie, Ressourcephysiologie ...

A: Ihr als Coach seht, ob der Klient in einem Zustand ist, in dem Ihr mit ihm arbeiten könnt.

A: Und zwar von außen. Und darum geht es im Master – hauptsächlich. Nehmen wir das Beispiel – und es ist ein wunderschönes Beispiel – (mit merkbar monotoner Stimme, ohne Energie) ich möchte mehr Geld bekommen.

A zeigt auf B: Klient!

A: Jetzt kann ich da mein komplettes Wertesystem – meine Ansichten über das Leben und noch vieles mehr, da reinschmeißen. Dafür bezahlt er Euch nicht! Er bezahlt Euch dafür, dass er sein Ziel erreicht! (Mit langsamer Stimme.) Und wenn sein Ziel ist, mehr Geld zu verdienen, dann ist das SEIN Ziel und dann ist das vollkommen okay! Aussteigen würde ich bei unethischen Zielen.

A: Wo waren wir? Woran kannst Du heute schon erkennen, dass gestern Dein Vater oder Deine Schwester oder wie auch immer ... (Anmerkung des Autors: A nimmt hier Bezug auf einen Running Gag aus dem Seminar.)

Lautes Lachen aus dem Publikum.

A: Dann steig ich aus! Und auch wenns witzig ist, steig ich dann aus. Ansonsten hat Euer Wertesystem da überhaupt nichts drin zu suchen! Ihr könnt und sollt dem Klienten lediglich helfen, sein Ziel zu erreichen.

A atmet aus und richtet sich B zu: Ahhhh ...

A zu B: Hast Du eigentlich schon Deinen eigenen Moment of Excellence?

B: Ja!

A: Hmmm.

A: Und wenn Du Dir vorstellst, mehr Geld zu verdienen, was macht das mit Dir?

B fängt an, leicht zu grinsen: *Es versetzt mich in den Zustand.*

A beobachtet das Gesicht von B genau: *Schon alleine das Vorstellen?*

B denkt nach.

A: Das Vorstellen alleine versetzt Dich in einen guten Zustand? Find ich cool! Dann stell Dir doch mal vor, wie Du mehr Geld verdienst.

A zum Publikum: Da das Gehirn keinen Unterschied macht zwischen »wirklich wahr« und »nur vorgestellt«, hat er sein Ziel schon erreicht. (A richtet sich an B, um ihm scherzhaft die Hand zu schütteln.) Danke! Also für sein Gehirn, sein Gehirn kann ich in einen Zustand bringen, in dem es für sein Gehirn keinen Unterschied mehr macht. Wenn man es mal ganz genau nimmt, habt Ihr – rein theoretisch – Eure Arbeit getan, wenn das Gehirn auf einem Standpunkt steht: »Woah, geil!! Ich verdiene mehr Geld!« Weil, was macht das denn dann?

A zu Sebastian: *Nämlich was?*

S: Ähhh, ich hab die Frage nicht verstanden, weil …

A zum Publikum: *Naja, in erster Linie macht es ressourcevoller. Denjenigen* (zeigt auf B), *den Klienten.*

A: Oder? Nico?

N: Mhm!

A zum Publikum: Und in zweiter Linie macht es noch was anderes … Tobi?

T: Motiviert.

A: Richtig. Dann gibt es noch einen dritten Punkt, was es macht.

T: Die Identität ändert es. Von der Person.

A: Genau das weiß ich nicht. Die Identität zu ändern wird ein bisschen komplizierter. Aber es gibt sicherlich in der Identität auch Ressourcen.

A: Es ist im Prinzip viel profaner. Wenn …

Y: Die Bestätigung, das Selbstvertrauen?

A: Das ist 'ne Ressource, die du reinschmeißt, find ich aber gut.

R: Letztlich kann es auch dazu führen, dass er sich Wege sucht, genau das dann zu erreichen, wie er es erreichen möchte.

A: Cool! Das Gehirn arbeitet ziemlich profan! Es bildet laufend irgendwelche Synapsen, sucht laufend irgendwelche Möglichkeiten, das SOLL dem IST anzugleichen. Oder das IST dem SOLL anzugleichen. Das bedeutet, wenn das Gehirn glaubt, dass sein Soll schon erreicht ist, dann wird es Wege suchen, das Ist dem Soll anzugleichen. Und ihn im Endeffekt auf die Zielgerade setzen.

A zeigt auf Sebastian: *Wie ist das im Pick-Up? Wer sich ständig seine Traumfrau vorstellt, ob er sie nun als Poster an der Wand hängen hat über seinem Bett oder was weiß ich, wird sie irgendwann kriegen. Ist das die Philosophie?*

S: Also ich würde das so nicht unterschreiben!

A: Ist platt! Ich würde das so auch nicht unterschreiben, deswegen gibt es auch nicht immer Einzelkriterien. Aber das ist die Philosophie, die platte Philosophie, die sich dahinter verbirgt. Stell Dir vor, dass Du sie irgendwann kriegst, und Du wirst sie kriegen.

A: Da gibt es eine ganz interessante Geschichte. Es gibt hier so jemanden, der schenkt mir Bücher zu Weihnachten und da steht groß drauf: »Wünsche ans Universum«. Ist nix anderes! Ilja wünscht sich immer für MICH beim Essengehen einen Parkplatz und ich krieg immer denselben.

T: Aber er nicht, hihi …

Ilja: Du musst auch mal GEBEN können.

A: Ja …

A: So, was für ein Zielkriterium ist denn in dem Satz verletzt?

A: Oder … um welche Verletzung kümmern wir uns als Erstes?

X: Naja, wenn ich ihm jetzt einen Cent zuschmeiße, dann hat er sein Ziel erreicht … Er hat mehr Geld!

A zu X: Und jetzt haben wir genau den Punkt erreicht, wo Du Dein Wertesystem reinschmeißt.

X: Ich versuch ihm nur deutlich zu machen …

A unterbricht X: Doch! Für Dich ist ein Cent mehr, für ihn nicht – UNTERSTELL ich jetzt mal!

X: Okay.

A: Deswegen heißt das Format ja PeneTrance. Und die Übersetzung – oder voll ausgesprochen – »penetrante Fragen«.

X: Was ist … Was hat … Was ist gefühlt mehr für Dich? Genug?

A: Das wäre eine Frageform. Also Du kümmerst Dich um den Vergleich?

X: Ja!

A: Weil ein Vergleich ist letztendlich auch eine Negierung!

X: Mhm!

A: Oder fällt in dieselbe Kategorie. Sagen wir es mal lieber so …

A: Tobi?

T: Erstmal sinnesspezifisch konkret, würde ich sagen.

A: Genau, wir kümmern uns als Erstes um eine sinnesspezifische Formulierung – sinnesspezifisch konkret bedeutet: Ich kann eine Visualisierung durchführen. Genau das ist der Punkt davor …

A zu T: Mach mal eine Visualisierung für Dich von »kein Eiffelturm«.

T: Ähm, er sagt aber »mehr Geld«.

A: Ja, »mehr« ist dasselbe!

T: Hat das etwas mit der Oberflächen- und der Tiefenstruktur zu tun?

A unterbricht: Okay! Mach mal eine Visualisierung von »kein Eiffelturm«.

T: Okay.

A: Wie geht das?

T: Die Pfosten nur ...

A: Ist auch Eifelturm. Sind halt die Pfosten vom Eifelturm.

A: Deswegen würde ich als Erstes mal an der Negierung oder dem Vergleich arbeiten. Und mal fragen ... (spiegelt nun die Körperhaltung von B wider): Was genau ist denn »mehr Geld«?

B: Also, meinst Du jetzt vom Betrag?

A: Was genau? Ich will den nicht, Dein Gehirn will den!

A: Wenn Du jetzt mal so darüber nachdenkst, im Sinne von, wie wichtig eine konkrete Fragestellung wäre, höchstwahrscheinlich.

A: Du willst also mehr Geld verdienen. Hm. Was genau ist eigentlich mehr? ... Ja, und dann frag mal nach irgendwas mehr. Und das nimm mal nach außen.

B lehnt sich zurück und stützt sich nach hinten auf die Hände.

A: Ahhhh.

B: Also doch ein Kriterium? Oder eine Zahl?

A: Was auch immer für Dich jetzt dabei rauskommt! Und formulier den Satz mal neu!

B: Mit dem Kriterium?

A: Neu! Okay, wenn du darüber nachdenkst, Christian.

B: Mhm!

A: Dass Dein Satz »Ich möchte MEHR verdienen«... an irgendeiner Stelle noch nicht konkret genug ist. Dass ich Dich frage: »Was genau ist denn mehr für Dich?«

A: Wenn Du diese Sache und die Frage beantwortest mit einem NEUEN Satz, der Dein Ziel beinhaltet und meine Frage beantwortet. Was kommt dann raus?

B: Dann kommt zum einen 'ne Zahl mit raus.

A: Sag ihn mir doch, den Satz, den neuen!

B: Der heißt – ich bau den auch gleich etwas um ...

A unterbricht: Das kann ich mir vorstellen.

B: Ich füg noch was ein.

A: Mhm!

B richtet sich leicht auf. Mit bestimmter Stimme: Und zwar sage ich dann: »Ich möchte bis zum 30. Juni. 500 Euro im Monat mehr verdienen.«

A: Cool!

B: Dann ist er ... terminiert.

A: Geil!

A zum Publikum: Als Erstes haben wir als Coach festgestellt, wir befinden uns in keinem naiven System mehr ... Also der Klient hat schon irgendwann mal was über Ziele gehört ... Jetzt schmeiß ich als Erstes mal mein Wertesystem rein – alles, was er gehört hat, ist eh Müll! Und passt sowieso nicht zum Vortrag! Aber es ist auf jeden Fall nicht mehr naiv.

A: Wir haben einen genauen Betrag. Nämlich bis zum 30. Juni 500 Euro mehr zu verdienen als jetzt. Okay! Daran könnte man jetzt noch mehr rausholen und könnte nachfragen: »Was genau ist denn der heutige Betrag?« Interessiert mich aber an der Stelle nicht, den Vergleich muss ich nicht mehr tilgen. Denn er weiß es! Er weiß es automatisch ...

B legt wieder seine Hände gefaltet in den Schoß.

A: Also muss mir irgendwas auf der Liste noch auffallen, was trotzdem immer noch irgendwo nicht stimmt. Weil, ich möchte ihn ja immer wieder in seinen Zielzustand bringen.

A: Was fällt euch noch auf, was nicht stimmt?

A: Oder welches Zielkriterium ist noch nicht erfüllt? Sebastian?

S: Hmm ... Dass er es selber erreichen kann. Oder welchen Weg er nutzen möchte.

A: Da haben wir jetzt, glaub ich, auch den Knackpunkt bei den Zielen.

A wippt kurz nach hinten, während er zu B spricht.

B lehnt sich wieder zurück und stützt seine Hände ab.

A zu B: Wenn Du Dir Dein Ziel jetzt mal so vorstellst, Christian.

A ist wieder nach vorne gelehnt.

B: Mhm!

A: So, Du sitzt jetzt hier und Du hast Zeit bis zum 30. Juni.

B lehnt sich auch wieder nach vorne.

A: Kannst DU Dein Ziel, am 30. Juni 500 Euro mehr zu verdienen, SELBST erreichen?

A: Und während Du so darüber nachdenkst und einfach mal in Dich hineinhörst, kommst Du bestimmt mit einer Antwort zurück, die Dein Ziel beinhaltet!

B blickt nach oben, runzelt kurz die Stirn und richtet sich auf. Die Augen gehen von rechts oben nach links oben und wieder in die Mitte.

B: Ja, ich kann es selber erreichen!

A: Guut! Zu jeder Zeit?

B: Ja!

A: Schön ... Ahhhh (entspanntes Ausatmen).

A zu S: Würde Dir das reichen, Sebastian?

(Pause)

A zu S: Ja oder nein?

S: Nein.

A zum Publikum: *Wem würde es noch nicht reichen?*

Viele Meldungen im Publikum.

A: Warum nicht?

(Pause)

A zu S: Warum nicht, Sebastian? ... Schnell!

S: Es ist nicht sinnesspezifisch konkret.

A zu R: Warum nicht?

R: Mir fehlt jetzt: »Was wirst Du tun?« und »Was kannst Du heute Abend schon tun?«

A: Was ist die zweite Frage auf Deiner Tabelle?

Aus dem Publikum: Was wirst Du tun?

R: Was GENAU wirst Du tun?

A zum Publikum: Okay, andere Frage – sieht man es außen, dass die Formulierung noch nicht reicht?

A: Wer von Euch sieht von außen, dass es noch nicht reicht?

R: Es ist noch nicht die Zielphysiologie, die er zeigt, aber es ist schon ein großer Unterschied!

A: Es ist ressourcevoller! Es ist 'ne Mischphysiologie. Wir haben schon einen Zustand von Mischphysiologie!

A zu B: Kannst Du Dein Ziel noch mal wiederholen – für Dich und für uns?

B: Laut?

A: Ja klar! Für Dich und für uns! Du kannst es erst leise machen für DICH und dann laut für UNS. Verstanden?

A richtet sich auf, B richtet sich mit auf.

B: Okay!

A (lacht): Ich will Dich nicht leaden mit meiner Körperhaltung!

B: Also mein Ziel ist, ich möchte bis zum 30. Juni 500 Euro pro Monat mehr verdienen.

A (langsam): Cool! Christian, wenn Du mal so … in Deinen Gedanken über Dein Ziel nachsinnst … Dein Ziel, »bis zum 30. Juni pro Monat 500 Euro mehr zu verdienen«. Was genau wirst Du tun, um dieses Ziel zu erreichen? Und Du kannst Dir ruhig Zeit lassen, um ein bisschen darüber nachzudenken, mal in Dich hineinzuspüren, ob Du wirklich alles schon weißt, was Du dafür tun wirst.

A richtet sich leicht auf. B geht wieder mit.

A: Und ich bin mir sicher, Du wirst einiges finden! Und zurückkommen mit einer Formulierung, die sich für Dich gut anfühlt. Für Dein Ziel!

A: Während Du mal ein bisschen für Dich suchst … suche ich mal ein bisschen, was genau Du tun wirst … und ich schaue mal, was die Gruppe inzwischen lernen kann. Lass Dich nicht stören!

A lehnt sich vor zum Publikum: *Ich habe hier – da muss ich ein bisschen aufpassen – immer die Möglichkeit zu leaden, okay? Ich kann immer eingeben, er wird mit einem NEUEN Ziel zurückkommen, will ich aber gar nicht – zumindest nicht an dieser Stelle.*

B lehnt sich wieder zurück.

A: Ich will mich nicht als Hellseher outen und sagen »Da fehlt mir noch was«, und was weiß ich was! Aber ich sehe außen ganz deutlich, dass da noch etwas fehlt! Das muss allerdings nicht dieses Kriterium sein. Wir haben noch vier weitere!

B lehnt sich wieder nach vorne.

W: *Bleibt man denn immer in diesen Kriterien, bis man …*

A schüttelt den Kopf und unterbricht W: *Bis das Kriterium erfüllt ist!*

W: *Okay!*

A: *Und wenn es nicht weitergeht, nehme ich einfach mal zwischendurch ein anderes.*

A zu B: *Was ist neu für Dich?*

B grinst und sieht nachdenklich aus.

B: *Ähm, eigentlich nichts, weil ich habe …*

A unterbricht B: *Cool, wie heißt Dein Ziel?*

B: *Mein Ziel ist dasselbe!*

A: *Wie heißt es? Dasselbe kann es nicht sein!*

B: *Das gleiche!*

A: *Auch das gleiche kann es nicht sein!*

A macht vor B eine wischende Bewegung: *Stell Dir mal kurz ein Bild vor von Deinen Zielen. Ganz kurz – nur als Beweisführung!*

B: *Mhm!*

A: *Hast Du? Heb mal Deinen rechten Arm hoch!*

B hebt seinen rechten Arm hoch.

A: *Was hat sich in Deinem Bild verändert?*

B: *Na, der rechte Arm ist oben!*

A: *Okay, was hat sich in Deinem Bild verändert?*

B: *Nichts!*

A: *Dein Bild ist dasselbe? Kann nicht sein!*

B: *Doch!*

A: *Nein! Denn der Geist folgt dem Körper! Such, was hat sich in Deiner Visualisierung verändert? Was ist anders geworden? Such die Unterschiede!*

B: *Ich hab jetzt gerade den Weg überlegt, den ich dafür gehen muss!*

A: *Mach doch!*

B: *Mhm!*

A: Okay, jetzt hast Du immer noch eine Visualisierung Deines Ziels?

B: Ja, und den Weg dazu. Dorthin.

A: Cool – jetzt haben wir schon den Weg dazu! Nimm mal den Arm runter!

B nimmt den Arm wieder runter.

A: Was ist in dem Bild JETZT anders?

B: Jetzt sehe ich den Weg dorthin!

A kopfschüttelnd zum Publikum: *Eine einmal da gewesene Visualisierung – wenn ich irgendwas im System ändere – kann nicht mehr gleich bleiben. Die gibt es nicht zweimal. Irgendetwas hat sich verändert!*

A zu B: Stimmts?

B: Ja!

A: Okay, wie lautet Dein Ziel? Jetzt!

B: Das Ziel ist das gleiche!

A: Wie? Und sag es laut! Du wirst es heute eh noch mindestens fünfzig Mal sagen!

B locker, entspannt und sicher: *Ich werde bis zum 30. Juni 500 Euro pro Monat mehr verdienen!* (Die Physiologie von B verändert sich spürbar!!)

A: Cool!

Großes Gelächter im Publikum, welches die deutliche Veränderung in Christians Physiologie wahrgenommen hat.

A »unschuldig« ans Publikum: *Hat sich an der Formulierung des Ziels irgendetwas geändert?*

Publikum: *JAAA!*

A: Es ist immer noch das gleiche!

Publikum: *NEEIIN!*

Publikum lacht.

B nickt mit dem Kopf und sagt leise zu A: *Okay!*

A zu B: *Falls Du es uns nicht glaubst – die Kamera läuft mit!*

B: Okay!

A: Hat sich an der Physiologie irgendwas verändert?

B blickt A an und nickt leicht, während er eine Augenbraue hochzieht.

A zum Publikum: *Was gefällt Euch noch nicht? Also, welches Kriterium möchtet Ihr gerne überprüfen? Benjamin?*

Benjamin: Ob er alle Ressourcen hat, um das Ziel zu erreichen.

A: Unter welchem Punkt steht das?

Benjamin: Frage ich mich gerade auch.

Gelächter im Publikum.

Benjamin: Spontan würde ich sagen: selbst erreichbar und aufrechtzuerhalten..

A: Da waren wir jetzt die ganze Zeit dran: Kannst Du jederzeit … Kannst Du jederzeit und immer Dein Ziel selbst erreichen? Was kannst Du dazu tun?

A: Wir könnten jetzt noch rein theoretisch Folgendes tun: Angenommen, es gäbe etwas für Dich neu – und so weiter – zu lernen, kannst Du das lernen? Mit dem Kriterium bin ich durch. Also für mich persönlich bin ich durch. Mir gefällt – er hat sein Ziel noch nicht hundertprozentig richtig, das kriegen wir noch besser hin! Aber dieses Kriterium ist für mich durch. Was wäre das nächste?

X: Ökologie?

A: Ökologie, kann man checken, ja! Find ich gut!

A zu B: Dein Ziel: »Du wirst bis zum 30. Juni 500 Euro mehr verdienen.« Wenn Du Dir das mal vorstellst … So richtig … Ja, genau! … Was wird sich in Deinem Leben noch verändern? Außer, dass Du 500 Euro mehr verdienst?

B (sicher): Ich werde mehr reisen. Zum Beispiel.

B richtet sich leicht auf, presst die Lippen aufeinander und nickt für sich.

A und B haben jetzt wieder dieselbe Körperhaltung.

A: Und wenn Du so drüber nachdenkst, wenn Du mehr reisen wirst und 500 Euro mehr verdienst, was wird sich denn grundsätzlich in Deinem Leben noch verändern?

B: Hmmmm …

A: Du wirst natürlich mehr Geld an NLP-Trainer zahlen, klar!

B: Das außerdem!

A: Das kommt noch obendrauf! Du kannst dann vor allem mal ein paar riesengroße Seminare buchen. Ich hätte da auch 'ne Empfehlung …

Das Publikum lacht.

A scherzt mit B ein wenig herum.

A: Okay, wenn Du jetzt mal darüber nachdenkst, was sich noch verändern würde, und Du fragst mal nach innen ... in Dich hinein: »Was wird sich für mich noch verändern, wenn ich ... wenn Du bis zum 30. Juni 500 Euro im Monat mehr verdienen wirst? Was wird sich noch verändern? Wie verändert sich Dein Ziel?«

B: Hmmm ... Also was sich noch verändern wird – definitiv – ist ... (blickt dabei A an) ... die Motivation!!

A: Cool! Wie würdest Du Dein Ziel jetzt nennen, wenn Du zurückkommst? Von Deinen inneren Fragen, die Du Dir selbst gestellt hast?

B hält den Kopf leicht schräg und blickt wortlos nach unten in die Mitte.

A richtet sich immer wieder stückweise auf.

B macht dasselbe nach und nach.

A: Naja, stell Dir die Frage: »Was wird sich für mich noch verändern, wenn ich mein Ziel – bis zum 30. Juni 500 Euro im Monat mehr zu verdienen – erreichen werde?« Was würde sich dann noch verändern?

B: Mhm!

A: Okay, dann probier doch einmal folgenden Trick. Tu mal so, als hättest Du Dein Ziel schon erreicht!

B: Mhm!

A: »Ich werde bis zum 30. Juni ...«

B: Mhm!

A: Was hat sich noch verändert?

B: Also, es werden sich einige Faktoren ...

A: Gut, dann formulier das mal so, dass ich das auch mitbekomme!

B: Am Ziel selber möchte ich gar nichts ändern.

A: Musst Du ja auch nicht!

B: Ich weiß jetzt nicht genau, worauf Du hinaus willst!

A: Gut, dann machen wir das Spiel noch einmal!

A zum Publikum, während er leicht den Kopf schüttelt: *Klienten machen nie das, was Ihr sagt!*

A lehnt sich seitlich hinüber zu B. Mit langsamer Trance-Stimme: *Du ... tust jetzt mal so, als hättest Du Dein Ziel schon erreicht.*

B: Mhm!

A: Und stellst mal nach innen, für Dich ganz von allein folgende Frage (mit langsamer, sanfter Stimme): »*Lieber Christian … Was würde sich für mich noch verändert haben, wenn ich das Ziel, am 30. Juni 500 Euro mehr zu verdienen, erreicht habe?*«

A: Du kommst einfach mit der neuen Zielformulierung zurück zu uns. Und nimm Dir die Zeit, die Du brauchst!

A lehnt sich nach vorne und stützt sich an den Schenkeln ab.

B: Ich möchte an der Zielformulierung eigentlich … Ich möchte nichts verändert haben!

A: Das kann ich gut verstehen! Formulier Dein Ziel, so wie Du es formulieren willst.

B wechselt zwischen zurückgelehnt sein und nach vorne abstützen hin und her.

B jetzt aufrecht sitzend, sicher, und zum Takt des Gesagten schlägt er mit der linken Handkante bestimmt nach unten: *Ich werde zum 30. Juni 500 Euro im Monat mehr verdienen!*

A: Cool!

A zum Publikum: Hat sich an der Zielformulierung was geändert?

A: Hat sich an der Physiologie was verändert? Dauerhaft verändert?

A: Kleiner technischer Hinweis: Wir haben immer noch eine Inkongruenz. Aber nicht mehr beim Sprechen. Wir haben nur noch einen kleinen Rückfall. Beim Sprechen aber nicht mehr, hier ist alles okay. Aber es stimmt immer irgendwas noch nicht. Also da müssen wir uns noch irgendwas anderes einfallen lassen, welches Kriterium noch nicht hundertprozentig erfüllt ist. Welches nehmen wir da?

A: Sebastian?

S: Mir fällt immer noch nichts Besseres ein!

A zum Publikum: Okay, also mein Vorschlag wäre, wir bleiben noch bei Ökologie. Oder?

A zu R: Was wäre Deiner gewesen?

R: Ich hätte jetzt … also ich würde etwas mit dem Feedbackbogen machen. B, zum 30. Juni ist es ja fast noch ein halbes Jahr …

A zum Publikum: Ich weiß nicht warum, irgendwie hab ich 'ne Intuition. Ich habe meistens Intuitionen, wenn da irgendwas in der Öko ist. Das ist das, was ich bei Simone gemacht hab … Und in der Regel – das betrifft jetzt Christian sicher nicht – spüre ich und merke ich das! In der Regel zieht es dem Klienten in der Öko die Schuhe aus. Jedes Mal!

A: Jetzt kann ich es mir einfach machen und kann sagen: Ich hab da so ein Gefühl – ich hab heut morgen in meinem Urin so ein paar Kleckschen gesehen. Ich lass es lieber, weil ansonsten zieht es dem wieder die Schuhe aus. Oder ich bleibe am Ball. Und wenn ich am Ball bleiben will, würde ich die zweite Frage auf Eurem Zettel stellen. Und da ist etwas, das garantiere ich Euch! (Mit einem Grinsen) Ich weiß es!

B blickt schnell zu A und wieder weg.

A: Deswegen nehmen wir sie auch nicht.

A: Gehen wir mal zum Feedbackbogen! Übrigens, wir haben die Inkongruenzen dauerhaft gelöst. Bis zum Status-Spiel mit mir!

T grinsend: *Ich will das jetzt hören!*

A: Was?

T: Ich will, dass ihm die Schuhe ausgezogen ...

A unterbricht: *Nein. Nicht absichtlich! Solange die Physiologie stimmt, ist mir das egal!*

A passt seine Körperhaltung der von B an.

A zu B: Christian! Du hast so ein schönes Ziel! Du wirst also »bis zum 30. Juni 500 Euro im Monat mehr verdienen«. Woran wirst Du spätestens ab morgen Abend schon erkennen, dass Du bis zum 30. Juni 500 Euro mehr im Monat verdienst?

A macht bei »500 Euro« die von B vorhin gezeigte Handbewegung übertrieben nach.

B: Hm ... Dass ich ... Also morgen Abend werd ich es daran erkennen, dass ich, hm ... montags ... Also morgen quasi, ähm ... mehr motiviert bin bei der Arbeit (B fängt leicht an zu grinsen). Mehr Gas geben werde.

A im selben Tonfall / Geschwindigkeit wie B: *Wie wirst Du Dich fühlen, wenn Du morgen noch motivierter auf der Arbeit bist und noch mehr Gas gibst? Morgen Abend ... Woran fühlst Du das, dass Du noch motivierter bist?*

B: Ja, dass ich auch am Abend die Motivation noch habe und ich werde zufrieden auf den Tag zurückschauen.

B richtet sich wieder ein Stück auf.

91

A: Mhm! Cool! Du wirst also schon morgen Abend zufriedener sein, Dich ein Stückchen auf Deinem Weg bewegt zu haben?

B: Ja!

A: Cool! Wenn Du jetzt noch mal so über Dein Ziel nachdenkst, wie heißt das jetzt?

B: Hm ... Da werden die anderen gleich lachen!

A: Es ist mir egal! Es ist mir ziemlich egal! Wie würdest Du jetzt Dein Ziel nennen?

B sitzt aufrecht, symmetrisch mit beiden Händen auf den Oberschenkeln abgestützt: *Also, ich werde am 30. Juni 500 Euro im Monat mehr verdienen. (Zeigt wieder deutlich die ressourcevolle Zielphysiologie.)*

A: Nicht mehr bewegen! Genau so, starr sitzen bleiben!

A zum Publikum: *Kongruent oder inkongruent? ... Hm?*

Y: Für mich war die Stimme diesmal nicht mehr so kongruent. Aber die Körperhaltung dafür schon. Also genau geswitched.

A: Also nicht kongruent?

Y: Also die Stimme war plötzlich für mich nicht mehr kongruent, wobei hingegen die Körperhaltung kongruent war ... Und vorher war es genau umgekehrt!

A: Also es gibt eine Inkongruenz zwischen Stimme und Körperhaltung. Oder?

Y: Ja ...

A: Da stimmt immer noch was nicht, da müssen wir noch mal ran!

A zu B: *Jetzt hab ich ein Problem, Christian. Jetzt darfst Du Dich wieder bewegen.*

A passt die Körperhaltung an B an: *Weil, Du hast Dein Ziel jetzt so oft verändert, dass mir nun die letzte Formulierung für das Zitat, was ich brauche, nicht mehr einfällt. Und deswegen muss ich Dich bitten – ohne eine Frage zu stellen –, einfach mal Dein Ziel neu zu formulieren ... Und so lange, wie Du drüber nachdenkst, ob es immer noch dasselbe Ziel ist, nur anders formuliert, sag ich noch mal was ganz kurz zur Gruppe.*

B: Mhm!

A zum Publikum: *Eignet sich immer! Weil, das Ziel ist jetzt auch anders formuliert!*

A: Egal, ob Ihr es Euch merkt oder nicht. Auch wenn der Klient es abstreitet, dass es sich anders anhören würde, dass sich nichts geändert hat. Und mit mir wetten würde ... Gute Gelegenheit, zusätzlich Kohle zu verdienen!

Alle Anwesenden lachen.

A: Wer würde noch alles wetten?

A: So, jetzt Du!

B: Mein Ziel?

A: Ja!

A: Ja, und noch mal! Immer schön vorstellen, dass Du es schon erreicht hast!

B mehr in der Problemphysiologie als in der Zielphysiologie, seine Hände sind im Schoß gefaltet: *Genau! Ich werde ähhh ...*

A nimmt seine eigenen Hände hoch und faltet die Finger. Im selben Moment hebt B auch die Hände hoch, zögert dann kurz und legt seine Hände auf seine Oberschenkel. B grinst A an ...

B: Am 30. Juni ... Ähm.

B macht die abgehackte Handbewegung mit der linken Hand, zeigt bessere Physiologie: *500 Euro pro Monat mehr verdienen!*

A zum Publikum: *Irgendwas fehlt mir noch! Was machen wir noch?*

A zu B: *Nicht reingucken! Klient liest nicht mit!*

A: Ahhh ...

Y: Was versprichst Du Dir davon, wenn Du ...

A unterbricht: *Wertesystem!*

Y: Mhm ...?

A: Deins!

Y: Naja, mich hätte einfach nur interessiert, was für ihn die 500 Euro mehr im Monat dann bedeuten.

A: Richtig! Und warum? Deine Neugier. Und Dein Wertesystem.

Y: Mhm!

A schüttelt Kopf: *Rauslassen! Ganz schlecht. Da hast Du sofort Widerstand!*

Ilja: Lass mich mal.

A: Okay.

Ilja: Woran würde denn ich erkennen …

A richtet sich plötzlich kurz auf.

Ilja: Christian, wenn Du Dein Ziel erreicht hättest?

A: Darf ich Dir das sagen?

Ilja: Ne, ich hab ja Christian gefragt!

Axel zu Ilja (grinst): *Wenn die Motivation nicht nur an der Feuchtigkeit seines Pos und seiner Hände, sondern auch im Gesicht abzulesen wäre. Ne! Lass mal! Das ist gut! Aber da will ich ran! Genau da will ich rangehen! Sinnes- und kontext-orientiert. Sinnesspezifisch konkret. Das sind jetzt die Dinge, um die wir uns kümmern.*

T: Wie kommst Du darauf?

A zu T: Was?

T: Ist es Deine Intuition, dass Du da jetzt rangehst?

A: An was würdest Du jetzt rangehen? Mach mir einen anderen Vorschlag! Was fehlt denn noch?

T: Motivieren?

A: Motivieren? Du willst ihn noch mehr motivieren?

T: Dritte Frage von unten.

A: Okay, auf einem Pegel von eins bis zwanzig, Christian. Wie hoch ist denn Deine Motivation?

B: In der Vergangenheit?

A macht die abgehackte Handbewegung deutlich übertrieben, mehrmals: JETZT!

B: Also jetzt würde ich sie bei … fünfzehn!

A: Aha, wenn ich morgen zur Arbeit gehe …

B: Morgen, wenn ich da bin natürlich ähh, wesentlich mehr, weil …

B macht mit beiden Händen die Handkantenbewegung: *Dann bin ich im Büro, dann bin ich ähm … auf dem Schlachtfeld …*

A äfft die Physiologie von B übertrieben für das Publikum nach.

A: Physiologie, also eine höhere Motivationsphysiologie als …

A macht sie noch einmal noch übertriebener nach.

A: Also noch heftiger brauche ich sie eigentlich nicht!

Y: Die Beziehung zu anderen Menschen ...

A unterbricht: *Ökocheck, das ist das, wo ich gesagt habe, da lass ich im Moment mal noch die Finger weg, bevor ich nicht irgendeine andere Physiologie habe ...*

T: Also es ist ganz wichtig, dass er die richtige Zielphysiologie zeigt?

A: Da ist was.

A zu B: *Wollen wir gleich ran oder erst später?*

B überlegt.

A: Ne, das machen wir später ...

A: Kannst Du ... Sorry, ich bin 44. Normalerweise, wenn ich in Berlin bin, hab ich ein T-Shirt oder eine Jacke an, da steht drauf »Ich bin über 40, helfen Sie mir bitte über die Straße«.

B (lacht): Okay.

A: Ich bin auch vergesslich, bei welcher Farbe man rüberlaufen kann ... Deswegen, sieh es mir einfach nach ... Bitte! Kannst Du mir deshalb Dein Ziel noch mal sagen?

B: Ja!

B richtet sich auf, grinst und schlägt sich mit der linken Hand im Takt bestimmt auf den Schenkel: *Ich werde bis zum 30. Juni 500 Euro pro Monat mehr verdienen.*

A: Gut!

A zum Publikum: *Jetzt hat der Ilja im Prinzip ja schon eine schöne Frage gestellt ... Die steht auch auf Euren Unterlagen. Und die heißt: »Woran wirst Du denn merken, dass Du Dein Ziel erreicht hast, am 30.06?«*

A zu B: *Jetzt gibt es ganz clevere Jungs, die sagen »Ich habe 500 Euro mehr in der Tasche«, aber ... das Gewicht von 500 Euro mehr in der Tasche merkst Du nicht. Es sei denn, Du hast sie in 1-Euro-Stücken! Oder in 50-Cent-Stücken ... Oder Du plünderst die Brautschuh-Kasse von Deiner Freundin. Die Pfennige ...*

B richtet sich leicht auf.

A: Woran wirst Du merken, dass Du Dein Ziel, am 30. Juni 500 Euro pro Monat mehr zu verdienen, erreicht hast?

B: Hmmm. Also vom Kontoauszug abgesehen ...

A: Den merkst Du auch nicht.

B: Den merk ich nicht ...

B mit mehr Energie und starker Gestik: *Ähm, ich werde es selber merken, dass ich motivierter bin, weil ich zufrieden bin, weil ich mein Ziel erreicht habe. Und ... Ja, und ich werd mich dann zufrieden fühlen und auch so ein Stück Anerkennung spüren für das, was ich geleistet habe!*

A zum Publikum: *Könnt Ihr Euch daran erinnerst, was ich über rechte und linke Gehirnhälfte gesagt habe ...*

A: Wo findet die ganze Zeit die Bewegung statt?

A nimmt die linke Hand von B und bewegt sie knapp vor seinem Körper auf und ab. Er übertreibt also B's Bewegungen. *Mal abgesehen davon, dass er die ganze Zeit in meine Komfort-Grenzen eintritt.*

A: Dass ich im Prinzip für ihn gar nicht da bin, weil sein Ziel ist so groß, dass ich im Prinzip auch weggehen könnte.

A: Als Coach würde ich das jetzt wahrscheinlich nicht fragen!

A zu B: Ich hab Dich nicht gefragt, was Du drüber nachdenkst: Ich habe Dich gefragt, was Du siehst, spürst, hörst und fühlst!

B: Okay!

S: Da ist keine Begeisterung drinnen.

A: Doch, die ist schon da ... Seine Begeisterung ist im Feuchtigkeitspegel seines Hosenbodens.

S: Okay.

A: Und in den Händen!

Aus dem Publikum: *Gesichtsfarbe!*

A: Das nennt man dann loslassen!

Gelächter.

A mit langsamer Stimme: *Wenn Christian irgendwann angefangen hat. Irgendwann, wenn Christian angefangen hat, zu verstehen. Zu hören oder zu fühlen, dass er in dem Moment, wo er die rechte Hirnhälfte mit der linken mal korrespondieren lässt, so viel von alten Glaubenssätzen ... manchmal auch einfach nur Flüssigkeiten ... losgelassen hat. Und so viel Neues dazugekommen ist, neue Möglichkeiten, dann bin ich mir ziemlich sicher, dass er mit einer vollkommen veränderten Antwort auf die folgende Frage zurückkommt.*

A richtet sich auf, B richtet sich nun mit auf.

A zu B: Tu doch einmal so, Christian, Du hättest Dein Ziel, am 30. Juni 500 Euro mehr zu verdienen, schon erreicht. Was wird sich im Fühlen ... Sehen ... Hören ... Riechen ... und Schmecken für Dich alles verändert haben?

B blickt von links unten nach rechts oben.

A zum Publikum: *Trance!*

A zu B: Okay, war zu kompliziert?

B: Ja!

A: Tu mal so, als hättest Du Dein Ziel schon erreicht, am 30. Juni richtig Kohle zu verdienen. 500 Euro mehr! Was wird sich im Fühlen verändert haben?

A: Ja! Frag Dich!

B macht eine »Ich weiß nicht«-Geste.

A macht die Geste nach.

B: Schwierig ...

A: Schwierig, was?

B: Ja!

A: Ja, da kann man nicht darüber nachdenken, ne? Da muss man wirklich mal reinfühlen.

B: Hm!

A: Hm!

A: Oder hören! Also pass auf! Ich gebe Dir noch mal eine Prozessinstruktion.

B: Mhm!

A: Was Du machen sollst. Ich sag Dir noch mal, was Du machen sollst, und wir machen Multiple Choice System. Und Du kannst dann wählen, was Dir dabei am allerliebsten ist.

A zum Publikum: Trance vertiefen.

A: Wir haben fünf Sinneskanäle! Du musst nur mit einer neuen Erkenntnis aus einem dieser fünf Sinneskanäle zurückkommen.

A: Was wird sich im Sehen, Hören, Fühlen, Riechen, Schmecken für Dich geändert haben, wenn Du Dein Ziel, am 30. Juni 500 Euro mehr zu verdienen, erreicht hast?

B macht kreisende Bewegungen mit beiden Händen vor sich. A spiegelt B in diesen Bewegungen.

B: Das Bild wird so irgendwie klarer ... Also ...

A: Wird klarer, hm?

A: Und wie würdest Du Dein Ziel jetzt nennen?

A macht die Bewegung von B noch einmal kurz nach: *Wenn das Bild klarer geworden ist und Du das Bild mal auf Dich wirken lässt?*

B: Das Ziel ist noch das gleiche, also ich werde ...

A unterbricht: *Nein, sicher nicht!*

B: Doch!

A: Du behauptest das jedes Mal! ... Jetzt nimm noch mal Dein Bild.

B: Ja!

A: Lass es mal auf Dich wirken und dann komm noch mal mit Deinem Ziel zurück und benenn es.

B sitzt aufrecht und gestikuliert mit den Händen. Die Stimme ist nicht mehr so energetisch wie zuvor: *Ich werde am 30. Juni 500 Euro im Monat mehr verdienen?*

A: Hat sich irgendwas verändert?

A ironisch: *Überhaupt nicht.*

A: Hat sich irgendwas verändert für Dich?

B: Ja!

A: Was denn?

B macht wieder seine Geste mit beiden Händen: *Das Bild ist klarer und ich glaub, die rechte Gehirnhälfte ist jetzt auch dabei!*

A äfft B übertrieben für das Publikum nach.

T lacht: Es ist gespiegelt!

A zum Publikum: Und ich habe vorher eindeutig geleaded.

A macht die abgehackte Bewegung mit der linken Hand. *Also sprich, ich habe sogar vorgegeben, was ich eigentlich haben will.*

A: Nämlich wenigstens diesen. Es ist ja sein Anker! Sein Anker ist ja »will ich«. Mittlerweile nicht mehr! Mittlerweile hat er eine kongruentere Physiologie!

A: Na? Richtig oder falsch? Wer ist dagegen? Ist die Physiologie jetzt kongruent? Noch nicht ganz! Wir können an allen Zielphysiologien und wir können an allen Punkten weiterhin arbeiten!

A zu B: Christian! (B schweigt in sich gekehrt.)

A: Wir haben noch vier Sinneskanäle, die machst Du nachher mit jemand anderem! Aber ich hab trotzdem noch eine schöne Frage an Dich!

B: Mhm!

A mit langsamer Stimme: *Wem aus Deiner Familie oder Deinem Freundeskreis … wirst Du, wenn Du Dein Ziel, bis zum 30. Juni 500 Euro mehr zu verdienen, erreicht hast, unähnlicher?*

B: Wem ich unähnlicher werde?

B blickt nach rechts oben. A macht B übertrieben für das Publikum nach.

A: Ja!

A: Welches Verhältnis zu welcher Person wird sich ändern?

B: Zu niemandem!

A: Okay!

A: Tu mal so, als hättest Du Dein Ziel schon erreicht!

B: Mhm!

A: Und schau Dich mal an unterschiedlichen Orten mit unterschiedlichen Personen um. Und beobachte, welches Verhalten von welchen Personen sich verändert!

A: Es kann nicht gleich bleiben! Wenn sich irgendetwas am System verändert, ändert sich auch das System!

B blickt von links oben nach rechts oben und zurück. Dann in die Mitte.

A: Wie würdest Du Dein Ziel jetzt nennen?

B: Willst Du es noch mal hören?

A zeigt aufs Publikum: Die auch!

B energetisch, aufrecht sitzend, mit seiner Handgeste: *Die auch, Okay! Also, ich werde am 30. Juni ähm, 500 Euro pro Monat mehr verdienen.*

A: Mhm! Es ist schwer, ne?

B: Hm?

A: Das so zu sagen. Weil Du Dich jedes Mal vorher weigerst!

B: Hm?

A zum Publikum: *Okay, sieht noch irgendjemand Probleme?*

A zeigt auf Y: Welche?

Y: Diesmal hat er sich … Diesmal hat die Physiologie noch mehr … War zögerlicher auf jeden Fall!

A: Okay!

Y: Die Stimme ist zurückgegangen und … Die Frage, die er nicht gleich beantwortet hat …

A: Oder nur … Noch ein Grund, um eine halbe Stunde länger zu arbeiten. Wird er sein Ziel Deiner Meinung nach erreichen?

A: Oder hat er eine sehr große Veränderung erreicht? Hat er eine große Chance, sein Ziel zu erreichen?

Y: Mhm!

A: Ja, PeneTrance! Da brauche ich keine Trance-Einleitung für!

A: Und jetzt weißt Du auch, warum ich bei Thies im Seminar nach einer Stunde immer einschlafe!

A: Siehst Du was, Benjamin?

R: Ich find gerade, die Stimme ist viel fester geworden …

A: Siehst Du einen Grund, weiterzumachen? Oder siehst Du Probleme? Würdest Du als Coach weitermachen?

R: An der Beziehungsebene, ja!

A: Ja!

A zu Tobi: Du auch? (Tobi nickt.)

A: Ahhh, wer ist der Meinung, dass Christian jetzt sein Ziel leichter, effizienter oder auf magischere Art erreicht?

Einige Meldungen aus dem Publikum.

A zum Publikum: *Der Meinung bin ich auch, allerdings: Ich würde noch weiterarbeiten! Also wenn es keine Demonstration wäre, würde ich weiterarbeiten! Wenn ich ein Coach wäre, würde ich weiterarbeiten! Die Physiologie würde ich noch genauer hinkriegen! Die Physiologie ist für mich noch unpassend. Da sind noch Status-Spielchen drin, er ist noch zu viel im Denken. Ich würde über ALLE Sinneskanäle gehen. Ich würde über Riechen, Schmecken, Fühlen, Sehen und Hören gehen. Über alle! Das würde ich voll stretchen ohne Ende. Immer wieder rein!*

A: Ihr merkt, was er nicht merkt – was er erst merkt, wenn Ihr jetzt gleich übt.

Dann bemerkt Ihr, dass der Klient jedes Mal mit einer veränderten Formulierung seines Ziels zurück kommt. Jedes Mal! Es hat sich immer irgendetwas geändert. Von Anfang bis Ende. Jedes Mal. Und von daher ... Je öfter sich was ändert, je öfter Ihr ein weiteres Mal in das Ziel geht, erhöht sich die Chance, es zu erreichen, um 30 Prozent. Deswegen würde ich noch eine halbe Stunde weiterarbeiten.

R: *Frustrierst Du damit Klienten nicht fast immer?*

A: *Nein, überhaupt nicht ... Gar nicht!*

A: *Übrigens: Eines der Phänomene von Hypnose ist Zeitverzerrung.*

A zu Josef: Wie lange haben wir jetzt gearbeitet?

Josef: Fünfzig Minuten.

Publikum: Wie viel?

J: *Fünfzig.*

A: *Hab ich ihn frustriert?*

R: *Ne!*

A: *Er hat doch die Zeit gar nicht mitgekriegt! Der weiß ja gar nicht, wie spät es ist! Trance!*

A: *Du frustrierst ihn also nicht. Und Du stellst ja auch immer andere Fragen. Also, wenn Du merkst: Ah Physiologie, da will er jetzt nicht mehr rein. Dann nimm was anderes!*

A: *Ein schönes Beispiel, was wir auch noch machen können, ist: Christian! Wenn Du auf Dein Bild schaust und Dir mal anschaust, Du hast Dein Ziel schon erreicht!*

B: *Mhm!*

A: *Kannst Du ... hier und jetzt die Physiologie zeigen, die Du auf dem Bild hast?*

B: *Das ist eigentlich mehr ein Film!*

A: *Aber Du hast doch da eine Physiologie auch in dem Film, oder?*

B: *Ja!*

A: *Okay, kannst Du die zeigen?*

B: *Ja, da sitz ich eher lässig an meinem Schreibtisch!*

A: *Okay, dann zeig sie!*

B: *Hier?*

A: Wie auch immer!

B nimmt sich einen Stuhl hinter den Tisch, setzt sich darauf und legt die Füße lässig überkreuzt auf den Tisch.

B: Ich sitz halt so ... So, irgendwie lässig in meinem Büro am Schreibtisch.

A: Und, wie heißt Dein Ziel jetzt?

B: Das Ziel ist das gleiche!

Alle Anwesenden lachen.

A: Wie heißt es?

B: Ich werde bis zum 30. Juni 500 Euro pro Monat mehr verdienen!

A: Und ich bin mir ziemlich sicher, wenn ich Dich das noch drei Mal fragen würde, wärst Du noch drei Mal der Meinung, das Ziel würde genauso sein wie am Anfang.

A schüttelt B die Hand und bedankt sich.

Reforming

Jede Kommunikation und jeder gesprochene Satz lässt Spielraum für Interpretationen. Die wahre Bedeutung erhält so ein Satz erst durch den Kontext, in dem er stattfindet.

Reframing heißt, einer Situation einen anderen Rahmen zu geben, also die Sicht auf etwas zu verändern. Damit können wir die Beurteilung dieser Situation verändern und sie auf eine angenehmere Weise interpretieren. So nutzt das Reframing die Tatsache, dass wir uns unsere Wirklichkeit durch unsere Wahrnehmung und deren Interpretation sowie durch unsere Fantasie selbst erschaffen.

Das Reframing ist letztlich ein Weg zu mehr Möglichkeiten und Flexibilität. Es ist wichtig, im Reframing Absicht und Verhalten zu trennen und zu akzeptieren, dass jedes Verhalten aus einer positiven Absicht stammt.

So ist es sicher kein schönes Erlebnis, mit einem netten Menschen auf einer Wiese zu liegen und aufgrund von Pollenflug Tränen in den Augen zu haben. Andererseits ist es von großem Nutzen, dass der Körper mit Tränenflüssigkeit Fremdkörper aus den Augen spült, wenn beispielsweise eine Fliege oder Sand hineinkamen. Das Verhalten *Tränen in die Augen bekommen* ist in einem bestimmten Kontext also äußerst sinnvoll.

Oder stell Dir einmal vor, Du gehst an einem FKK-Strand entlang. Dort wirst Du viele nackte Menschen sehen und dies völlig normal finden. Würdest Du jedoch auf dem Gang im Finanzamt eine nackte Frau sehen, so würde Dir das mit hoher Wahrscheinlichkeit komisch vorkommen. Je nach Kontext ist eine Handlung also entweder in Ordnung oder eben auch nicht.

Keine NLP-Technik ist dazu geeignet, die Welt nach einer Intervention durch eine rosarote Brille zu sehen. Wir alle müssen an unseren Problemen arbeiten. Allerdings lösen wir unsere Probleme eleganter und effizienter durch den Einsatz von NLP-Techniken, wie zum Beispiel dem Reframing.

Wir sind dann auf dem Weg konstruktiver Veränderung, wenn wir Erlebnisse, Verhaltensweisen und Prozesse so umdeuten, dass wir den für uns möglichen Gewinn daraus erkennen. Gleiches gilt für Erfahrungen gleich welcher Art. Durch die Umdeutung in geeigneter Weise unterstützen uns die neuen Erkenntnisse auf unserem Weg, Ziele eleganter und effizienter zu erreichen.

Mach Dir für einen kurzen Augenblick einmal bewusst, wie sehr sich Deine Sicht auf die Welt allein schon durch das Aufsetzen einer Sonnenbrille ändert.

Wenn Du den Rahmen einer Kommunikation bestimmst, kontrollierst Du gleichzeitig die Reaktionen der Menschen, die dieser Kommunikation folgen. Auf diese Weise bringen wir unsere Gesprächspartner dazu, bestimmte Dinge oder Handlungen aus einer anderen Perspektive zu betrachten.

Im NLP gibt es grundsätzlich zwei verschiedene Arten von Reframing: das Kontext- und das Inhaltsreframing.

Kontextreframing

Jedes Verhalten hat eine positive Absicht. Dies ist eine der wichtigsten Grundannahmen des NLP und gleichzeitig eine, die für ihr großes Veränderungspotenzial bekannt ist. Sie zu kennen ist das eine, sie anzuwenden ist jedoch für viele Menschen eine große Herausforderung.

Wenn wir das Kontextreframing anwenden, bedeutet das, einen Rahmen zu finden und anzubieten, in dem das unerwünschte Verhalten oder die unerwünschte Absicht einen geeigneten und gewünschten Kontext bekommen.

Um in einem Gespräch ein Kontextreframing durchführen zu können, solltest Du Dich fragen, in welchem Kontext das unerwünschte Verhalten einen positiven Wert für deinen Gesprächspartner hat.

So hat ein zum Lügen neigender Mensch wahrscheinlich durch diesen Charakterzug wenig Freunde, könnte aber mit diesem Talent zur Übertreibung und Fantasie gute Bücher schreiben.

Ein Kontextreframing lässt sich am einfachsten bei Aussagen wie

- »Ich bin zu ...«
- »Ich wünschte, ich könnte ...«
- »Ich würde gern damit aufhören ...«

durchführen.

Der Sinn des Kontextreframings besteht darin, den Inhalt der Klage in einen Rahmen zu bringen, in dem sich der Gesprächspartner gut, verstanden und voller Ressourcen fühlt.

Inhaltsreframing

Hier geht es darum, ein Gefühl, einen Umstand oder ein Verhalten, das beklagt wird, so umzudeuten, dass es hinterher positiv wirkt. Beim Gesprächspartner soll also ein Wechsel im Erleben und der Bewertung des Verhaltens erreicht werden.

»Wenn ich x tue, passiert y« oder »Wenn *ich* den Chef um etwas bitte, sagt er sowieso immer nein« sind Beispiele für Sätze, die einen kausalen Zusammenhang unterstellen. Damit nimmt sich der Sprecher aus dem Rennen. Denn nun kann der Sprecher nichts mehr aktiv tun, um das eigene Erleben bewusst zu ändern.

Das Inhaltsreframing hebt den unterstellten Zusammenhang zwischen x und y auf, indem es in einem anderen Zusammenhang herstellt.

Um ein solches Inhaltsreframing vornehmen zu können, kannst Du zum Beispiel fragen:

◆ Wie könntest Du die Situation anders beschreiben?
◆ Welchen Rahmen gibt es, in dem genau dieses bemängelte Verhalten angebracht wäre?
◆ In welchem Zusammenhang wäre das bemängelte Verhalten für den Gesprächspartner von größerem Wert?

Menschen zeigen in einer Situation immer das beste ihnen zur Verfügung stehende Verhalten, so sehr es uns manchmal auch unverständlich erscheint. Die meisten dieser Verhaltensweisen wurden zu irgendeinem Zeitpunkt im Leben erlernt, um auf eine positive Weise zu dienen. Doch unser Leben ändert sich. Zu einer späteren Zeit kann dieser positive Wert in den Hintergrund geraten, das Verhalten aber bleibt.

Diese Betrachtungen sind die Grundlage für das sogenannte Six-Step-Reframing. Diese NLP-Technik besteht in ihrer Ursprungsvariante aus sechs Schritten, die hier auf neun Schritte erweitert wurden.

Six-Step-Reframing
Übung für eine Gruppe zu dritt

A ist Coachee, B ist Coach und C ist Beobachter.

Prozessinstruktionen von A an B.

Rahmen setzen
1. Stelle zu Deinem Gesprächspartner Rapport her. Schaffe eine vertrauensvolle Atmosphäre, indem du die Möglichkeiten des NLP anwendest. Nutze Pacing, Leading und zitiere Deinen Gesprächspartner im selben Repräsentationssystem.

2. Frage, ob es ein Verhalten X gibt, das nicht gewünscht wird, und ob ein Gegenteil davon vorstellbar oder bereits vorhanden ist.

3. Vermittle Deinem Gegenüber folgende Wirklichkeitsauffassungen:

◆ Nicht das Bewusstsein, sondern ein Teil des Unbewussten ist zuständig für das unerwünschte Verhalten X.

◆ Das Unbewusste ist stärker als das Bewusstsein.

◆ Der unbewusste Teil ist sehr zuverlässig. In entsprechenden Situationen hat er noch nie vergessen, X zu tun.

◆ Der unbewusste Teil ist klüger als das Bewusstsein. Er kennt die Stimuli, die im entsprechenden Kontext X auslösen, sowie die systemische Vernetzung der Lebensbereiche, in denen er Ermöglichungs- und/oder Schutzfunktionen ausführt.

◆ Wie der unbewusste Teil etwas tut, ist nicht identisch mit dem Wofür. Unbewusste Teile tun das Beste, was sie tun können, um das Leben der Person sicherzustellen (positive Absichten), selbst wenn das unerwünschte oder gar lebensgefährliche Verhalten Nebenwirkungen haben sollte.

Es ist wichtig, während des ganzen Gespräches auf den Rapport zu achten, wenn Du die oben angeführten Annahmen kongruent vermitteln möchtest. Dies gelingt Dir am einfachsten, wenn Du Dir bewusst machst, dass sie wirklich stimmen und richtig sind.

Signal etablieren
B: »Geh mit Deinen Gedanken nach innen und sprich genau den Teil an, der bisher sichergestellt hat, dass X passiert. Frage ihn, ob er bereit ist, mit Dir im Bewusstsein neu zu kommunizieren. Und dann lässt Du Dich überraschen, *wie* sich dieser Teil meldet.«
Wenn A das verstanden hat und damit einverstanden ist, sagst Du: »Dann tu es, jetzt!«

Ja-Nein-Signale
Bedanke Dich für die neue Art der Kommunikation. Bitte den unbewussten Teil um ein Ja-Signal. Das kann zum Beispiel ein Zeichen mit dem rechten oder linken Zeigefinger oder ein Zucken in den Augenlidern sein. Es soll Dir später ermöglichen, eine Zustimmung oder Ablehnung zu erkennen.

Bewusstsein

»Geh nochmals in Dich und frage den Teil: Weiß ich alles im Bewusstsein, was Du mit X die ganze Zeit für mich sichergestellt hast?«

Wenn JA: »Du bist nun erwachsen genug, das in Deinem Leben selber sicherzustellen.« FORMATENDE.

Wenn NEIN: »Es gibt zwei mögliche Gründe für Dein Unbewusstes:

◆ Dein Unterbewusstsein möchte Dich davor schützen, vergangene schmerzhafte Situationen noch einmal erleben zu müssen.

◆ Dein Unterbewusstes könnte sich auch von Deinem Bewusstsein gestört fühlen und möchte vermeiden, dass es dazwischenfunkt, weil es dann nicht so gut arbeiten kann.«

Kreative Physiologie

»Denk mal an eine Situation, in der Du Dich perfekt verhalten hast und währenddessen oder kurz danach bemerkt hast, dass das, was du getan hast, genau richtig war. Es war der richtige Zeitpunkt und auf die richtige Art und Weise war alles perfekt. In solchen Momenten wird Dein kreativer Teil tätig.«

Setze einen Anker, sobald die Physiologie sichtbar wird!

Konferenz der Teile

»Bitte nun Deinen unbewussten Teil, der für das X verantwortlich ist, Deinem kreativen Teil mitzuteilen, was dessen positive Absicht ist.

Bitte ihn, alternative Wege und Ideen zu finden und sie Deinem unbewussten Teil mitzuteilen.

Bitte Deinen unbewussten Teil, aus diesem Ideenpool mindestens drei neue Möglichkeiten auszuwählen, um seine positive Absicht ebenso effektiv und elegant zu erfüllen.

Wenn Dein unbewusster Teil ausreichend neue Möglichkeiten gefunden hat, zeige mir dies durch Dein Ja-Signal.«

Verantwortung

»Frage bitte den unbewussten Teil: Bist Du bereit, für die nächsten drei Wochen die Verantwortung dafür zu übernehmen, die neuen Verhaltensweisen und alternativen Wege genauso zuverlässig und sicher auftreten zu lassen wie bisher X? Bist Du bereit, das alles ganz unabhängig vom Bewusstsein durchzuführen?«

Öko-Check
»Frage nochmals Dein Unterbewusstsein: Gibt es irgendeinen unbewussten Teil in mir, der einen Einwand dagegen hat, dass diese neuen Wege in meinem Verhalten auftreten werden?«

Wenn NEIN: FORMATENDE.
Wenn JA: Falls es Einwände gibt, gehe zurück zur kreativen Konferenz der Teile und versuche eine andere Art und Weise zu finden, das positive Ziel des ungewünschten Verhaltens X zu erfüllen im Einklang mit den neuen Wegen, die X ersetzen.

Nach Abschluss dieser Konferenz: FORMATENDE.

Dieses Format muss bei eventuell Einwand erhebenden Teilen für jeden dieser Teile durchgeführt werden. Das ist wichtig, um einen langfristigen Erfolg sicherzustellen.

Das Format eignet sich zum Beheben von Allergien ebenso wie zur Bekämpfung von Sucht.

Metaprogramme

Wenn wir uns C. G. Jung anschließen und seine Sichtweise übernehmen wollen, nämlich dass jedes Individuum eine bestimmte Präferenz hat, Dinge wahrzunehmen und diese zu beurteilen, befinden wir uns historisch im Jahr 1923 und nähern uns dem Begriff der Metaprogramme.

Es gibt unzählige Metaprogramme, von denen wir uns allerdings nur mit einigen wenigen beschäftigen werden. Welche Bedeutung sie für uns haben, wird sehr deutlich, wenn wir uns bewusst machen, dass sie zu unseren Wahrnehmungsfiltern gehören. Sie bestimmen, was wir bemerken, erkennen, wahrnehmen und was wir davon abspeichern. Diese Tatsache kann Dir schnell deutlich werden, wenn Du einmal Deinen Blick auf irgendeinen Gegenstand im Raum konzentrierst, starr darauf blickst und wahrnimmst, wie klein Dein Sichtfeld wird. Am Anfang verschwimmen vielleicht nur die Ränder, irgendwann aber hast du deinen Fokus ausschließlich auf diesen einen Gegenstand gerichtet.

Metaprogramme werden auf Grund unserer Erfahrungen geprägt und sind teilweise auch anerzogen und erlernt. Sie sind aber nicht unabänderlich, denn sie lassen sich bewusst anwenden und mit der Hilfe von NLP-Techniken verändern.

Nachfolgend findest Du eine Übersicht der wichtigsten Metaprogramme:

Metaprogramm	Erläuterung	Zielfrage
Bezugsrahmen intern oder extern	Wie werden Entscheidungen getroffen, aus sich selbst heraus oder über die Meinung anderer?	Wovon machst Du Deine Entscheidung abhängig? Davon, was Du siehst oder was andere darüber sagen oder denken könnten?
Perfektion – Optimierung	Menschen können nach Perfektion streben oder nach einem ausgeglichenen Verhältnis zwischen Aufwand und Ergebnis.	Stell Dir vor, Du arbeitest an einer interessanten Aufgabe. Wann bist du damit fertig?
Hin zu – weg von	Menschen können sich dadurch motivieren, dass sie zu einem Ergebnis *hin* streben oder von einem Umstand *weg*. Meist ist das *Hin* eher positiv und das *Weg* eher negativ.	Warum hast Du letztens deine Küche aufgeräumt? Wolltest Du es sauber oder den Schmutz endlich weg haben?
Überblick – Detail	Um eine Entscheidung treffen zu können, brauchen manche Menschen den kompletten Rahmen und alle Details, andere nur einen groben Überblick.	Wie viele Informationen brauchst Du genau, um eine Entscheidung treffen zu können?
Dissoziiert – assoziiert	Manche Menschen entscheiden eher aus dem Bauch heraus, während andere vor einer Entscheidung lieber ausgiebig nachdenken.	Bist Du lieber ein Außenstehender oder ein Beteiligter?

Fast Phobia Cure

Übung für eine Gruppe zu dritt

A ist Coachee, B ist Coach und C ist Beobachter.

Prozessinstruktion für B an A.

1. Ressourcen-Anker setzen und testen!

2. Aus Metaposition Problem finden

»Du kannst ängstlich (phobisch, angstbesetzt ...) reagieren?«

»Kannst Du Dich vielleicht noch daran erinnern, mit welchem Erlebnis das anfing? Jetzt, wo Du Dich hier mit mir zusammen im Raum befindest und ganz sicher bist.«

3. Doppelte Dissoziation

»Kannst Du jetzt einmal so tun, als würdest du im Vorführraum eines Kinos sitzen und durch dieses kleine Guckloch sehen, das der Filmvorführer hat? Stell Dir vor, wie Du im Zuschauerraum neben mir sitzt und ganz gespannt auf den Film wartest, in dem Dein jüngeres Ich, also die/der jüngere (Name) die Hauptrolle spielt.«

4. Schwarzweißfilm vorwärts

»Gleich wird ein Schwarzweißfilm gezeigt. Er beginnt zu einer Zeit, in der noch alles gut ist, und endet, wenn alles vorüber und gut überstanden ist.
Du bist absolut geschützt hier im Vorführraum und siehst auf den Zuschauerraum und die Kinoleinwand. Du siehst Dich und mich von hinten auf den Kinosesseln sitzen und kannst gleichzeitig den Film ansehen.«

5. Schauen lassen!

»Und wie war es?«

6. Separator

»Du kannst jetzt wieder ganz hierher zurückkommen!«

Einen Separator zu setzen bedeutet, die Person an etwas gänzlich anderes denken zu lassen. Das kann vom Apfelkuchen über das Frühstück am Morgen bis hin zu einer Autobahnfahrt alles sein.
Setze nun einen Separator.

7. Farbfilm rückwärts

»Und nun möchte ich Folgendes:

Geh nochmals in den Vorführraum, finde Dich im Geiste im Zuschauerraum ein und steig in das letzte Bild des Films ein. Dort, wo alles wieder gut ist. Schalte den Film auf Farbe um und lass ihn bis zum Anfang rückwärts laufen. Du weißt ja, wie ein Film aussieht, der rückwärts läuft. Dann tu das jetzt.

Wenn Du am Anfang des Films bist, spring aus dem Film heraus und setz Dich in Gedanken wieder neben mich in den Zuschauerraum.«

Gib deinem Gegenüber nun kurz Zeit, Deinen Anweisungen zu folgen, und löse, während der Film in seinem Kopf rückwärts läuft, den Ressourcen-Anker leicht aus.

8. Schnelle Wiederholungen

»Ich möchte, dass wir das jetzt nochmals ein wenig schneller machen.«

Wiederhole nun diesen Prozess so oft, bis sich die Physiologie Deines Gegenübers deutlich bessert. Werde dabei mit jeder Wiederholung schneller.

9. Test

»Wie geht es Dir jetzt, wenn Du an die Problemsituation denkst?«

10. Öko-Check und Futurepace

»Wenn Du jetzt einmal an zukünftige Ereignisse denkst, an Menschen, mit denen Du normalerweise zusammen bist, an unterschiedlichen Orten, was wirst Du Neues tun? Wie werden sie auf Dich reagieren, wenn Du nun nicht mehr phobisch reagierst? Wie gut fühlst Du Dich an diesen Orten mit Deinem neuen Verhalten?«

II. Hypnose

Einführung

Hypnose – alleine die Erwähnung dieses Wortes reicht bei vielen Menschen aus, um eine Vielzahl von mulmigen Gefühlen oder kontroversen Meinungen auszulösen. Dabei ist Hypnose eigentlich vor allem eines: ein Werkzeugkasten professioneller und flexibler Kommunikatoren.

Wenn Menschen über Hypnose sprechen, gibt es einige Standard-Vorurteile und Glaubenssätze, die immer wieder genannt werden. Zum einen ist da die weit verbreitete Vorstellung, dass ich in Hypnose willenlos oder gar bewusstlos bin. Weiterhin stellen sich auch viele Menschen vor, dass der Hypnotiseur die volle Kontrolle über den Willen des ihm vollständig ausgelieferten Klienten erlangt und ihn zu jeder denkbaren Handlung verleiten kann.

Beigetragen zu diesem – in unserer Welt leider völlig falschen – Bild der Hypnose haben wohl die bekannten (und leider oft nicht besonders seriösen) Hypnose-Bühnenshows. Die bekanntesten Phänomene dieser Veranstaltungen sind Menschen, die bestimmte Dinge halluzinieren (z.B. sie seien ein Huhn, Elvis, Brad Pitt oder ein Kleiderständer), oder wiederum andere, die ihren Namen vergessen oder steif wie ein Brett an die Wand gestellt werden, ohne sich hinterher an irgendetwas erinnern zu können.

Weil solche Phänomene so besonders beeindruckend sind, wird die Hypnose daher oftmals nur auf die Showhypnose reduziert. Dabei ist sie so viel mehr. Denn immer dann, wenn es um nachhaltige Veränderungsarbeit geht, kann Hypnose ein wunderbares Werkzeug sein, um Menschen dabei zu helfen, unbewusste Ursachen von Problemen aufzudecken, verloren geglaubte Ressourcen zu finden und erste Schritte auf dem Weg in eine leuchtende Zukunft einzuleiten, sei es im therapeutischen Bereich, im Privatleben oder auch im Business-Kontext.

Doch obwohl sich mehr und mehr Menschen für die Möglichkeiten und Einsatzgebiete der Hypnose begeistern, ist der Kenntnisstand über Hintergründe, Anwendungsmöglichkeiten und Techniken im Allgemeinen noch sehr niedrig und es gibt nur sehr brauchbare und vor allem leicht verständliche Informationsquellen.

Seitdem wir uns intensiv mit dem Thema Hypnose beschäftigen, haben wir eines festgestellt: Sowohl in den USA, aber auch in England oder Australien ist Hypnose ein völlig selbstverständliches Werkzeug in den unterschiedlichsten Bereichen, welches auch gesellschaftlich mehr als anerkannt ist. In Deutschland hingegen haftet der Hypnose immer noch etwas Mystisches, Unergründliches an.

Hypnotiseure sind Meister der Kommunikation, und die Sprache ist ihr wichtigstes Werkzeug. Deshalb sollte man die Kunst der Hypnose grundsätzlich auch immer live in einem Seminar oder einem Workshop erlernen, um ins Handeln zu kommen. Trotzdem gibt es auch viele Menschen, die gerne etwas »in der Hand haben« möchten und für die Bücher eine große Unterstützung auf ihrem Weg zur Meisterung der Hypnose sind. Wir haben bisher jedoch noch kein Buch gefunden, das sowohl für den Laien, aber auch für den fortgeschrittenen Anwender in einer leicht verständlichen Sprache geschrieben ist und dessen Inhalt sowohl für den therapeutischen und den privaten Gebrauch wie auch für den Business-Bereich anwendbar ist.

Egal, wofür Du dieses Buch nutzen möchtest, sei es als Begleitung Deiner Hypnose- oder NLP-Ausbildung, als Nachschlagewerk oder als eine Ideenquelle für Induktionen oder andere hypnotische Techniken: Neben einem fundierten theoretischen Grundwissen und vielen allgemein nicht so bekannten Hintergründen findest Du viele praktische Tipps und Tricks. So wirst Du, lieber Leser, schon nach kurzer Zeit in der Lage sein, selbständig Trancen bei anderen Menschen zu induzieren und die machtvollen Möglichkeiten der Hypnose in den unterschiedlichsten Bereichen anzuwenden. Kurzum: Du wirst Deine Fähigkeiten als Hypnotiseur schnell und nachhaltig steigern, weil Du weißt, was Du tun kannst, wie Du es tun kannst und vor allem weshalb Du etwas tun kannst. Dabei werden wir uns nicht nur auf die Anwendungsmöglichkeiten im Bereich der Therapie konzentrieren, sondern auch andere oft vernachlässigte Bereiche wie Coaching und Business beleuchten.

Einverstanden? Gut, dann können wir ja gleich loslegen … Lehne Dich einfach zurück … entspanne Dich … und genieße Deine faszinierende und erfolgreiche Reise in die wunderbare Welt der Hypnose.

Grundlagen der Hypnose

Bevor wir in die Tiefen der Hypnose einzusteigen, werden wir damit beginnen, ein solides Fundament zu legen. Dieses benötigen wir, wenn wir später anfangen, in spezielle hypnotische Techniken und in die einzelnen Bausteine einer Hypnosesitzung einzusteigen. Nach einem kurzen Blick in die interessante Geschichte der Hypnose werden wir uns hauptsächlich mit den sprachlichen Werkzeugen und den nonverbalen Grundlagen auseinandersetzen, die es uns ganz leicht machen, erfolgreich und überzeugend andere Menschen zu hypnotisieren. Dann werden wir uns intensiv mit dem Zustandsmanagement beschäftigen und uns anschauen, warum es für einen Hypnotiseur so wahnsinnig wichtig ist, seinen Zustand jederzeit steuern und kontrollieren zu können.

Wichtige historische Persönlichkeiten und Ereignisse

Da Hypnose keine Erfindung der Neuzeit ist, sondern im Gegenteil schon seit tausenden von Jahren von den unterschiedlichsten Kulturen angewendet wird, werfen wir zu Beginn einen kurzen Blick auf die interessante Historie. Da dies jedoch kein Geschichtsbuch ist, sondern ein Ratgeber für die praktische Anwendung, spare ich mir einen detaillierten geschichtlichen Rückblick. Stattdessen möchte ich Dir kurz und knackig die wichtigsten Meilensteine und die bedeutendsten Personen vorstellen, welche die heutige Arbeit mit Hypnose stark geprägt und beeinflusst haben und deren Namen man schon einmal gehört haben sollte. Bist Du bereit? Dann lass uns gleich beginnen.

Das »Phänomen« Hypnose ist kein Phänomen unserer modernen Epoche und höchstwahrscheinlich ist die Arbeit mit den unterschiedlichsten Arten von Trance so alt wie die Menschheit selber. Die ersten Aufzeichnungen reichen zurück bis ca. 6000 Jahre v. Chr. Aus gefundenen Keilschriften der Sumerer ist bekannt, dass Hypnose schon damals von Priestern als Heilverfahren eingesetzt wurde. Ungefähr 2000 v. Chr. haben hinduistische Yogis und Fakire Meditationstechniken angewandt, und ca. aus dem Jahr 1500 v. Chr. stammt das Papyrus »Eber«. Dieses aus dem alten Ägypten stammende Papier gilt als das älteste schriftliche Dokument über Trancezustände und hypnotische Induktionstexte.

Etwa aus den Jahren 500 v. Chr. ist der schon etwas bekanntere Tempelschlaf aus Ägypten überliefert, welcher unter anderem in den Isis-Tempeln entlang des Nils angewandt wurde. Hierbei wurden Krankheiten dadurch geheilt, dass die Kranken von Priestern in einen längeren »magnetischen Schlaf« versetzt wurden. In diesem Schlaf erschien den Patienten dann die Göttin Isis und gab Informationen und Hinweise über die Gesundung.

Auch keltische Druiden nutzten Trancegesänge, um Medien in hellseherische Träume zu versetzen.

Aus der Zeit des frühen Mittelalters ist wenig bekannt. (Was vermutlich stark mit der Inquisition zusammenhängen dürfte, die jegliche Heilerfolge als Teufelswerk verdammte.) Erst mit dem Arzt BOMBASTUS VON HOHENHEIM (1493–1541), besser bekannt als PARACELSUS, gelangte die Hypnose wieder in die Öffentlichkeit. Paracelsus war der Meinung, dass die Kraft der positiven Suggestionen (der innere Arzt) der beste Arzt sei. Er entwickelte ein Verfahren zur Heilung von Syphilis mit Hilfe von Quecksilber und setzte auch bereits Magnetsteine ein, die er über den Körper seiner Patienten strich.

Ein berühmter Wunderheiler des 18. Jahrhunderts war der Pfarrer JOHANN JOSEF GASSNER (1727–1779). Er behandelte Kopfschmerzen und Schwindelanfälle durch die Anwendung von Exorzismus-Ritualen, da er die Meinung vertrat, der Teufel stecke dahinter. Seine Methoden waren damals sehr umstritten, er gelangte jedoch zu einer recht großen Berühmtheit.

Der Übergang weg von religiösen und mystischen Ritualen hin zu einer wissenschaftlichen Grundlage ist FRANZ ANTON MESMER (1734–1815) zu verdanken, der durch seinen »animalischen Magnetismus« zu viel Ansehen gelangte und dessen Ideen u. a. auch auf Beobachtungen Newtons, Voltas und Galvanis basierten. Diese Behandlungsmethode bestand darin, dass er seinen Patienten über den Körper strich und dadurch den natürlichen Magnetismus im Körper wieder ins Gleichgewicht bringen wollte. Mesmer erklärte Gassners Heilungen als natürlich, sah aber die Ergebnisse seiner Arbeit immer noch als eine äußere Kraft an. In der Wiener High-Society gelangte Mesmer schnell zu großer Berühmtheit und seine Gesellschaften (heute würde man wohl Party sagen) waren sehr beliebt. Dann und wann tauchte sogar ein Gast namens Mozart auf. Nachdem er jedoch in Wien 1778 als Scharlatan verschrien wurde (er »stolperte« über die vergebliche Behandlung des Patenkinds von Kaiserin Maria Theresia), ging er nach Paris, um dort eine »magnetische Praxis« zu eröffnen. Dort wurden 1780 auf Anweisung des französischen Königs Ludwig XVI. die Heilungen Mesmers von einer Kommission untersucht und man kam zu dem Schluss, dass die magnetischen Phänomene zwar auf purer Einbildung beruhten, die erzielten Heilerfolge zweifelte man jedoch nicht an. Dies war für Mesmer ein weiterer schwerer Rückschlag, der jedoch dem Wachstum seines Einflusses keineswegs schadete.

Der schottische Arzt JAMES ESDAILE (1808–1859) wurde durch die praktische Anwendung des Mesmerismus berühmt, als er 1845 als Leiter eines Krankenhauses in Kalkutta (Indien) über 1000 Operationen mit Hypnose als einzigem Anästhetikum durchführte, darunter 19 Amputationen und andere schwere Eingriffe. Auch als Äther und Chloroform Einzug in die Medizin hielten und die Hypnose als Betäubung ablösten, blieb Esdaile bei seinen Methoden, da er ihnen einen besseren Heilverlauf bescheinigte.

Eine neue Ära der Hypnose begann mit dem in England praktizierenden schottischen Augenchirurg JAMES BRAID (1795–1860), der erstmals die Wirkung der Hypnose nicht mehr der äußeren »Macht« des Hypnotiseurs zuschrieb, sondern den inneren Kräften des Patienten. Diese Erkenntnis entstammt einem Besuch bei einer Showvorführung des Magnetiseurs LaFontaine, bei dem er feststellte, dass das Lidflattern der Klienten nicht simuliert, sondern ein natürliches Phänomen ist. Daraufhin unternimmt er eigene Experimente mit der Methode der Augenfixation und stellt fest, dass er damit ähnliche Ergebnisse hervorrufen kann wie durch verbale Anweisungen. Braid war es auch, der den Begriff *Hypnose* prägte, denn er war der Meinung, dass es sich bei den beobachteten Phänomenen um eine Art von Schlaf handelte, welchen er erst Neurypnologie (nervöser Schlaf) und später Hypnose nannte (vom griechischen Gott des Schlafes, Hypnos). Erst spät, nämlich kurz vor seinem Tod, wollte er diesen Begriff in *Monoideaismus* (das bedeutet ungefähr »eine einzige Idee«, und wie wir später sehen werden, hatte er den Nagel damit exakt auf den Kopf getroffen) umbenennen, um die hypnotischen Phänomene vom Schlaf abzugrenzen. Doch es war zu spät. Der Begriff Hypnose hatte sich bereits etabliert.

Die Geschichte der Hypnose im 19. Jahrhundert spielt sich vor allem in Frankreich ab und ist geprägt durch die inhaltliche Konkurrenz zweier bekannter Denkschulen. Das HÔPITAL SALPÊTRIÈRE war eine auf Veranlassung König Ludwig XIV. in Paris errichtete Nervenklinik mit über 5000 Betten. Der 1862 zum Chefarzt der Salpêtrière berufene ehemalige Professor der Pariser Universität, JEAN-MARTIN CHARCOT (1825–1893), praktizierte, dozierte und forschte dort viele Jahre und galt damals als der berühmteste Neurologe des 19. Jahrhunderts. Zu seinen Schülern gehörten später ebenfalls berühmte Neurologen wie GILLES DE LA TOURETTE, JOSEPH BABINSKI oder SIGMUND FREUD. Charcot versuchte mit Hilfe der Hypnose zu beweisen, dass der Zustand eines epileptischen Anfalls unterschiedlich zu dem Zustand eines Hysterikers ist. Dabei kategorisierte er drei verschiedene hypnotische Zustände: Lethargie, Katalepsie und Somnambulismus. Diese Ergebnisse präsentierte er auch der Académie des Sciences (genau, Du ahnst es bereits: Das ist die Akademie, die vorher Mesmers »animalischen Magnetismus« als nichtwissenschaftlich deklarierte), woraufhin die Hypnose endlich ihre offizielle Anerkennung als wissenschaftliche Methode erhielt.

Trotz dieses großen Verdienstes ging Charcot jedoch Zeit seines Lebens irrigerweise davon aus, dass Hypnose ein krankhaftes und nur bei Hysterikern zu beobachtendes Phänomen sei.

Den Gegenpart zur Salpêtrière bildete die SCHULE VON NANCY. Dort arbeitet der Landarzt AUGUSTE AMBROISE LIÉBEAULT (1823–1904) mit großem Erfolg mit den Methoden der Hypnose, nachdem er Braids Buch »Neurypnologie« gelesen hat. Er führt ein medizinisches Außenseiterleben, da er seine Patienten ohne Honorar behandelt. 1882 heilte er mittels Hypnose die Ischiasbeschwerden eines Patienten, nachdem dieser erfolglos vom Leiter des Medizinischen Instituts von Nancy, PROFESSOR HIPPOLYTE BERNHEIM (1837–1919) behandelt worden war. Bernheim ist daraufhin so erbost, dass er Liébeault der Scharlatanerie überführen will. Er ist jedoch von dessen Arbeit so begeistert, dass sie fortan gemeinsam weiterforschen und -arbeiten. Die Schule von Nancy entsteht und 1886 erscheint Bernheims erfolgreiches Buch über Hypnose. Hierin beschreibt er seine Theorie der Hypnose, die seiner Meinung nach ausschließlich auf der Wirkung von Suggestionen beruht. Nach dem Tode Charcots setzte sich diese Ansicht auch in der Öffentlichkeit endgültig durch.

Ein bekannter Anhänger der Schule von Nancy war der Apotheker EMIL COUÉ (1857–1926), der als Begründer der modernen und bewussten Autosuggestion gilt. Nach umfangreichem Studium der Arbeiten Liébeaults und Bernheims kam er zu der Erkenntnis, wie wichtig es war, als Apotheker seinen Patienten einen positive Suggestion mit auf den Weg zu geben, wenn sie ihre Medizin abholten. Er stellte fest, dass mit dem Satz »Mit diesem Medikament werden Sie sicher ganz schnell gesund« eine viel höhere Wirkung der Medizin zu erreichen war als ohne diese Suggestion. Durch diese Erkenntnis bestärkt, war sein Ansatz, die Heilkräfte der Menschen zu stärken und ihnen beizubringen, wie sie sich selbst helfen können. Er sagte seinen Patienten deshalb auch immer wieder klar: »Ich habe keine Heilkraft, nur Sie selbst!« Einer seiner berühmtesten Autosuggestions-Übungen entstammt auch sein bekanntes Zitat: »Es geht mir mit jedem Tag in jeder Hinsicht immer besser und besser!«

Obwohl sie keine Hypnotiseure waren, gilt zwei weiteren wichtigen Persönlichkeiten große Beachtung, da ihre Forschungen und Beobachtungen große Auswirkungen auf die heutige Hypnose haben. Zum einen ist da der amerikanische Arzt WILLIAM TWITMEYER, auf den sich der Behaviorismus gründet. Er entwickelte das sogenannte Reiz-Reaktions-Schema, nachdem er mehr oder weniger per Zufall den Knie-Reflex entdeckte, der ausgelöst wird, wenn man mit einem kleinen Hammer auf eine bestimmte Stelle des Knies klopft. Twitmeyer entdeckte auch, dass nach 50- bis 100-mal Klopfen der Reflex auch dann unbewusst ausgelöst wird, wenn er mit dem Hammer nur so tut, als ob er das Knie berührt. Über diese Beobachtungen verfasste er 1902 einen Artikel namens »The Knee Jerk Reflex« im *Journal of the American Medical Association*, der jedoch kaum Beachtung fand. Einer las diesen Artikel jedoch sehr genau, nämlich der russische Arzt IWAN PETROWITSCH PAWLOW (1849–1936). Pawlow führte die Experimente zum Reiz-Reaktions-Schema mit Hunden fort. In diesen berühmten Versuchen klingelte er jedes Mal mit einer Glocke, wenn er den Hunden das Fressen gab und der Speichelfluss anfing. Später reichte dann das Klingeln der Glocke aus, um den Speichelfluss der Hunde anzuregen. Mit diesem Experiment über unbewusste Reaktions-Auslöser schrieb Pawlow Psychologiegeschichte.

Obwohl der berühmte Wiener Arzt SIGMUND FREUD (1856–1939) für viele Menschen als die Symbolfigur für die moderne Psychoanalyse gilt, hat auch er viel mit Hypnose experimentiert und gearbeitet. Unter anderem studierte er bei Charcot an der Salpêtrière und besuchte auch die Schule von Nancy, zu deren Theorie er sich später dann auch öffentlich bekannte. Freud war der Erste, der das menschliche Unterbewusstsein wissenschaftlich untersuchte, er hatte allerdings eine gänzlich andere Vorstellung davon. Während wir heute vom »Freund auf der anderen Seite«, also von einem positiven Verbündeten sprechen, sah er das Unbewusste vor allem als Sammelbecken unterdrückter Triebe an. Nach vielen Experimenten mit Trancearbeit konzentrierte er sich dann jedoch auf seine Technik der freien Assoziation und wandte sich von der Hypnose ab. Diese fiel danach in der öffentlichen Wahrnehmung in eine Art Dornröschenschlaf.

Dass die Hypnose nicht vollständig in Vergessenheit geriet, ist vor allem dem dänischen Show-Hypnotiseur CARL HANSEN (1833–1897) zu verdanken, der in der

Zeit um 1880 mit Auftritten in ganz Europa, besonders aber in Deutschland, für großes Aufsehen sorgte. Durch die Fixation eines Glasstücks und einige Streichbewegungen über das Gesicht versetzte er seine Probanden in Hypnose. Dann legte er sie häufig steif zwischen zwei Stühle und stellte sich mit seinem ganzen Gewicht auf den Körper. Diese Demonstrationen waren so beeindruckend, dass sich auch die Wissenschaft wieder für die Hypnose zu interessieren begann.

Im 20. Jahrhundert kam dann vor allem in den USA wieder Bewegung in das Thema. Da während der beiden Weltkriege viele Soldaten erfolgreich posttraumatisch unter Hypnose behandelt wurden, gelangte diese Therapieform wieder mehr und mehr in die Öffentlichkeit. Vor allem CLARK LEONARD HULL (1884–1952) und GEORGE HOBEN ESTABROOKS (1885–1973) trieben die Entwicklung dabei stark voran. Hull, einer der bekanntesten Psychologen und Behavioristen seiner Zeit, startete 1933 mit seinem Buch *Hypnosis and Suggestibility* (eine systematische und umfassende Untersuchung der Hypnose) die Ära unserer heutigen modernen Hypnose-Forschung. Estabrooks, Leiter der psychologischen Fakultät der Universität von Colgate ‚wurde durch seinen direkt-autoritären Stil genauso bekannt wie durch die Tatsache, dass er im 2. Weltkrieg angeblich amerikanische Agenten mit hypnotischen Techniken programmiert und telepathisch trainiert haben soll.

Eine weitere sehr wichtige und berühmte Persönlichkeit war der amerikanische Hypnotiseur DAVE ELMAN (1900–1967). Durch seinen Vater, der ebenfalls (Show-) Hypnotiseur war, kam Elman schon sehr früh mit Hypnose in Berührung. Als sein Vater an Krebs starb, entdeckte er die Möglichkeiten der Schmerzkontrolle und die Kraft der Suggestion. Dave Elman war der Meinung, dass jeder Mensch hypnotisierbar ist, wenn der Klient nur ganz genau die Anweisungen des Hypnotiseurs befolgt. Den Schlüssel hierzu sah er im Schließen der Augen und entwickelte nach diesem Prinzip einige sehr berühmte Induktionen. Zum Beispiel hypnotisierte er Klienten, indem er ihnen Zigarettenrauch ins Gesicht blies. Nach ihm ist auch die berühmte Elman-Induktion benannt, zu der wir später noch ausführlich kommen werden.

Den größten Einfluss auf die Entwicklung der modernen Hypnotherapie hat aber zweifellos MILTON HYLAND ERICKSON (1901–1980), ein amerikanischer Psychiater und Psychotherapeut, ausgeübt. Im Gegensatz zu den Theorien Freuds und den direktiv autoritären Suggestionen seiner Kollegen ging Milton H. Erickson auf jeden seiner Klienten ganz individuell ein und suchte nach einem für jedes Individuum passenden Therapieansatz. Dabei entwickelte er den permissiven und erlaubenden Stil bis zur Perfektion und hypnotisierte Menschen, ohne dass diese es überhaupt mitbekamen, nur durch das scheinbar belanglose Erzählen von Geschichten und Metaphern. Bei der Arbeit mit seinen Klienten arbeitete er sehr stark mit dem Unterbewusstsein zusammen, welches er als unerschöpfliche Ressource und Quelle für Veränderung und innere Selbstheilungskräfte ansah. Schon zu Lebzeiten galt Milton H. Erickson als der größte Hypnotiseur seiner Epoche. Häufig wird er ausschließlich auf die Verwendung der erlaubenden Suggestionen reduziert. Erickson war jedoch ein Meister der Wahrnehmung und nutzte oftmals auch direkte Suggestionen, wenn er bei einem bestimmten Patienten beobachten konnte, dass dieser gut darauf ansprach.

Der Einfluss und der Ruf Milton H. Ericksons war so groß, dass RICHARD BANDLER (geb. 1950) und JOHN GRINDER (geb. 1940), die Begründer des NLP, seine Arbeit in den 70er Jahren genau untersuchten und dabei bestimmte Sprachmuster modellierten. Diese Sprachmuster, mit denen Erickson so viel Erfolg bei der Arbeit mit seinen Patienten erreichte, nannten sie ihm zu Ehren Milton-Modell. Wie genau und vor allem warum diese genialen Sprachmuster des Milton-Modells so gut funktionieren, damit werden wir uns später in einem eigenen Kapitel ausführlich beschäftigen. Erwähnt sei nur noch, dass sowohl Bandler als auch Grinder hervorragende Hypnotiseure sind und ihre Fähigkeiten in diesem Bereich sehr erfolgreich mit den Möglichkeiten des Modells von NLP verknüpfen.

Nach so viel Zahlen, Namen und Geschichte wartest Du doch nun bestimmt schon gespannt darauf, dass es jetzt endlich richtig losgeht, oder? Gut, dann nimm noch einen tiefen Atemzug und entspanne Dich, während wir loslegen und gleich mit einer essentiellen Frage beginnen werden.

Was ist Hypnose eigentlich?

Starten wir mit der wichtigsten Frage überhaupt: *Was ist Hypnose eigentlich?* Viele Menschen haben zwar eine gewisse Vorstellung von diesem Begriff, doch sind diese Meinungen meistens stark von Filmen, Hypnoseshows oder Mythen geprägt. Wir wollen uns deshalb zuerst auf eine Definition von Hypnose einigen, auf deren Grundlage wir dann weiterarbeiten werden. Eine wirklich fundierte Theorie, wie genau Hypnose funktioniert, gibt es bis heute noch nicht genau und viele Wissenschaftler erforschen die unterschiedlichsten Vorgänge in unserem Gehirn. Da bei diesen Experimenten oft auch unterschiedliche Ergebnisse herauskommen, weiß man zwar noch nicht exakt *wie* die Hypnose wirkt, man ist sich jedoch in dem entscheidenden Punkt einig, nämlich *dass* sie funktioniert. Und dies ist auch wichtig, wenn wir uns näher mit dieser spannenden Technik auseinandersetzen wollen. Hypnose ist keine Disziplin, die man sich über die Theorie erarbeiten kann. Gewisse Grundkenntnisse sind zwar notwendig (und die wirst Du durch das Lesen dieses Buches bald verinnerlicht haben), man sollte die Wirkungen und Möglichkeiten von Trance im Idealfall jedoch zuerst selbst erleben und spüren und dann an anderen immer wieder ausprobieren und ins Handeln kommen.

Doch bevor wir uns nun gleich genau anschauen, was Hypnose ist, sollten wir zuerst einmal klären, was Hypnose nicht ist. Da die Liste der Mythen und Irrtümer sehr lang ist, seien ich an dieser Stelle jedoch nur die wichtigsten Fehlannahmen erwähnt:

> ➢ Hypnose ist *nicht* Schlaf
> ➢ In Hypnose ist man weder ohnmächtig oder bewusstlos, noch ist man in einem Zustand, den man nicht kontrollieren kann
> ➢ Man bekommt in Hypnose in der Regel alles mit, was um einen herum passiert
> ➢ Die Sinnesaufmerksamkeit ist in Hypnose sogar größer als sonst
> ➢ Es gibt kein bestimmtes Hypnosegefühl!!!
> ➢ Man ist *nicht* der Macht des Hypnotiseurs ausgeliefert
> ➢ In Hypnose hat man jederzeit die volle Kontrolle über seine Handlungen
> ➢ Man kann nicht in Hypnose »stecken bleiben«. Im schlimmsten Fall schläft der Hypnotisierte einfach ein
> ➢ Man wird in Hypnose nichts tun, was den ethischen Grundsätzen widerspricht, d.h. man wird während einer Trance auch nur Dinge tun, zu denen man auch im Wachbewusstsein bereit wäre
> ➢ Man kann in Hypnose nicht dazu gebracht werden, Geheimnisse auszuplaudern

Die ersten Punkte dieser Liste sind wohl die wichtigsten, denn viele Menschen erwarten einen besonderen Zustand oder ein typisches Gefühl, von dem sie am besten überhaupt nichts mitkriegen und während dem sie von dem Hypnotiseur die gewünschten Suggestionen einprogrammiert bekommen, um sich dann verändern zu können. Dies ist jedoch ein weit verbreiteter Irrglaube und die meisten Menschen sind fast schon ein wenig enttäuscht, wenn sie aus ihrer ersten Hypnose zurückkommen. Fast schon zu normal hat sich alles angefühlt und oft kommt die Frage: »Was, das war es schon? Ich war doch gar nicht weg!«

Deshalb ist folgende Erkenntnis so immens wichtig: Hypnose ist kein magischer oder gar übernatürlicher Zustand. Man braucht weder spezielle Kräfte noch sonstige außergewöhnliche Fähigkeiten, um jemanden zu hypnotisieren. Tatsächlich ist Hypnose oder eine hypnotische Trance ein ganz natürlicher Vorgang. Während einer Hypnose bekommt der Klient normalerweise jedes gesprochene Wort genau mit. Und obwohl sich in den meisten Fällen ein Zustand tiefer Entspannung einstellt, hat Hypnose nichts mit Schlaf oder »weg sein« zu tun.

Der erste wichtige Punkt, den wir über Hypnose verstehen sollten, ist daher der, dass es ein ganz natürlicher Zustand ist, in dem wir uns *alle* schon sehr oft befunden haben. Bist Du auch schon einmal mit dem Auto eine längere Zeit auf der Autobahn gefahren, und als Du am Ziel angekommen bist, wusstest Du nicht mehr genau, wie lange die Fahrt gedauert hat und welchen Weg Du exakt gefahren bist? Es war, als wäre ein Autopilot eingeschaltet gewesen, während die Gedanken und Dein Fokus ganz woanders waren. Dein Bewusstsein driftete ab, während eine andere Seite in Dir die Kontrolle übernommen hatte. Dies ist nur ein Beispiel dafür, wie Dein Unterbewusstsein die Kontrolle übernimmt, um Dein Leben für Dich einfacher zu gestalten.

Andere Alltagsbeispiele wären ein spannender Film, den Du Dir anschaust, oder ein Buch, bei dessen Lektüre die wildesten Emotionen hochkommen, während Du – völlig in den Inhalt vertieft – kaum noch etwas um Dich herum wahrnimmst. Auch dies ist Hypnose in Aktion. Und noch etwas sehr Wichtiges lässt sich an diesem Beispiel lernen: *Jede emotionale Reaktion ist immer eine unbewusste Reaktion.* Denn wir entscheiden uns nicht bewusst für eine bestimmte Emotion. Sie ist immer das Ergebnis unterbewusster Prozesse und immer das Ergebnis, wenn unser Unterbewusstsein auf Suggestionen reagiert, wie in diesem Fall aus einem Film oder einem Buch. Auf diesen sehr wichtigen Zusammenhang werden wir später aber noch intensiver zu sprechen kommen.

Dieses Verständnis und das Erkennen von Alltagstrancen ist sehr wichtig, denn es wird wesentlich einfacher, jemanden in Trance zu schicken, wenn wir verstehen, dass wir sowieso jeden Tag regelmäßig in einen solchen Zustand rein und auch wieder raus gehen.

Um es zusammenzufassen: Hypnose ist in unseren Augen ein ganz natürlicher, regelmäßig auftretender veränderter Bewusstseinszustand, bei dem die Aufmerksamkeit des Hypnotisierten sukzessive von äußeren Reizen auf sein inneres Erleben gelenkt wird. In diesem Zustand des Loslassens kann dann eine Kommunikation mit dem Unterbewusstsein stattfinden und die Person ist wesentlich empfänglicher für Suggestionen, da das Bewusstsein als kritischer Filter mehr und mehr ausgeblendet wird.

Einigen wir uns daher für den Rest des Buches auf folgende Definition:

Hypnose ist ein natürlicher und erweiterter Bewusstseinszustand mit fokussierter Aufmerksamkeit, in dem das Bewusstsein nicht in unterbewusste Prozesse eingreift.

Um diese Definition etwas besser verstehen zu können, werden wir uns nun mit dem Konzept des Bewusstseins und des Unterbewusstseins beschäftigen.

Das Konzept vom Bewusstsein und vom Unterbewusstsein

Der menschliche Geist wird seit Jahrhunderten erforscht. Weil er so komplex ist, weiß niemand genau, wie er wirklich funktioniert. Eines wissen wir: Ich bin ich und Du bist Du. Trotzdem spüren wir oft intuitiv, dass es unterschiedliche Bereiche unseres Seins und unseres Geistes gibt, die für unterschiedliche Aufgaben im Leben gut sind. Und es gibt ein sehr schönes und hilfreiches Modell, welches diese Abläufe in uns ziemlich gut beschreibt.

Jeder Mensch hat ein Bewusstsein. Und jeder Mensch hat ein Unterbewusstsein. Diese beiden Teile unseres Selbst haben unterschiedliche Aufgaben in unserem Leben. Das Bewusstsein ist unser Selbstverständnis, unser Intellekt, die Entscheidungen, die wir täglich zu hunderten treffen und denen wir uns bewusst sind. Es ist für alles Rationale und Logische in unserem Leben zuständig und hat seinen Ursprung in der linken Hirnhälfte. Das Unterbewusstsein hingegen ist alles, was im Hintergrund geschieht, all die Prozesse, die ablaufen, ohne dass wir sie auf bewusster Ebene mitbekommen oder gar steuern. Unsere Atmung oder die Zirkulation des Blutes sind zwei Beispiele hierfür. Beides ist lebensnotwendig für uns, und beides läuft automatisch ab, ohne dass wir uns bewusst um die Ausführung dieser Körperfunktionen kümmern müssten. Und diese Steuerung läuft nahezu perfekt ab. Ein Beispiel: Unsere ideale Körpertemperatur beträgt 37 Grad Celsius. Steigt oder fällt diese Temperatur nur um ein bis zwei Grad, werden wir krank oder können sogar sterben. Und doch reguliert unser Unterbewusstsein diese Temperatur vollkommen exakt und automatisch, ohne dass wir uns Gedanken um diesen Prozess machen müssten. Dieser unbewusste Teil unseres Seins steuert weiterhin vor allem unsere Gefühle und unsere Intuition und ist mit der rechten Hälfte unsers Gehirns verbunden. Das Unterbewusstsein ist für so ziemlich alle wichtigen Prozesse in uns zuständig, aber es nimmt auch Anweisungen von unserem Bewusstsein an, wenn diese in der richtigen Form präsentiert werden, nämlich der Kunst der kraftvollen Suggestion.

Folgende Tabelle soll einen groben Überblick über die grundsätzlichen Funktionsbereiche dieser zwei Teile unseres Geistes geben:

Bewusstsein	Unterbewusstsein
Logisches Denken	Intuition und assoziatives Denken
5 – 9 Informationen auf einmal	Unbegrenzte Informationsaufnahme
Begrenzte Aufmerksamkeit	Unbegrenzte Aufmerksamkeit
Rationales Denken	Gefühle, Wahrnehmung
Wach sein	Träumen, Schlafen, Fantasie
Gewählte Handlungen	Automatische Handlungen
Gewählte Bewegungen	Unfreiwillige Bewegungen
Linear	Systemisch, komplex
Akademisches Wissen	Gelernte Erfahrungen
Verbal	Nonverbal
Sequentielle Gedanken / Handlungen	Parallele Gedanken / Handlungen
Bewusstsein des Hier und Jetzt	Speicher aller Erinnerungen
Versucht Probleme zu verstehen	Weiß die Lösung
Ziele setzen	Ziele erreichen

Das Bewusstsein kann man sich bildlich so vorstellen wie einen Forscher, der sich mit einer Taschenlampe in einer dunklen Höhle zurechtfindet. Wo immer der Lichtstrahl der Lampe hinzeigt, können wir einige Dinge wahrnehmen, der Rest bleibt jedoch im Dunkeln. Und dieser Teil der dunklen Höhle, die Schätze, Geheimnisse und dunklen Ecken, die zwar da sind, deren wir uns aber nicht bewusst sind, das ist unser Unterbewusstsein.

Dabei sind die Dinge, die mit der Taschenlampe zu sehen sind, also die Informationen, die wir bewusst verarbeiten können, begrenzt. Man geht heute davon aus, dass wir sieben +/- zwei Informationen bewusst wahrnehmen und verarbeiten können. Auf mehr Dinge gleichzeitig können wir ohne besonderes Training unsere Aufmerksamkeit einfach nicht konzentrieren.

Unser Unterbewusstsein hingegen kann Millionen von Informationen gleichzeitig und im Hintergrund für uns verarbeiten. So kommt es vor, dass wir ein Problem auf bewusster Ebene nicht lösen können, weil es einfach zu komplex ist. Dann schlafen wir eine Nacht darüber und wachen am Morgen mit der Lösung auf, die dann auf einmal so klar zu sein scheint. Kommt Dir das bekannt vor?

Während unser Bewusstsein im Vordergrund begrenzt arbeitet, laufen im Hintergrund die unbewussten Prozesse ganz automatisch ab. Dies kann man sich schön am Bild eines PCs verdeutlichen. Während wir auf dem Desktop mit Word, Excel und Outlook arbeiten (Bewusstsein), läuft im Hintergrund der Prozessor (Unterbewusstsein) und verarbeitet pro Sekunde Millionen von Informationen, ohne dass wir dies mitbekommen.

Vergegenwärtigen wir uns jetzt noch einmal unsere Definition von Hypnose:

Hypnose ist ein natürlicher und erweiterter Bewusstseinszustand mit fokussierter Aufmerksamkeit, in dem das Bewusstsein nicht in unterbewusste Prozesse eingreift.

Stellen wir uns vor dem Hintergrund dieser Definition nun einmal vor, dass unser Geist ein großes Schiff ist. Dann steht der Kapitän als Symbol für unser Bewusstsein. Er steht auf der Brücke, plant den Kurs, schaut in den Horizont und gibt die Richtung für das Schiff vor. Die Crew, die gleichzeitig in den Maschinenräumen dafür sorgt, dass das Schiff fährt und gut funktioniert, symbolisiert in diesem Bild unser Unterbewusstsein. Und je trainierter die Crew ist, umso mehr kann der Kapitän sich entspannen und nur grob die Richtung vorgeben.

Doch manchmal wird auch der Kapitän nervös und unsicher. Dann läuft er in den Maschinenraum und kontrolliert seine Männer. Er checkt ab, ob noch genügend Kohle in den Öfen ist, schrubbt das Deck und repariert die Rettungsboote. Er hat kein Vertrauen mehr in seine Crew und mischt sich in alle (unbewussten) Arbeitsabläufe seiner Mannschaft ein.

Und während der Kapitän in die Prozesse der Crew eingreift, fährt das Schiff kurslos durch das Meer und die Mannschaft wird immer frustrierter, weil ihr Chef sich in Dinge einmischt, die eigentlich ihre Aufgabe wären.

In solchen Fällen – wenn Menschen sich selbst im Weg stehen, weil ihr Kapitän sich in die Aufgaben ihrer Crew einmischt – ist Hypnose ein wundervolles Werkzeug, um den Kapitän zu umgehen und die Crew zu motivieren, ihren Job wieder ordentlich auszuüben und ihr neue Instruktionen zu geben. Und dann kann auch der Kapitän sich wieder voll auf seine Karten konzentrieren und den Kurs des Schiffes vorgeben.

Die Rolle des Unterbewusstseins

Mit Hypnose ist es uns also möglich, das Unterbewusstsein direkt anzusprechen, ohne dass der bewusste Verstand sich einmischt. Im Unterbewusstsein schlummern enorm viele Talente und Ressourcen. Zu manchen haben wir auf bewusster Ebene Zugang, aber viele bleiben auch ungenutzt. In Trance ist es sehr einfach, diese Ressourcen zugänglich und nutzbar zu machen und unser Leben durch ein Mehr an Wahlmöglichkeiten zu bereichern.

Neben diesem Pool an Fähigkeiten und Ressourcen hat das Unterbewusste aber noch einige spezielle Aufgaben:

Das Überleben sichern und uns schützen

Dies ist die Grundaufgabe: Unser Überleben zu sichern und uns vor äußerlichen und physischen Gefahren zu schützen. Wenn wir uns einer Gefahr gegenübersehen, läuft sofort unser Anti-Gefahr-Programm ab. Das Adrenalin schießt durch den Körper, unsere Beine bewegen sich, wir greifen an oder flüchten.

Emotionaler Schutz

Genauso wie das Unterbewusstsein uns vor physischer Gefahr schützt, bewahrt es uns auch vor emotionalen Angriffen. Besteht die Möglichkeit, emotional stark verletzt oder angegriffen zu werden, werden unbewusste Programme abgespult. Aus diesem Grund haben manche Menschen zum Beispiel Angst, Frauen anzusprechen oder vor Gruppen einen Vortrag zu halten.

Die Gesundheit erhalten

Wie schon erwähnt ist das Unterbewusstsein für sämtliche Körperfunktionen verantwortlich. So muss die Temperatur exakt auf 37 Grad gehalten werden, das Blut muss durch den Körper gepumpt werden usw. Das Unterbewusstsein ist in der Lage, »wie durch ein Wunder« unmöglich erscheinende Dinge möglich zu machen. Wohl ein jeder von uns kennt Fälle, bei denen Menschen auf einmal wieder gesund wurden, obwohl die (Schul-)Medizin sie längst aufgegeben hatte.

Emotionen steuern

Dies ist ein Grundsatz, den wir noch einmal verdeutlichen möchten:

Alle *Emotionen sind unbewusste Reaktionen!*

Niemand entscheidet sich bewusst dafür, gerade jetzt und in diesem Moment traurig oder fröhlich zu sein. Immer reagiert man automatisch auf eine Situation, in der man sich gerade befindet. Hinzugefügt sei, dass natürlich Dinge, die auf bewusster Ebene ablaufen, wie unsere Einstellungen und Werte, unsere Emotionen stark beeinflussen.

Erinnerungen speichern

Jedes Ereignis in unserem Leben wird von unserem Unterbewusstsein als Erinnerung abgespeichert. Je stärker die emotionale Komponente in der jeweiligen Situation, desto besser können wir uns auch später an das Ereignis erinnern.

Ethische Grundsätze und Erfahrungen speichern

Genauso wie alle unsere Erinnerungen abgespeichert werden, sind auch unsere ethischen Grundsätze sowie unsere Normen und Werte im Unterbewusstsein verankert. Sie beeinflussen unsere Handlungen und Reaktionen auf bestimmte Ereignisse.

Der kritische Faktor

Hast Du auch schon einmal vom *Information Overload* gehört? Tagtäglich wirken tausende von Informationen und Suggestionen auf uns ein. Durch die Medien, unser Umfeld, durch Werbung und auch durch Freunde und Familie. Bevor jedoch eine spezielle Information ins Unterbewusstsein gelangen kann, muss noch eine wichtige Hürde überwunden werden: Der kritische Faktor, der manchmal auch kritischer Filter genannt wird. Hierbei handelt es sich um einen Filter auf bewusster Ebene, der auf unseren Normen, Werten und Erfahrungen beruht und von diesen geprägt ist. Wenn wir uns das Bewusstsein und Unterbewusstsein als zwei Räume vorstellen, ist er eine Art Wache, die an der Tür zwischen diesen Räumen penibel darauf achtet, welche Informationen in den Raum des Unterbewusstseins gelangen und mit welchen Dingen wir uns dauerhaft beschäftigen und natürlich auch mit welchen nicht. Es ist wie in einer angesagten Diskothek. An der Tür steht ein Mitarbeiter der Security, der strikte Anweisungen hat, zu filtern, wer zur Party hinein darf und wer nicht. Zum Beispiel könnte die Anweisung auf Basis von Erfahrungen der letzten Monate lauten, nur Blondinen über 175 cm Größe und vermögende Bankangestellte hinein zu lassen. Wer nicht in dieses Schema passt, wird dann freundlich, aber bestimmt abgewiesen. Der Mann an der Tür ist sehr aufmerksam und arbeitet sehr gründlich. Aber manchmal wird auch er müde, unaufmerksam oder es kommen so viele Menschen auf einmal, dass auch Personen zur Party gelangen, die nicht den Anweisungen entsprechen. Er wurde abgelenkt, getäuscht und überrumpelt.

Der kritische Faktor erhält seine »Anweisungen« durch unsere Erfahrungen und Erlebnisse sowie durch unsere Normen, Werte und Glaubenssätze. Anhand dieser Dinge entscheiden und filtern wir auf bewusster Ebene, welche Informationen, Ratschläge, Hinweise oder Suggestionen wir von anderen annehmen (und die dann ins Unterbewusstsein gelangen), oder eben auch nicht. Und bei mehreren Tausend Suggestionen, Informationen und Botschaften, die am Tag auf uns einwirken, ist dies wohl auch sehr nötig!

Das folgende Schaubild verdeutlicht noch einmal visuell, wie der kritische Faktor zwischen unserem Bewusstsein und Unterbewusstsein wie ein »Gatekeeper« wacht und aufpasst, welche Suggestionen den Filter passieren dürfen.

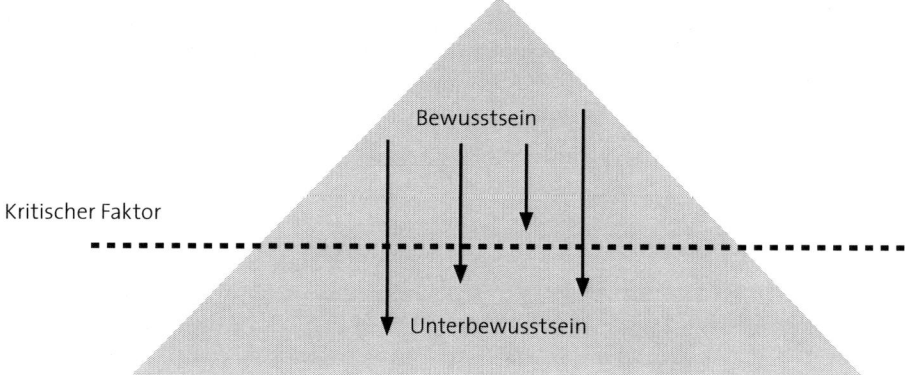

Das Wissen um die Existenz dieses Gatekeepers ist für uns sehr wichtig, und auf genau diesen Mechanismus unseres Geistes müssen wir in der hypnotischen Arbeit besonders achten. Denn wenn wir direkt mit dem Unterbewusstsein kommunizieren wollen, und möchten, dass unsere Suggestionen wirksam sind, dann müssen wir den kritischen Faktor ablenken, umgehen oder ihn durch bestimmte Techniken austricksen. Der kritische Filter ist dann entweder mit anderen Dingen beschäftigt, ist sehr träge oder er ist sehr durchlässig geworden. Wie wir dies mit einfachen Mitteln wirkungsvoll erreichen können, dazu kommen wir später noch genauer.

Hypnose-Ängste

Viele Menschen haben ein sehr mulmiges Gefühl und viele offene Fragen, wenn es um den Einsatz von Hypnose geht. Diese meist unbewussten Ängste hängen im Normalfall mit dem schon erwähnten mystischen Ruf der Hypnose zusammen, sind aber in der Regel völlig unbegründet und lassen sich durch ein aufklärendes Gespräch meist sehr schnell auflösen. Folgende Fragen sind typisch, wenn Du Dich mit Menschen unterhältst, die zum ersten Mal mit Hypnose in Kontakt treten:

Kann ich in Hypnose stecken bleiben?

Nicht mehr aus einer Hypnose zurückzukommen ist eine der größten vorherrschenden Ängste. Dies ist jedoch nicht möglich. Da man sich in einem sehr entspannten Zustand befindet, ist das »Schlimmste«, was Dir passieren kann, dass Du einschläfst und nach einiger Zeit wieder erholt aufwachst. Im Normalfall ist es so, dass der Hypnotiseur seinen Klienten in eine Trance führt, die dann wellenförmig in unterschiedlichen Trancetiefen abläuft. Aber selbst im somnambulistischen Zustand (ähnlich dem Schlaf) ist man immer noch bei Bewusstsein. Sollte daher aus irgendeinem Grund nun der Hypnotiseur seinen Klienten nicht mehr aus der tiefen Trance zurück in den Wachzustand führen können (z. B. weil er einen Herzinfarkt erleidet o. Ä.), dann wird der Klient dies unbewusst spüren und entweder von selbst ins Hier und Jetzt zurückkehren oder aber ganz angenehm in den Schlafzustand hinüberdriften.

Verliere ich in Hypnose die Kontrolle und bin dem Hypnotiseur ausgeliefert?

Weiter vorne haben wir schon geklärt, dass es kein typisches Hypnosegefühl gibt. Trotzdem hat eine Vielzahl von Menschen Angst, während der Hypnose bewusstlos zu sein und keine Kontrolle über ihr Verhalten zu haben. Das Gegenteil ist jedoch der Fall. In Hypnose wird Deine Sinnesaufmerksamkeit sogar ansteigen und Du bekommst alles mit, was um Dich herum geschieht. Du bist jederzeit in der Lage, die Trance sofort abzubrechen und ins Wachbewusstsein zurückzukehren. Da der Zustand der Hypnose sehr angenehm ist, wollen viele Menschen aber gar nicht mehr die Kontrolle behalten und lassen sich gerne vom Hypnotiseur führen. Sie geben *freiwillig* die Verantwortung ab und befolgen seine Suggestionen.

Ich habe schon schlechte Erfahrungen mit Hypnose gemacht. Bin ich nicht hypnotisierbar?

Manchmal kommt es vor, dass Menschen schon (schlechte) Erfahrungen mit einem Hypnotiseur gemacht haben und von der Zusammenarbeit enttäuscht sind. Dann haben sie den Eindruck, dass »es nicht geklappt« hat und sie wohl nicht hypnotisierbar sind. In unserer Welt ist jedoch jeder Mensch hypnotisierbar, wenn der entsprechende Rahmen passt. Manchmal stimmt irgendetwas einfach nicht, sei es der Raum oder dass es zwischen Klient und Hypnotiseur einfach nicht passt. Dann baut das Unterbewusstsein Widerstände auf und verhindert somit, dass man eventuellen Schaden nimmt. Stimmen jedoch der Rapport (was das ist, dazu kommen wir später noch sehr genau) und die Rahmenbedingungen, dann ist jeder Mensch in der Lage, von den Möglichkeiten der Hypnose zu profitieren und in Trance zu gehen.

Kann der Hypnotiseur mich dazu bringen, persönliche Geheimnisse auszuplaudern oder alberne Dinge zu tun?

Es gibt einen sehr wichtigen Grundsatz: In Hypnose wird man nur solche Dinge tun, zu denen man auch im Wachbewusstsein bereit wäre. Du wirst also auch nur die Dinge sagen oder tun, die Du auch sonst bereit bist zu erzählen. Dein Unterbewusstsein wirkt dabei wie ein Beschützer, der aufpasst, was nach außen gelangen darf und was nicht. Je extrovertierter Du also im realen Leben bist, desto größer wird die Wahrscheinlichkeit, dass Du auch »verrückte« Dinge in Hypnose tust. Dies ist übrigens auch eine wichtige Voraussetzung für das Gelingen einer Showhypnose, zu der wir in einem der nächsten Abschnitte kommen werden.

Hypnotische Phänomene oder:
Wie merke ich, dass ich in Hypnose war?

Du hast wahrscheinlich längst bemerkt, dass Hypnose keine Disziplin ist, die man sich ausschließlich über die theoretische Seite aneignen kann. Eine der wichtigsten Grundlagen ist daher, selbst zu erleben, wie sich eine Trance und die verschiedenen Zustände anfühlen. Da es aber kein typisches Hypnosegefühl gibt, wissen viele Menschen gar nicht, dass sie sich in einer hypnotischen Trance befunden haben. Sie suchen daher oftmals nach »Beweisen«, die ihnen anzeigen, dass »es geklappt« hat. Dies liegt einfach daran, dass es sich bei Trancen um einen völlig normalen Zustand handelt. Und dass wir uns alle einen Großteil des Tages sowieso ständig in den unterschiedlichsten Alltagstrancen befinden, sollte mittlerweile klar geworden sein, oder?

Es gibt jedoch ein paar neurophysiologische Phänomene, die typisch für die Hypnose sind. Da sie direkt ins Nervensystem einwirken, sind sie meistens sehr beeindruckend und eignen sich daher ausgezeichnet als Convincer, dass jemand in Hypnose war. Einfach weil etwas Außergewöhnliches passiert, das nicht normal ist und somit bei fast allen Menschen, die zum ersten Mal in Hypnose sind, einen »Aha-Effekt« bewirkt. Folgende Dinge treten häufig während einer Hypnosesitzung auf und sind ein sehr gutes Anzeichen, dass jemand sich in Trance befunden hat:

Zeitverzerrung

Eine Veränderung der Zeitwahrnehmung kommt während einer Hypnose sehr häufig vor. Durch die Kombination aus körperlicher Entspannung und geistigem

Abdriften verliert man schnell das Gefühl für Raum und Zeit. So kommt es oft vor, dass jemand das Gefühl hat, nur für 15 Minuten in Hypnose gewesen zu sein, obwohl die Sitzung über eine Stunde gedauert hat.

Amnesie

In einer mittleren bis tiefen Trance ist es möglich, durch Suggestionen bestimmte Dinge vergessen zu lassen. In der Showhypnose wird diese Technik oft angewendet, um Teilnehmer dazu zu bringen, ihren Namen oder eine bestimmte Zahl zu vergessen. Solche Dinge funktionieren zwar, sind jedoch recht oberflächlich und können durch eine einfache Gegensuggestion auch sofort wieder rückgängig gemacht werden.

Was häufiger vorkommt, ist dass der Hypnotiseur dem Klienten eine Suggestion während einer Therapiesitzung gibt, den Inhalt der Sitzung zu vergessen. Dies geht recht einfach und stellt sicher, dass das Bewusstsein nach der Sitzung nicht die eingeläuteten Veränderungen blockiert.

Hypermnesie

Dies ist das Gegenteil von Amnesie, nämlich ein gesteigertes Erinnerungsvermögen. In Hypnose ist es sehr leicht möglich, dieses Phänomen zu erreichen. Man nutzt es, um Dinge aus der Vergangenheit aufzulösen, und zur Konzentrationssteigerung. Als Spezialisten gibt es bei der Kriminalpolizei sogar Hypnotiseure, die bei der Aufklärung von Fällen helfen, wenn Menschen Zeugen eines Verbrechens waren, sich aber nicht an alle Details erinnern können.

Anästhesie / Analgesie

Diese Begriffe wirst Du vermutlich unter den Namen Gefühl- und Schmerzlosigkeit kennen. Diese Phänomene lassen sich ebenfalls einfach hervorrufen und sind in unterschiedlichen Stufen zu beobachten. So kann entweder der Schmerz (z.B. der Stich einer Nadel oder das Bohren beim Zahnarzt) zwar noch zu spüren sein, es ist einem jedoch egal. Die nächste Stufe ist dann, wenn der Schmerz überhaupt nicht mehr zu spüren ist, man jedoch die Berührung noch wahrnimmt. In der letzten Stufe werden dann selbst die Berührungen nicht mehr gespürt.

Halluzinationen

Halluzinationen sind hypnotische Phänomene, die in mittleren und tiefen Trancen erzeugbar sind. So kann man dem Klienten suggerieren, dass er etwas sieht, was gar nicht da ist (z.B. einen blauen Ball), oder dass er etwas nicht sieht, das eigentlich da ist (z.B. eine Pflanze im Zimmer).

Kinästhetische Delusionen

Dieses Phänomen ist den Halluzinationen sehr ähnlich und tritt immer dann auf, wenn ein Klient etwas spürt, was eigentlich nicht da ist, oder umgekehrt etwas nicht spürt, was da ist. So kann zum Beispiel die Suggestion gegeben werden, man reibe mit einem heißen Stück Eisen über den Arm des Klienten, obwohl man eigentlich einen Eiswürfel benutzt. Ein sehr suggestibler Klient wird in so einem Fall nicht nur fühlen, dass etwas sehr Heißes seine Haut berührt, sondern unter Umständen auch mit Brandblasen reagieren.

Ideomotorische Signale

Hierbei handelt es sich um körperliche Signale des Unterbewusstseins. Wenn der kritische Faktor ausgeschaltet werden soll, kann es notwendig sein, direkt mit dem unbewussten Teil des Klienten zu kommunizieren. Im klassischen Fall gibt der Hypnotiseur die Suggestion, ab jetzt nur noch mit dem Unterbewusstsein des Klienten zu sprechen. Dann wird vereinbart, dass ein Heben des rechten Zeigefingers ein Signal für »Ja« ist und ein Heben des linken Zeigefingers das Pendant für »Nein«. Dann wird meistens getestet, ob das Unterbewusstsein die Anweisung verstanden hat und bereit ist, mit dem Hypnotiseur zusammenzuarbeiten. Hebt sich nun der rechte Zeigefinger mit einer unbewussten Bewegung, kann begonnen werden, Fragen zu stellen, die auf die gewünschte Veränderung abzielen. Somit ist sichergestellt, dass die Antworten und Motivation zur Lösung des Problems tief aus dem Unterbewustein kommen.

Ideomotorische Bewegungen sind meist sehr ruckartig und manchmal kaum wahrzunehmen. Sie lassen sich deshalb von bewusst ausgeführten Bewegungen leicht unterscheiden und sind hypnotische Phänomene, die schon in einer leichten bis mittleren Trancetiefe einfach hervorzurufen sind.

Katalepsie

Dies bezeichnet das Erstarren einzelner Körperteile oder sogar des ganzen Körpers. Durch entsprechende Suggestionen kann so z. B. ein Arm für eine ganze Stunde starr in der Luft stehen und sich dabei sehr angenehm und entspannt anfühlen. Katalepsien lassen sich auch von Anfängern sehr leicht hervorrufen. Die berühmteste Form ist wohl die Ganzkörperkatalepsie, die oft von Showhypnotiseuren eingesetzt wird. Hierbei wird dem Klienten die Suggestion gegeben, dass sein gesamter Körper steif wie ein Brett wird. Dann legt man ihn zwischen zwei Stühle und in einigen Fällen steigt der Hypnotiseur sogar noch auf ihn rauf.

Regression

In Hypnose ist es relativ leicht, Menschen geistig in der Zeit rückwärts reisen zu lassen. Dies geschieht zu dem Zweck, Blockaden und Probleme zu lösen, die ihren Ursprung in der Vergangenheit (z. B. Kindheit oder Jugend) haben. Wenn man an Wiedergeburt glaubt, ist es auch möglich, sich mittels Hypnose in frühere Leben rückführen zu lassen. Um Regressionen kompetent durchführen zu können, bedarf es einer speziellen Ausbildung. Falls Du diese nicht haben solltest, lass lieber die Finger davon oder lerne diese faszinierende Technik in einer guten Hypnoseausbildung.

Formen der Hypnose

Hypnose begegnet uns in den unterschiedlichsten Bereichen des Lebens. Jeder von uns hat bestimmt schon einmal – zumindest im Fernsehen – eine Showhypnose miterlebt und auch die gängigen Therapieformen mittels Hypnose sind den meisten Menschen allgemein geläufig. Vor allem aufgrund der großen Erfolge im Bereich der Raucherentwöhnung ist Hypnose zu einer gewissen Berühmtheit gekommen (und das, obwohl viele Menschen immer noch denken, der Hypnotiseur »zaubert« das Laster mit seinen magischen Kräften einfach weg, ohne dass der Raucher irgendetwas tun muss). Im täglichen Leben werden wir jedoch noch viel häufiger mit hypnotischen Phänomenen konfrontiert, als Dir vielleicht bewusst ist. Dies ist vor allem in vielen (Politiker-) Reden, im Verkauf und in allen Formen von Werbung der Fall. Aber auch relativ neuen Einsatzgebieten wie dem Einsatz von Hypnose im Business-Coaching werden wir uns etwas intensiver widmen. Grundsätzlich kann man dabei zwei Formen von Hypnose unterscheiden, nämlich auf der einen Seite die offene und auf der anderen Seite die verdeckte Hypnose. Beim offenen Hypnotisieren ist allen Beteiligten völlig klar, was passiert. Ein Klient geht zu einem Hypnotiseur, um sich bei einem bestimmten Problem in seinem Leben helfen zu lassen. Dann wird der Hypnotisand ganz offiziell in eine Trance versetzt und die Suggestionen zur gewünschten Veränderung wirken.

Bei der verdeckten Hypnose ist dies schon ein bisschen verzwickter, denn in diesem Fall wissen die Menschen, die hypnotischen Prozessen unterliegen, oftmals gar nicht, dass es sich um Hypnose handelt. Sie werden mit bestimmten hypnotischen Techniken und Sprachmustern beeinflusst und in Richtung bestimmter Veränderungen gelenkt. Bei dieser Form von Hypnose spielt der Begriff »Ethik« eine sehr große Rolle, denn nicht immer verändern sich die der Hypnose ausgesetzten Menschen in eine von ihnen auch bevorzugte Richtung.

Natürlich gibt es auch Mischformen, also sogenannte »semi-offene Trancen«, bei denen es zwar grundsätzlich klar ist, dass mit Hypnose gearbeitet wird, der Großteil jedoch immer noch versteckt abläuft.

Offene Hypnose

Die offene Hypnose ist der beschriebene klassische Fall, in dem ein Hypnotiseur ganz offen und in Absprache seinen Klienten hypnotisiert. Dieser ist nicht nur freiwillig zu dem Termin gekommen, sondern erhofft und erwartet sich auch noch Hilfe bei einem oder mehreren Problemen in seinem Leben. Neben der Showhypnose gehören in diese Kategorie die klinische Hypnose, Lebensberatung mittels Hypnose, Hypnose-Coaching und der Einsatz von Hypnose in der Persönlichkeitsentwicklung.

Das Setting bei einer offenen Hypnose ist grundsätzlich immer gleich. Ein Hypnotiseur induziert ganz offen eine Trance bei einem Klienten, arbeitet mit dem Unterbewusstsein und holt dann den Klienten wieder aus der Hypnose heraus.

Showhypnose

Woran denkst Du, wenn Du den Begriff Showhypnose hörst? Wahrscheinlich fallen Dir sofort Menschen ein, die durch die Macht des geheimnisvollen Hypnotiseurs zu unglaublichen Dingen verleitet wurden. Vielleicht tanzten sie mit einem Besenstiel, dachten, sie wären ein Affe, oder küssten ihren Sitznachbarn. Menschen haben die tollkühnsten Fantasien, wenn es um dieses Thema geht. Aber warst Du schon einmal live bei einer Showhypnose im Publikum? Nein? Dann geht es Dir so wie einem Großteil der Bevölkerung. Und doch hat jeder im Fernsehen oder in Hollywood-Filmen schon einmal einen Ausschnitt aus einer solchen Veranstaltung gesehen und sich dadurch eine erstaunlich gefestigte Meinung gebildet.

Die Showhypnose ist Fluch und Segen zugleich, denn auf der einen Seite ist sie eine Sache, die vielen Menschen tolles Entertainment bietet und durch die Vielzahl an Besuchern die Hypnose einem großen und breiten Publikum zugänglich macht. Auf der anderen Seite entstammen aber auch die großen Mythen und Vorurteile diesem Zweig des Showbusiness. Ja, Du hast richtig gehört, eine Showhypnose ist vor allem eines: richtig gute Unterhaltung. Hast Du Lust, eine kurze Einführung in die Geheimnisse einer guten Hypnose-Show zu erhalten?

Zuallererst sei erwähnt, dass Showhypnotiseure mit den gleichen Techniken arbeiten wie ihre therapeutisch tätigen Kollegen. Was bei einer Showhypnose jedoch eine besondere Bedeutung zukommt, ist das Setting oder der Rahmen der Veranstaltung.

Es ist für den Hypnotiseur sehr wichtig, sich ein geheimnisvolles und magisches Image aufzubauen. Deshalb hängen die Ankündigungsplakate einer Show auch meist schon Wochen vorher an den Litfaßsäulen und die Hypnotiseure haben auch immer groß und mächtig klingende Namen, die ihnen per se eine gewisse Autorität sichern.

Am Abend der Veranstaltung wird dann der Saal schön schummrig hergerichtet und überall hängen weitere Plakate, die den »größten Hypnotiseur aller Zeiten« ankündigen. Im Hintergrund läuft eine geheimnisvolle Musik und das Publikum baut durch diese besondere Atmosphäre auch eine bestimmte Erwartungshaltung auf. Diese besondere Kombination aus Bühne, Licht, Vorhang und Musik lässt die Menschen zu idealen Hypnotisanden werden, denn ein jeder Mensch weiß, dass auf einer Bühne spezielle Dinge geschehen. Dann wird das Publikum entweder von einem Assistenten »aufgewärmt« oder der Showhypnotiseur übernimmt diesen Teil der Vorbereitung selber. Hierbei werden die Besucher mit hypnotischer Sprache und einigen Anweisungen in den richtigen Zustand gebracht. Sie lernen über die Kraft der Hypnose und bekommen suggeriert, dass sie Zeugen unglaublicher und übernatürlicher Phänomene werden. Und während die Menschen im Publikum es dann kaum noch erwarten können, vom großen Meister hypnotisiert zu werden, sind sie meist schon tief in Trance versunken. Anhand von kleinen Suggestibilitätstests wird parallel schon einmal geprüft, wer von den Menschen im Publikum gut auf die Anweisungen reagiert.

Dann wird im Normalfall eine bestimmte Menge an Freiwilligen auf die Bühne geholt. Und dies ist eigentlich auch schon der springende Punkt. Alle Menschen, die jetzt auf die Bühne gehen, tun dies freiwillig und sie wissen, was sie erwartet. Sie wollen sich amüsieren und dem Publikum eine gute Show bieten. Mit diesen Freiwilligen macht der Showhypnotiseur nun einige kleine Induktionen und hypnotische Experimente. Dabei spielt er auch immer wieder die Karte der Autorität aus und achtet darauf, dass seine Anweisungen exakt ausgeführt werden. Status ist in diesem Fall alles, und je mehr der Hypnotiseur es geschafft hat, in einen Hochstatus zu kommen, desto einfacher werden die Teilnehmer ihm folgen. Nach wenigen Minuten kann er dann schon gut einschätzen, welche der Personen am suggestibelsten und am besten hypnotisierbar sind. Mit genau diesen Personen arbeitet er dann weiter und der Rest darf sich wieder ins Publikum setzen.

Da die verbliebenen Teilnehmer sowieso die suggestibelsten waren und in den letzten Minuten ständig in Trance und wieder heraus geschickt wurden (diese Methode nennt sich Fraktionieren und wir kommen später noch darauf zu sprechen), sind sie nun in einem ausgezeichneten Zustand für etwas eindrucksvollere

Experimente. Nun werden die Schnellinduktionen durchgeführt (u. a. Blitzhypnose mit anschließendem Fallen auf den Boden) und Dinge suggeriert, die einen hohen Entertainment-Faktor haben. Der Hypnotiseur kann sich an dieser Stelle ziemlich sicher sein, dass seine Teilnehmer von nun an alles mitmachen werden, da die Mischung aus Trancezustand, Freiwilligkeit und Gruppendruck inzwischen einfach zu stark ist. Obwohl die meisten nun schon sehr tief in Trance sein werden, gilt dies trotzdem nicht für alle der Personen auf der Bühne. Aber auch diese werden alle Showelemente mitmachen, da sie nicht die Einzigen sein wollen, bei denen die Hypnose nicht wirkt. Dies ist in diesem Fall der Segen des Gruppendrucks. Also tun manchmal Teilnehmer auch nur so, als seien sie in Hypnose, und machen in Wirklichkeit nur das, was alle anderen auch tun.

All dies erfordert vom Hypnotiseur natürlich einen hohen Grad an Flexibilität und Sinnesaufmerksamkeit und auch seine Techniken muss er selbstverständlich perfekt beherrschen. Und in diesen Punkten unterscheiden sich dann auch schlechte von guten Showhypnotiseuren. Solltest Du einmal Gelegenheit haben, einen guten Showhypnotiseur in Deiner Stadt zu haben, ergreife die Gelegenheit und schaue Dir eine solche Veranstaltung mit diesem Hintergrundwissen an. Du wirst bestes Entertainment und eine Vielzahl von hypnotischen Techniken und Wirkungsmechanismen live im Einsatz erleben können.

Therapeutische Hypnose / Hypnose-Coaching

Hypnose ist ein wunderbares Hilfsmittel bei der Lösung der unterschiedlichsten Probleme im Leben. Neben klassischen psychischen Krankheiten und Symptomen werden auch immer mehr körperliche Beschwerden mit Hypnose behandelt, eben weil man heute weiß, dass ein großer Teil aller physischen Probleme seine Ursache in seelischen oder geistigen Blockaden hat. Hypnose ist so wirkungsvoll, weil mit dieser Methode in kurzer Zeit auf eine sehr angenehme Art und Weise persönliche Veränderungen erreicht werden können.

Vielleicht hast Du Dich aber auch schon einmal gefragt, wo denn nun der Unterschied zwischen klinischer Hypnose und Lebensberatung liegt, oder was einen Hypnotherapeuten von einem Hypnosecoach unterscheidet. Obwohl es natürlich gewisse generelle Unterscheidungen gibt, ist die Antwort recht einfach: Grundsätzlich gibt es keine Unterschiede.

Die verschiedenen Begrifflichkeiten gibt es so auch nur in Deutschland und sie haben ihren Ursprung im existierenden Heilpraktiker-Gesetz. So darf nur jemand, der einen »kleinen Heilpraktiker« in Psychologie hat (auch Heilerlaubnis genannt), sich Hypnotherapeut nennen und psychische Krankheiten wie Ängste oder Phobien behandeln. Alle anderen Hypnotiseure, die diesen Heilpraktikerschein nicht haben, heißen dann Lebensberater, Hypnose-Coach oder auch Mental-Trainer. Sie bieten grundsätzlich die gleichen Leistungen an, nennen diese aber meistens anders, da sonst die Gefahr von rechtlichen Abmahnungen in Deutschland sehr groß ist. Weiterhin dürfen Hypno-Coaches nur mit Menschen arbeiten, bei denen keine klinischen Indikatoren vorliegen! Wenn Du im Zweifel sein solltest, frage bitte immer zuerst einen Arzt.

An dieser Stelle sei deshalb noch ein Wort zu Hypnosepraxen und Hypnoseausbildungen gestattet. Hier gilt es nämlich sehr sorgfältig auszuwählen, zu welchem Hypnotiseur oder Institut man geht, wenn man professionelle Hilfe für ein Problem in Anspruch nehmen möchte, oder in wessen Hände man sich zu Ausbildungszwecken begibt. Heutzutage kann sich nämlich jeder ganz einfach nach dem Besuch eines Wochenendkurses den Titel Hypnotiseur geben und dann sowohl die unterschiedlichsten Behandlungen wie auch ganze Hypnoseausbildungen anbieten. Informiere Dich also sehr sorgfältig, wo und bei wem derjenige seine Ausbildung genossen hat und in welchen Verbänden er eventuell Mitglied ist.

Aber welche Art von Problemen bzw. Krankheiten können denn nun mit Hypnose behandelt werden? Folgende Liste gibt hierzu einen groben Überblick, kann natürlich aber selbst ergänzt werden. Denn grundsätzlich können alle Dinge mit Hypnose bearbeitet werden, die ihren Ursprung in unserer Psyche bzw. unserem Unterbewusstsein haben.

Ohne Heilerlaubnis (Hypno-Coaches, Lebensberater etc.)

- Lösung sämtlicher seelischer und geistiger Blockaden
- Raucherentwöhnung
- Gewichtsreduktion
- Stärkung des Selbstbewusstseins
- Unterstützung beim Zahnarztbesuch
- Nägel kauen
- Reden halten (Public Speaking)
- Leistungssteigerung im Berufs- und Privatleben
- Prüfungsvorbereitung (Führerschein, Examen, Abitur etc.)
- Flugvorbereitung
- Wellness-Hypnose
- Stress-Abbau bzw. Burn-out-Prävention

- Ego-Stärkung, Persönlichkeitsentwicklung
- Mentaltraining und Leistungssteigerung
- Wettkampfvorbereitung für Sportler
- Versteckte Potentiale finden und weiterentwickeln
- Allgemeine Gesundheitsprävention, Stärkung des Immunsystems
- Kommunikationstraining
- Geburtsvorbereitung und Trauerarbeit
- Rückführung und Regression

Ausschließlich mit Heilerlaubnis (Hypnotherapeuten, klinische Hypnose)

- Depressionen
- Ängste (z.B. Flugangst, Prüfungsangst; siehst Du den Unterschied zu oben?)
- Zwänge
- Phobien
- Allergien
- Schlafstörungen
- Schmerzen, körperliche Symptome
- Persönlichkeitsstörungen
- Abhängigkeiten und Süchte

Zum Abschluss dieser Liste der Einsatzmöglichkeiten jedoch noch ein sehr wichtiger Hinweis: So hilfreich und natürlich Hypnose bei den meisten Problemen auch ist, es gibt auch eine Reihe von Fällen, in denen auf keinen Fall mit Hypnose gearbeitet werden sollte und in denen auf jeden Fall ein Psychotherapeut oder Arzt konsultiert werden sollte. Dies ist der Fall bei:

- Wahnvorstellungen und Geisteskrankheiten
- Nervenzusammenbrüche
- Starker Medikamenteneinfluss
- Psychosen
- Suizidgefahr
- Klinische Depressionen
- Schizophrenie
- Sonstige Ich-Störungen

Verdeckte und halbverdeckte Hypnose

Wenn Menschen an einer Showhypnose teilnehmen oder die Hilfe eines Hypnotiseurs suchen, weil sie z. B. das Rauchen aufgeben möchten oder mentale Unterstützung bei einer sportlichen Herausforderung suchen, ist es ziemlich klar, dass es um Hypnose geht. Alle Beteiligten wissen, was genau in der jeweiligen Situation passiert. Es gibt einen Hypnotiseur und einen Klienten. Nach Abklärung des genauen Problems oder der Veränderungswünsche wird eine Trance induziert, in der dann die Programmierung der unterbewussten Blaupause vonstatten geht. Vor allem aber gilt in diesen Situationen folgende Prämisse: Der Klient ist freiwillig gekommen und weiß, dass er mit Hilfe des Hypnotiseurs in Hypnose gehen wird. So weit, so gut. Es gibt jedoch auch andere Formen von Hypnose, wo es nur teilweise oder sogar überhaupt nicht ersichtlich ist, dass mit hypnotischen Techniken gearbeitet wird. In solchen Fällen spricht man von verdeckter oder semi-verdeckter Hypnose. Und Du wirst erstaunt sein, in welchen Bereichen unseres Lebens dies der Fall ist. Auf jeden Fall wirst Du nach dem Lesen dieses Kapitels viele Dinge höchstwahrscheinlich mit anderen Augen sehen.

Hypnose im Business-Coaching

Die Dynamik und der Druck auf Unternehmen nehmen mehr und mehr zu. Rahmenbedingungen ändern sich täglich und schnelle und kurzfristige Entscheidungen sind nicht nur an der Tagesordnung, sondern werden auch erwartet. Dies bedeutet für Manager, Führungskräfte und Entscheider vor allem drei Dinge: Hektik, Druck und Stress!

Und auf Dauer wirken sich permanente 60- oder sogar 70-Stunden-Wochen nicht nur auf die Psyche, sondern auch auf die körperliche Gesundheit aus. Wir leben in einer Zeit, in der das Wort »Burn-out-Syndrom« mittlerweile zur Normalität geworden ist. Nun ist es glücklicherweise schon seit längerem gang und gäbe, dass Top-Manager sich einen persönlichen Coach suchen, der ihnen bei der Steigerung ihrer Leistungsfähigkeit und Effizienz sowie beim Finden und Ausführen neuer Strategien helfen soll. Diese Coachings sind ein gute Sache, denn Menschen, die für viele Hundert Millionen Euro Umsatz und Zehntausende von Mitarbeitern verantwortlich sind, tut es gut, auf diese Weise sich selbst und ihre Handlungen reflektieren zu können. Oft sind es gerade diese Coachings, die im Ergebnis eine gute von einer mittelmäßigen Führungskraft unterscheiden. Trotzdem ist diese Arbeit meist nur auf ein »Mehr desselben« – auf ein Mehr an Leistung und ein Mehr an Wachstum – ausgerichtet. Die wenigsten Coaches achten dabei auf ein Gleichgewicht von Körper und Seele, auf eine ausgewogene Balance zwischen Beruf und Privatleben.

Da dies leider so ist, nimmt die Anzahl von Herzkrankheiten, Schlaganfällen und anderen stressbedingten Krankheiten mehr und mehr zu. Auch psychische Probleme wie Burn-out, Depressionen oder Persönlichkeitsstörungen sind häufig zu beobachten. Um mit diesen Problemen fertig zu werden, greifen die Betroffenen dann oft zu Alkohol, Drogen oder Medikamenten, um die Symptome zu kaschieren. Die Ursache bleibt jedoch und sie wird mit jedem Tag, der vergeht, noch schlimmer.

Doch zum Glück hat ein Umdenken stattgefunden. Immer mehr Manager und auch Coaches begreifen die Wichtigkeit einer ganzheitlichen Betrachtungsweise und haben verstanden, dass ein Mensch auf Dauer nur leistungsfähig und erfolgreich sein kann, wenn sein Körper und sein Geist gleichzeitig und in einem guten Verhältnis gepflegt werden. Dies gelingt durch eine ausgewogene Balance zwischen einem ausgefülltem und fordernden Beruf sowie genügend Möglichkeiten, die Seele zu streicheln und geistig regenerieren zu können.

Im Zuge dieser Betrachtungsweise hat auch die Hypnose Einzug in die Unternehmen dieser Welt gehalten. In den USA, Australien und England ist es bereits völlig normal, dass erfolgreiche Menschen einen Hypnose-Coach in ihrem Team haben, der sich um die mentale Entwicklung und die Auflösung psychischer Blockaden kümmert. Das wohl bekannteste Beispiel ist der erfolgreichste Golfer aller Zeiten, Tiger Woods. Er ist bekannt für seine extreme psychische Stärke und seine Fähigkeit, mit Druck besonders gut umgehen und besonders in Extremsituationen seine besten Leistungen abrufen zu können. Laut eigenen Aussagen ist dies das Ergebnis seiner intensiven Arbeit mit seinem Hypnose-Coach, mit dem Tiger Woods schwierige Situationen schon vor dem Turnier in Hypnose wieder und wieder visualisiert und durchgeht.

In Deutschland sind wir noch nicht ganz so weit, aber auch hier zu Lande nimmt die Anzahl der Menschen zu, die begriffen haben, dass Erfolg immer auf einer mentalen Stärke und Ausgeglichenheit basiert. So leisten sich viele Manager und Führungskräfte heute die Vorteile eines Hypnose-Coachings im Business-Kontext. Die Vorteile liegen auf der Hand. Da die Wirkung von Hypnose zum größten Teil auf Sprache beruht, sind gute Hypnotiseure immer auch hervorragende Kommunikatoren. Sie trainieren dann den professionellen Einsatz von Sprache mit sich selbst und in der Konversation mit anderen. Und die Ergebnisse geben diesen Menschen recht. Wer den gezielten Einsatz von hypnotischer Sprache beherrscht, erlangt völlig neue Möglichkeiten und Wirkungen in den Bereichen Verkauf, Marketing, Verhandlungs- und Mitarbeiterführung sowie Präsentationstechniken und Public Speaking. Kurzum, diese Führungskräfte werden zu charismatischeren Menschen. Da jedoch gerade in der Welt des oberen Managements noch viel an alter Tradition

herrscht und die meisten Alpha-Tiere in dieser Ebene Schwächen nur ungern zuge-
ben, wird ein solches Hypnose-Coaching oftmals nur semi-offen durchgeführt. Die
Beteiligten wissen zwar, dass etwas im mentalen Bereich passiert (oftmals fällt sogar
das Wort Hypnose), die Sitzungen und Übungen werden jedoch entsprechend der
Position angepasst verpackt und umformuliert.

Es ist zu hoffen, dass der begonnene Trend sich weiter durchsetzt und nicht nur
von Führungskräften und Managern in Anspruch genommen wird. Experten wissen nämlich schon lange, was die Hauptursache der meisten Unternehmensschwie-
rigkeiten in der heutigen Zeit ist.

Du hast recht, es sind weniger fehlende Strategien oder falsche Marketingmaß-
nahmen. Auch sind es nicht falsche Strukturen oder die schwierigen äußeren Rahmenbedingungen. Natürlich spielen diese »harten« Managementfaktoren eine wichtige Rolle, jedoch bei weitem nicht die wichtigste. Der entscheidende Grund für die
meisten Probleme in heutigen Unternehmen liegt in persönlichen und psychischen
Problemen der Mitarbeiter. Viele Menschen schleppen jahrelang ungelöste Blockaden mit sich herum oder bauen unbewusste Widerstände gegen ihre Arbeitsstelle
und Kollegen auf. Mobbing, hohe Krankheitsquoten und vergiftete Stimmung in
vielen Abteilungen sind leider oft an der Tagesordnung. In diesen Fällen hilft jedoch
keine Maßnahme der Welt weiter, sei sie auch von der renommiertesten Unterneh-
mensberatung initiiert. Hier kann aber Hypnose wahre Wunder wirken, da wir die
Möglichkeit haben, direkt mit dem Unterbewusstsein zu kommunizieren und die
Blockaden, Ängste und Probleme direkt an der Wurzel zu packen, sie aufzulösen
und im Nachgang auf Erfolg und Zufriedenheit umzuprogrammieren.

Leider wird es wohl noch einige Zeit dauern, bis die Masse an Unternehmen diese
Zusammenhänge und Möglichkeiten für sich entdeckt. Bis dahin haben aber eben
die Firmen die Nase vorn, deren Lenker und Leiter wissen, wie wichtig der Faktor
Mensch und seine Psyche für das Wohl und Leid ihres Unternehmens ist.

Hypnose im Verkauf und in der Werbung

Was glaubst Du, warum es gute Verkäufer und schlechte Verkäufer gibt? Und warum, denkst Du, fallen so viele Menschen immer wieder auf plumpe Werbungen rein,
obwohl sie doch auf rationaler Ebene genau wissen, dass sie das beworbene Produkt
überhaupt nicht benötigen? Die Antwort ist relativ einfach, denn einer der wesentlichen Faktoren für das Gelingen von Werbung und Verkauf ist die Benutzung
hypnotischer Techniken und Sprachmuster. Und diesen kann sich kein rationales
Gehirn dieser Welt entziehen.

Guter Verkäufer sind Meister in der Verwendung hypnotischer Sprachmuster. Sie schaffen es durch geeignete Techniken, den bei Verkaufsgesprächen meist besonders aufmerksamen kritischen Faktor auf ganz elegante Art und Weise zu umgehen. Wie genau die einzelnen Sprachmuster funktionieren, werden wir uns im Kapitel zum Milton-Modell sehr genau anschauen. Und wenn Du erst einmal geübt in der hypnotischen Sprache bist, wirst Du erstaunt sein, wie oft Du genau die gleichen Muster in der Sprache von Spitzen-Verkäufern wiederfinden kannst.

In der klassischen Werbung ist die Hypnose sogar noch präsenter. Achte in den nächsten Tagen einmal darauf, wie oft Du hypnotische Prozesse in der TV-Werbung in Aktion siehst. In den meisten Werbespots wird nämlich zuallererst die Aufmerksamkeit fokussiert. Und dann wird mit vielen bunten Bildern und schöner Musik der kritische Faktor entweder eingelullt oder ganz elegant umgangen. Auf unterschiedliche Art und Weise wird dann in fast jedem Werbe-Clip ein hochemotionaler Zustand hervorgerufen. Und wie wir mittlerweile wissen, ist jede emotionale Reaktion immer eine unbewusste Reaktion. Kurz vor dem Höhepunkt des Gefühls wird dann meistens der Slogan des Unternehmens oder eine Suggestion zum Kauf eingespielt. Zusätzlich wird oft noch mit eingebetteten Befehlen oder analogem Markieren gearbeitet. Da hat das Bewusstsein so gut wie keine Chance, sich gegen den Kauf eines Produktes zu entscheiden. Genial einfach, oder? Aber es wirkt. Jeden Tag aufs Neue!

Hypnose in öffentlichen Reden

Sicherlich hast Du auch schon einmal vor dem Fernseher gesessen und die Reden eines Barack Obama, John F. Kennedy oder Martin Luther King verfolgt. Und genauso wie es Dir dabei ging, fühlten sich auch Millionen von anderen Menschen von den Wörtern und Sätzen dieser brillanten Redner in ihren Bann gezogen. Und obwohl diese Personen über völlig unterschiedliche Themen gesprochen haben, so haben doch ihre Reden eine sehr wichtige Gemeinsamkeit: Sie benutzen und verwenden hypnotische Techniken und Sprachmuster. Auf diese Art und Weise und in Kombination mit ihrem außergewöhnlichen Charisma schaffen sie es, Menschen emotional zu aktivieren und für ihre Ideen zu begeistern. Wie genau diese Sprachmuster funktionieren, werden wir uns in einem der nächsten Kapitel noch näher anschauen. Was auf jeden Fall sicher ist, ist die Tatsache, dass sie funktionieren. Und dies sogar so gut, dass so ziemlich jeder Politiker der heutigen Zeit ebenfalls auf diese Technik zurückgreift. Achte einmal darauf, was genau geschieht, wenn ein Politiker ein Interview gibt oder eine Rede vor Publikum hält. Er benutzt eine blumige und vage Sprache, die sich immer irgendwie wichtig und kompetent anhört. Diese Sprache wird auch als »Fluff« bezeichnet. Wenn man sich jedoch einmal die

Mühe macht, zu untersuchen, was genau gesagt wurde, stellt man sehr schnell fest, dass so gut wie kein Inhalt hinter der blumigen Sprache steckt. Durch den Gebrauch von sogenannten Nominalisierungen gibt nämlich jeder Hörer den Worten seine eigene, persönliche Bedeutung, was zur Folge hat, dass die Sätze wie personalisiert wirken.

Du kannst Dir sicher sein, dass so gut wie jeder gute Redner ein großes Repertoire an hypnotischen Sprachmustern beherrscht, egal aus welcher Branche er kommt. Und genau aus diesem Grund sind gute Hypnotiseure auch immer Meister der Kommunikation, denn sie wissen, was Worte bewirken und in anderen Menschen emotional auslösen können.

Ein Wort zur Ethik

Da wir nun gesehen haben, in welchen Bereichen Hypnose überall eingesetzt werden kann und auch eingesetzt wird, ist es an der Zeit, ein paar Worte zum Thema Ethik zu verlieren. Im NLP und vor allem auch in der Hypnose besitzen wir unendlich viele Möglichkeiten zur Beeinflussung von Menschen. Wir wissen, wie wir unterschiedliche Verhaltensmuster herausfinden und diese für unsere Zwecke ausnutzen und sogar in bestimmte Richtungen lenken können. In der Hypnose sind wir in der Lage, direkt mit dem Unterbewusstsein eines anderen Menschen zu kommunizieren, dieses zu beeinflussen und ganze mentale Programme umzuschreiben. Deshalb möchten wir an dieser Stelle ausdrücklich betonen: Es gibt eine dunkle Seite. Und das nicht nur bei »Star Wars«, sondern auch im NLP und in der Hypnose.

Und immer dann, wenn Menschen beeinflusst werden, ohne dass eine positive Absicht dahinter steht, wenn wir unsere Techniken und Fähigkeiten nur zu unseren Zwecken einsetzen, überschreiten wir die Grenze auf diese dunkle Seite. Die Beispiele aus Verkauf, Politik und Werbung lassen erahnen, welche Macht durch den Einsatz von bestimmten Sprachmustern und anderen Techniken über andere Menschen erlangt werden kann. Wie weit diese Macht gehen kann, können wir an vielen Sekten sehen, die ihre Mitglieder einer Gehirnwäsche unterziehen. Und vielleicht erinnerst Du Dich auch noch an eine gewisse Rede aus den 40er Jahren des letzten Jahrhunderts, in der nach einer brillant durchgeführten Massenhypnose Millionen von Menschen voller Inbrunst den totalen Krieg forderten.

Wahre Meister ihrer Kunst wissen um die Möglichkeiten, die sie durch die Erlangung dieser Fähigkeiten erhalten haben. Sie wissen auch, was sie bei anderen Menschen damit bewirken können. Und genau aus diesem Grund setzen sie diese Fähigkeiten ausschließlich zum Wohle ihrer Mitmenschen und Klienten ein. Sie nutzen ihr Wissen über Verhalten und Sprache, um das Leben für einen anderen Menschen besser, angenehmer und glücklicher zu gestalten.

Diese Einstellung machte den Unterschied zwischen Luke Skywalker und Darth Vader, der den Versuchungen der dunklen Seite erlag. Und die Einstellung ist es auch, die den entscheidenden Unterschied zwischen Durchschnitt und wahrer Meisterschaft in der Kunst der Hypnose ausmacht. Denn mit der richtigen Attitüde angewendet, ist die Kunst der Hypnose eine ungeheure Macht des Guten. In nur einer Sitzung kannst Du Menschen helfen, ihr gesamtes Leben zu ändern und in eine neue und positive Zukunft zu starten. In nur einer Stunde kannst Du Menschen bei Problemen helfen, die sie bereits seit Jahren oder vielleicht sogar ihr ganzes Leben mit sich herumtragen. Kurzum: Du kannst auf eine angenehme und natürliche Art und Weise vielen Menschen zu einem glücklicheren und besseren Leben verhelfen.

Achte also darauf, dass Du andere Menschen respektierst und immer mit einem ethischen Anspruch an Deine Arbeit herangehst. Hilf anderen Menschen auf dem Weg zu positiven Veränderungen und Du kannst sicher sein, dass Du dieses Geschenk auf vielen unterschiedlichen Wegen zurückbekommen wirst.

Rapport

Kommen wir daher nun zu einem der wichtigsten Punkte überhaupt, der Beziehung zwischen zwei oder mehreren Menschen. Oder in unserem speziellen Fall der Beziehung zwischen dem Hypnotiseur und dem Klienten. Du hast doch bestimmt auch schon einmal in einem Restaurant oder einem Café neben einem verliebten Pärchen gesessen. Ist Dir an diesem Pärchen etwas Besonderes aufgefallen? Meistens gleichen sich die Körperhaltung und die Gestik so stark aneinander an, dass sie früher oder später fast identisch sind. Hebt einer der beiden sein Glas an, tut es auch der andere. Schlägt sie ihre Beine übereinander, so tut er es ebenso. Und wenn das Paar dann das Restaurant verlässt, gehen beide im völligen Gleichschritt und mit einem glücklichen Lächeln auf den Lippen nach draußen. Diesen Zustand, wenn zwei Menschen im völligen Gleichklang agieren und sehr harmonisch miteinander umgehen und kommunizieren, nennt man Rapport.

Rapport entsteht immer dann, wenn sich zwei Personen auf unbewusster Ebene sympathisch finden oder einfach »einen guten Draht« zueinander haben. Du kennst doch sicher auch Menschen, bei denen schon beim ersten Kennenlernen die Chemie stimmte, Du aber nicht rational erklären konntest warum, oder? Die Sympathie stimmt einfach und man liegt auf der gleichen Wellenlänge. Und bei wiederum anderen Menschen liegen von Anfang an Spannungen in der Luft und man versteht sich einfach nicht so gut. Warum? Es gibt keinen wirklichen Grund. Es passt halt einfach nicht. Und genau dies ist der springende Punkt. Rapport, oder die positive harmonische Verbindung zwischen zwei Menschen (Hypnotiseur und Klient), ist ein unbewusst ablaufender Prozess, der nur bedingt bewusst zu beeinflussen ist. Deshalb kann man Rapport auch nicht »machen«, sondern nur entstehen lassen. Es wird Dich vielleicht erstaunen, aber Du bist auf diesem Feld schon ein richtiger Profi, denn Du baust ganz unbewusst tagtäglich Rapport zu den unterschiedlichsten Menschen auf. Was uns jedoch gelingen muss, ist etwas, was über den »natürlichen Rapport« hinausgeht, nämlich die mentale und körperliche Einschwingung auf die verschiedensten Personen und Charaktertypen.

Und dies ist immer das erste Ziel, wenn wir mit Menschen arbeiten, um diese positiv bei ihren Veränderungen und Zielsetzungen zu unterstützen: Wir brauchen Rapport!! Wenn es uns nicht gelingt, diese positive Beziehung zu unserem Gegenüber aufzubauen, wird die Zusammenarbeit sehr schwierig, da unser Gesprächspartner unbewusst Widerstände oder sogar Ablehnung entwickeln wird, was eine erfolgreiche Kommunikation so gut wie unmöglich macht. Aber wie bauen wir denn nun Rapport auf? Fast jeder von uns hat dies natürlich schon oft getan. Mit seiner Familie, mit Freunden oder mit Kollegen. Wenn man Dich nun fragen würde, wie Du diese besonderen Beziehungen aufgebaut hast, was würdest Du da antworten?

Wahrscheinlich würdest Du sagen: Ich muss ganz einfach nett sein, eine Prise Humor und ein paar Komplimente einstreuen und über Erlebnisse und Erfahrungen sprechen, die ich mit der anderen Person teile. Und Du hast Recht. Dies sind alles Methoden, die sehr wirkungsvoll sind. Aber warum funktionieren diese Methoden denn so besonders gut und was für Möglichkeiten hast Du bei völlig fremden Menschen?

Zum Glück gibt es einige einfache Techniken, die den Aufbau von Rapport sehr stark fördern und unterstützen. Das grundlegende Prinzip dahinter ist, dass Menschen genau solche Menschen mögen, die so sind wie sie selber. Und die folgenden Techniken bewirken genau das. Sie signalisieren unserem Klienten: Sieh mal, ich bin wie Du. Wir haben die gleichen Werte und teilen die gleichen Gedanken. Bist Du neugierig, welche Techniken dies sind? Dann lass uns anfangen.

Zuallererst solltest Du immer ein wirkliches Interesse an Deinem Gegenüber haben. Höre aufmerksam zu und lass ihn spüren, dass es Dir wirklich wichtig ist, was er zu sagen hat (und dies wird nur funktionieren, wenn dies wirklich so ist, sonst würdest Du inkongruente Signale ausstrahlen). Unbedingt wichtig ist Augenkontakt. Schau Deinem Klienten während des Gesprächs in die Augen, um so eine Verbindung entstehen zu lassen und permanenten Kontakt zu haben. Aber achte bitte auf eines: Starre ihn nicht an, sondern lass ein Lächeln in Deinen Augen entstehen. So wirkt Dein Blick nicht wie aggressives Starren, sondern im Gegenteil einladend, freundlich und vertrauenerweckend. Und genau das wollen wir ja erreichen.

Wenn wir diese Basis erreicht haben, können wir einige Techniken aus dem NLP anwenden, um den entstehenden Rapport auszubauen. Die wichtigsten sind das *Mirroring* sowie *Pacing* und *Leading*.

Beim *Mirroring* oder *Spiegeln* wird genau das getan, was das Wort impliziert. Man spiegelt bewusst die Bewegungen seines Gegenübers in subtiler Art und Weise. Wenn Dein Klient also seine Arme verschränkt, dann tust Du das auch. Schlägt er die Beine übereinander, ahmst Du das nach. Oder Du nutzt das sogenannte *Cross-Mirroring*. Kratzt Dein Kommunikationspartner sich am linken Ohr, so tust Du das am rechten, dreht er sich nach rechts, so wendest Du Dich nach links. Insgesamt gilt: Spiegeln und Überkreuz-Spiegeln kannst Du grundsätzlich mit jeder Körperbewegung machen, Du solltest jedoch größte Vorsicht walten lassen!! Verhalte Dich nicht wie ein Roboter. Denn wenn Dein Spiegeln zu offensichtlich ist, wirkt es sehr schnell wie »Nachäffen« und bewirkt genau das Gegenteil von dem, was Du eigentlich erreichen wolltest. Setze diese Technik also dosiert und subtil ein, und Du wirst auf einfache Art und Weise eine Brücke zum Unterbewusstsein Deines Klienten schlagen können.

Eine weitere sehr wirkungsvolle Methode ist das *Pacen*. Beim Pacing schwingst Du Dich auf Dein Gegenüber ein und gleichst Dein Verhalten auf die eine oder andere Art und Weise an. Dies kann auf verschiedensten Ebenen geschehen.

So kannst Du z.B. Deinen Atem dem Deines Klienten angleichen. Oder Du gleichst Deine Sprachgeschwindigkeit dem Atemrhythmus an. Betone doch einmal in einem Gespräch Deine wichtigen Punkte immer dann, wenn Dein Partner ausatmet. Das Unterbewusstsein wird dann eine positive Verbindung feststellen und automatisch Vertrauen aufbauen. Auch sehr wirkungsvoll ist es, wenn Du die Sprache des Klienten pacet. Benutze so viele Wörter wie möglich, die typisch für den Sprachgebrauch des anderen sind. Noch einfacher geht es, wenn Du mit direkten Feedback-Loops arbeitest. Sagt z.B. Dein Klient: »Ich möchte schnell Erfolg im Beruf haben«, so antwortest Du als Erstes mit: »Aha, Du möchtest also schnell Erfolg im Beruf haben. Ich könnte mir vorstellen, dass … etc.« Wenn Du dies dann noch in der gleichen Tonalität wie Dein Gesprächspartner sagst, wirst Du erstaunliche Ergebnisse erzielen können. Du holst Deinen Partner also immer gerade da ab, wo er sich befindet, und schwingst Dich auf den verschiedensten Ebenen auf ihn ein. Dein Geschenk wird es sein, dadurch ein hohes Maß an Rapport aufgebaut zu haben.

Die Technik des Leadings ist dann letztendlich sowohl ein Test, gleichzeitig aber auch ein erster Schritt auf dem Weg der Veränderungsarbeit. Habe ich nach etwas Spiegeln und Pacen das Gefühl, eine gute Basis an Rapport zu haben, dann kann ich langsam anfangen, das Heft in die Hand zu nehmen, und meinen Klienten in die gewünschte Richtung führen. So kann ich beispielsweise erst den Atem meines Gegenübers pacen, und wenn wir dann für eine Weile im gleichen Rhythmus geatmet haben, fange ich an, ein wenig länger auszuatmen. Wenn der Klient mir folgt, ist dies sowohl ein deutliches Zeichen für Rapport, aber vor allem auch dafür, dass er meine Autorität akzeptiert und bereit ist, sich von mir führen und leiten zu lassen.

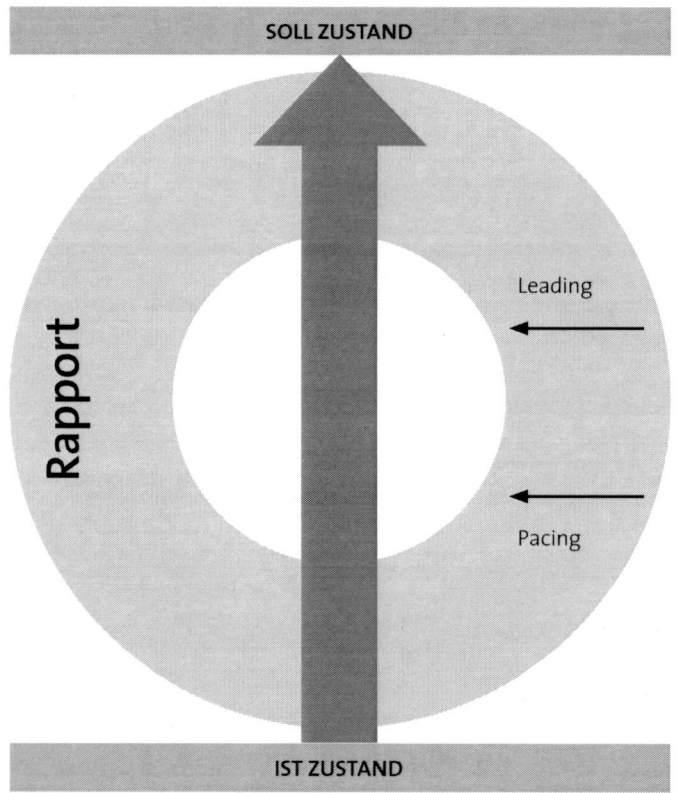

Sinnesaufmerksamkeit

Eines ist im letzten Abschnitt hoffentlich sehr deutlich geworden: Wenn wir uns auf unser Gegenüber einschwingen wollen, müssen wir unsere Sinneswahrnehmung erhöhen und ganz genau beobachten, was wir an physiologischen Veränderungen erkennen können. Dies hat einen ganz einfachen und trotzdem so eminent wichtigen Hintergrund: Alles, was in unserem inneren Erleben passiert, hat Auswirkungen auf unser nonverbales Verhalten und auf unsere Physiologie. Oder wie es der Volksmund sagt: Wie innen, so außen!

Du kennst doch sicher auch Menschen, denen man immer sofort ansieht, wie sie sich fühlen, oder? Sind sie gut drauf, könnte man meinen, sie platzen vor guter Laune, sind sie einmal traurig, sehen sie aus wie sieben Tage Regenwetter. Ihr äußeres Erscheinungsbild, ihre Körperhaltung und Mimik spiegeln eins zu eins ihre inneren Gefühle wider.

Präge Dir bitte den letzten Absatz gut ein, denn er wird unsere ganze weitere Arbeit sehr stark beeinflussen. Deshalb noch einmal zur Wiederholung:

Unser inneres Erleben beeinflusst unsere Physiologie und unser äußeres Verhalten!!!

Was genau ist denn nun mit Sinnesaufmerksamkeit gemeint? Dazu müssen wir uns zuerst einmal verdeutlichen, wie wir uns unsere eigene Realität erschaffen. Alle Informationen, die auf uns einwirken, durchlaufen, bevor sie durch unser Gehirn und unser Unterbewusstsein verarbeitet werden, erst einmal ein paar Filter. Welche Filter dies sind? Genau, es sind unsere fünf Sinneskanäle, oder auch VAKOG genannt. Hierbei stehen die einzelnen Buchstaben für:

V – isuell: Alles was wir mit unseren Augen sehen.
A – uditiv: Alles, was wir mit unseren Ohren hören.
K – inästhetisch: Alles, was wir fühlen.
O – lfaktorisch: Alles, was wir riechen.
G – ustatorisch: Alles, was wir schmecken.

Über das Sehen, Hören, Fühlen, Riechen und Schmecken filtern wir also die Informationen und repräsentieren das gefilterte Ergebnis dann als Realität in unserem Inneren. Deshalb spricht man auch von den fünf Repräsentationssystemen oder -kanälen. Von diesen fünf sind für unsere Arbeit hauptsächlich die ersten drei relevant, also Sehen, Hören und Fühlen. Die beiden Kanäle Riechen und Schmecken sind bei den meisten Leuten eher weniger ausgeprägt. Dafür hat jeder Mensch einen bevorzugten Sinneskanal, das sogenannte *Lead System*. So gibt es Menschen, die sehr visuell veranlagt sind, andere eher auditiv und wiederum andere eher gefühlsorientiert. Dies heißt nicht, dass sie ausschließlich nur diesen einen Kanal benutzen, sondern nur, dass sie ihn bevorzugt benutzen. Und dies hat auch wiederum Auswirkungen auf unseren Rapport. Denn wenn wir uns sprachlich im gleichen Wahrnehmungskanal befinden wie unser Klient, werden wir mit Leichtigkeit Zugang zu ihm und seiner inneren Repräsentation finden. Befinden wir uns jedoch in unterschiedlichen Systemen, dann wird es schon schwieriger und wir müssen uns flexibel darauf einstellen. In welchem Sinneskanal sich jemand befindet, lässt sich sehr einfach an der Sprache erkennen.

Visuelle Typen

Hauptsächlich visuelle Menschen denken in Bildern, die ihre Gedanken und Erlebnisse beschreiben. Dies geschieht meist in sehr schneller Abfolge, so dass ein visueller Typ dazu neigt, auch schnell zu sprechen und wenig Pausen zu machen. Weiterhin macht er typischerweise starken Gebrauch von ausladender Gestik und wird ziemlich oft nach oben schauen. Am einfachsten wirst Du solche Menschen jedoch an der typisch visuellen Sprache erkennen:

> Ich sehe eine *leuchtende* Zukunft für uns.
> Das *sieht* für mich gut aus.
> Wenn ich das aus dieser *Perspektive* betrachte …
> Da sehe ich *rot*!
> Jetzt wird es für mich *kla*r.
> Ich habe da ein *klares Bild vor Augen*.

Visuelle Menschen sind meist Visionäre, weil sie in der Lage sind, sich Ideen und Projekte schon früh als Bild in ihrem Kopf zu konstruieren. Auch wird man sie oft beim »Tagträumen« beobachten können. Typische Berufe für einen Visuellen sind z. B. Architekt, Ingenieur oder Fotograf.

Auditive Typen

Auditive Menschen denken in Tönen und Geräuschen. Da dies etwas länger dauert als bei einem visuellen Typen, sprechen sie auch etwas langsamer. Man wird oft eine angenehme Stimme und eine schöne Tonalität vorfinden und auch Musik spielt meistens im Leben eine große Rolle. Auditive Typen pflegen auch sehr gerne ihren internen Dialog und sprechen viel mit sich selbst. Dann kann es vorkommen, dass sie sich von der Außenwelt vollkommen abschalten und nur noch mit sich selbst beschäftigt sind. Auch für dieses »Lead System« gibt es sehr typische Wörter und Sprachmuster:

Das *hört* sich gut an.
Das *klingt* sehr interessant.
Ich *höre* einige *Zwischentöne* bei Ihnen heraus.
Was *sagen* Sie dazu?
Da *läutet* bei mir eine Glocke.

Auditive Menschen haben meistens Berufe, die mit Musik oder Sprache zu tun haben, sie sind z. B. Dirigenten, Redner oder Klavierspieler.

Kinästhetische Typen

Kinästheten sind Gefühlsmenschen, die alle Entscheidungen auf der Basis fällen, ob es sich gut anfühlt oder nicht. Um dies zu tun, müssen sie immer erst in sich hineinfühlen, weshalb sie wesentlich langsamer kommunizieren als die visuellen und auditiven Typen. Aus diesem Grund kommt es auch häufig zu Problemen, wenn ein langsamer Kinästhet mit dem schnellen gedanklichen und sprachlichen Tempo eines Visuellen nicht mehr mitkommt. Auch die Sprache in diesem »Lead System« ist natürlich sehr gefühlsorientiert:

Das *macht* Sinn.
Das *fühlt* sich gut an.
Lassen Sie uns das Projekt auf die Schiene *bringen*.
Bei dem Angebot muss man *zuschlagen*.
Krempeln wir die Ärmel hoch.

Kinästheten sind aufgrund ihrer körperlichen Fokussierung oftmals gute Sportler oder haben einen Beruf, bei dem es auf den Körper ankommt.

Schon durch diesen sehr kurzen Überblick sollte klar geworden sein, wie unterschiedlich Menschen ihre Realität wahrnehmen und wie unterschiedlich die einzelnen Repräsentationskanäle sind. Da wir auch wissen, dass es zu Schwierigkeiten in der Kommunikation kommen kann, wenn verschiedene Typen aufeinandertreffen, sollten wir uns mit Blick auf den Rapport darauf einstellen.

Wenn wir erkennen, in welchem Sinneskanal sich unser Gegenüber hauptsächlich bewegt, so können wir dies durch geschicktes Pacing elegant für uns nutzen, indem wir »in der Sprache des Klienten« sprechen. Überlege Dir einfach für jeden Sinneskanal typische Wörter und Redewendungen. Höre anhand dieser Liste dann einmal Deinen Freunden und Bekannten zu und überlege Dir, zu welchem Typ sie gehören. Schraube Deine Sinnesaufmerksamkeit hoch, sprich die Sprache des anderen und staune, welche Ergebnisse sich durch diese kleine Technik erzielen lassen.

Die AUS-Formel

Bevor wir uns in die ersten Experimente mit Trancen stürzen, möchten wir Dir noch eine grundlegende Formel vorstellen, die für uns der bei weitem beste Leitfaden ist, wenn es um die Arbeit mit Hypnose geht.

Diese Formel wird AUS-Formel genannt. Sie ist so etwas wie ein Schlüssel zum geheimen Hypnose-Tor und beschreibt sehr prägnant den Ablauf eines *jeden* hypnotischen Prozesses:

A – Aufmerksamkeit fokussieren
U – Umgehen des kritischen Faktors
S – Stimulation des Unterbewusstseins

A steht für »Aufmerksamkeit«

Dies ist einer der Schlüsselmomente in einem hypnotischen Prozess. Vergegenwärtige Dir noch einmal unsere Definition von Hypnose:

Hypnose ist ein natürlicher und erweiterter Bewusstseinszustand mit fokussierter Aufmerksamkeit, in dem das Bewusstsein nicht in unbewusste Prozesse eingreift.

Die Aufmerksamkeit auf etwas Bestimmtes zu fokussieren ist daher immer der erste Schritt einer Hypnose. Dies kann eine Idee, ein Gegenstand, eine Beschäftigung, ein Bild und noch vieles mehr sein.

U steht für »Umgehen des kritischen Faktors«

Wenn Du Dich noch an das Bild des kritischen Faktors als Türsteher erinnerst, weißt Du, dass er sehr aufmerksam darüber wacht, welche Suggestionen durch das Tor zu unserem Unterbewusstsein hineingelassen werden und welche nicht. Da Hypnose aber laut unserer Definition ein Zustand ist, in dem das Bewusstsein nicht in unbewusste Prozesse eingreift, müssen wir den kritischen Faktor umgehen, ablenken oder mit bestimmten Aufgaben beschäftigen. Denn als Hypnotiseur wollen wir erreichen, dass unser Klient auf anderen Wegen lernt und Lösungen sucht, die außerhalb seines normalen Denkens und Handelns liegen. Wie wir dies genau schaffen, dazu kommen wir später noch.

S steht für »Stimulation des Unterbewusstseins«

Dies ist Kern der Arbeit mit Hypnose, vor allem wenn es um Veränderungsarbeit oder Therapie geht. Wir wollen in Trance direkt mit dem Unterbewusstsein kommunizieren, um Lösungen zu suchen, die außerhalb unseres Bewusstseins liegen. Denn genau da liegt der Hase im Pfeffer. Der Hauptgrund, warum Menschen sich nicht verändern oder Probleme lösen können, ist der, dass sie schon alles probiert haben. Würde diese Lösung im Bereich des Bewusstseins liegen, wäre das Problem nämlich schon längst gelöst. So befinden wir uns aber in einer Sackgasse und wissen nicht mehr weiter. Die Lösung des Problems liegt auf der unbewussten Ebene und kann mit Hypnose sehr schnell und einfach gefunden werden.

Obwohl sie sehr kurz ist, ist diese Formel in unserer Welt der Schlüssel für das generelle Verständnis von Hypnose. Wenn immer diese drei Dinge passieren, eine fokussierte Aufmerksamkeit, eine Umgehung des kritischen Faktors und eine Stimulation des Unterbewusstseins, kannst Du Dir sicher sein, dass es sich um einen hypnotischen Prozess handelt. Merke Dir daher diese Formel gut und überprüfe sie auch bei allen weiteren Themen, die wir im Laufe dieses Buches behandeln werden. Wenn Du das Prinzip der AUS-Formel verinnerlicht hast, steht Dir die Tür zur gesamten Welt der Hypnose weit offen.

Anzeichen von Trance

Trancen treten auf natürliche Art und Weise im Laufe eines Tages immer wieder auf. Beim Autofahren, beim Arbeiten, beim Fernsehen, beim Sex, beim Putzen und bei vielen anderen Alltagsdingen. Aber woran kann man erkennen, dass unser Gegenüber in eine hypnotische Trance driftet?

Dies ist recht einfach zu erkennen, wenn wir uns den Absatz zur Sinnesaufmerksamkeit noch einmal vergegenwärtigen. Denn wenn jemand sich stark auf sein inneres Erleben konzentriert, hat dies automatisch immer auch Auswirkungen auf seine Physiologie. Und Veränderungen in der Mimik, Gestik oder sonstigen Physiologie lassen sich recht einfach beobachten. Hierbei ist es aber wichtig zu erwähnen, dass man nicht auf das Auftreten eines bestimmten Signals »wartet«, z. B. das Blinzeln der Augenlider oder das Zucken eines Muskels. Vielmehr ist es wichtig, Signale wahrzunehmen, die eine Veränderung zum Normalzustand andeuten.

Folgende physiologische Reaktionen sind recht deutliche Anzeichen für das Vorhandensein eines hypnotischen Trancezustands:

Entspannung

Auch wenn Hypnose jederzeit ohne Entspannung auftreten kann, so ist Entspannung zumindest bei der Art von Hypnose, mit der wir uns in diesem Buch beschäftigen, oftmals eine notwendige Begleitentscheidung. Im entspannten körperlichen Zustand fällt es uns nämlich wesentlich leichter, auch geistig zu entspannen. Entspannung ist für uns eine Art Türöffner in die Welt der Hypnose, den wir gerne einsetzen, da Entspannung grundsätzlich für fast alle Menschen ein angenehmer Zustand ist. Typisch ist auch die Entspannung bestimmter Körperpartien, wie z. B. der Muskulatur im Gesicht, besonders um die Mundpartie herum. Dies führt im Ergebnis meist dazu, dass die Gesichtszüge eines hypnotisierten Menschen in Trance symmetrischer werden.

Fokussierung der Aufmerksamkeit

Eines der wichtigsten Anzeichen einer beginnenden Trance ist die starke Fokussierung der Aufmerksamkeit auf etwas oder jemanden. Dies ist meist dann zu erkennen, wenn Menschen auf eine bestimmte Sache fixiert starr geradeaus schauen und die Augen sich so gut wie nicht mehr bewegen. Solltest Du in einem Büro arbeiten, empfehle ich Dir, einmal Deine Arbeitskollegen zu beobachten, wenn sie am Computer arbeiten.

Erweiterung der Pupillen / Defokussierung des Blicks

Wenn Menschen in Trance gehen und beginnen, sich zu entspannen und sich wohl zu fühlen, neigen die Pupillen dazu, weiter zu werden. Dies ist besonders deutlich zu erkennen, wenn ein Klient aus einer Trance mit geschlossenen Augen wieder zurückkommt und langsam beginnt, sich im Hier und Jetzt wieder zu orientieren. In Alltagstrancen und bei Trancen mit geöffneten Augen sind diese typischerweise von einem defokussierten Blick begleitet. Das bedeutet, dass die sich in Hypnose befindende Person scheinbar ziellos in den Raum starrt, ohne dabei etwas Genaues anzusehen.

Veränderung des Atemrhythmus

Eine Veränderung des Bewusstseinszustands geht typischerweise mit einer Verlangsamung der Atmung einher. Dies ist logisch, da Hypnose im Regelfall mit einer körperlichen Entspannung verbunden ist. Es gibt jedoch auch Menschen, die schneller atmen, selbst wenn sie dabei sind, sich mehr und mehr zu entspannen. Es kommt also auch hier wieder darauf an, Veränderungen zum Normalzustand wahrzunehmen.

Veränderung des Pulsschlags

Normalerweise verringert sich die Pulsfrequenz in Hypnose. Sie kann aber auch schneller werden, wenn die Suggestionen in Richtung Aufregung oder Motivation gehen. Die Beobachtung dieses Trancesignals ist etwas schwierig. Mit etwas Übung kann man aber sowohl an der Schulter und auch am Fußgelenk oder an der Halsschlagader den Pulsschlag gut beobachten.

Veränderung des Blinkreflexes

Wenn sich der Blinkreflex verändert, ist dies ein ziemlich eindeutiges Zeichen eines hypnotischen Zustandes. Manche Menschen blinzeln schneller, manche langsamer. Und bei ganz anderen Personen werden die Augenlider gar kataleptisch, d. h. sie bewegen sich überhaupt nicht mehr.

Veränderung des Schluckreflexes

Die meisten Menschen, die in Trance gehen, beginnen anfänglich mehr zu schlucken als normalerweise. Mit der Zeit geht dieser Schluckrhythmus dann zurück und einige Menschen hören in Hypnose ganz auf zu schlucken.

Veränderung der Gesichtsfarbe

Wenn in der Hypnose die Entspannung zunimmt, wird auch die Blutzirkulation angeregt. Die Gesichtsfarbe wird dann durch die intensivere Durchblutung tendenziell etwas dunkler. Es gibt jedoch auch Menschen, die etwas bleicher werden, weil das Blut in andere Körperregionen fließt. Beides sind Anzeichen von beginnender Trance.

Unfreiwillige Muskelzuckungen

Wenn Menschen in Trance gehen und sich mehr und mehr entspannen, kommt es häufig zu unkontrollierten Zuckungen der Muskeln im Gesicht, in den Armen oder Beinen. Dieses Phänomen erlebst Du wahrscheinlich selber, wenn Du kurz vor dem Einschlafen in Deinem Bett liegst und die Anspannung des Tages langsam loslässt.

Verringerung der Bewegung

Ein weiteres Zeichen einer beginnenden Trance ist die Verringerung von Gestik oder sonstigen Bewegungen. Wenn Du also Menschen beobachtest, die bis vor kurzem noch stark und wild gestikuliert haben und auf einmal fast bewegungslos dasitzen oder dastehen, sind sie mit Sicherheit dabei, in eine hypnotische Trance zu driften.

Es gibt noch viel mehr Anzeichen von Trance, doch diese sind die, die am einfachsten zu erkennen sind. Nimm Dir zur Übung diese Liste für einen Tag mit und achte bei den unterschiedlichsten Menschen auf die beschriebenen Trance-Signale. Du wirst dabei eine erstaunliche Entdeckung machen: *Auch im Alltag gehen Menschen permanent in Trance, auch wenn sie sich dessen so gut wie nie bewusst sind!!*

Hypnotische Sprache – Der Werkzeugkasten der kommunikativen Meister

Das Ziel eines Hypnotiseurs ist, sein Gegenüber in einen erweiterten Bewusstseinszustand zu bringen, um dann mit ihm arbeiten zu können. Das mächtigste Werkzeug ist dabei seine Sprache. Daher ist die Beherrschung der hypnotischen Sprache auch die absolute Grundlage eines jeden Hypnotiseurs. Du musst jederzeit in der Lage sein, einige Minuten in hypnotischen Mustern zu sprechen, ohne darüber nachzudenken. Dies ist die Voraussetzung und Basis für alle weiteren Techniken, die es noch zu entdecken gibt. Denn erst wenn Dir die Benutzung der folgenden Sprachmuster vollkommen natürlich vorkommt, bist Du auf dem Weg, ein wahrer Meister Deines Faches zu werden.

Wenn wir uns an die Definition von Hypnose erinnern, ist eines der wichtigsten Merkmale die fokussierte Aufmerksamkeit. Der erste Schritt ist also immer, mit unserer Sprache die Aufmerksamkeit zu gewinnen und dann zu fokussieren. Danach kann die eigentliche Trancearbeit beginnen.

Stelle Dir doch einmal vor, wie Du eine große Wasserrutsche hinabgleitest. Das Wasser lässt Dich völlig unbeschwert schweben und die Kurven sind so angelegt, dass, egal was passiert, jede Deiner Bewegungen elegant und natürlich vonstatten geht. Du musst dazu nichts tun außer Dich fallen zu lassen, schwerelos hinabzugleiten und die Fahrt zu genießen.

Hast Du das Bild vor Augen? Denn genau so, wie das Wasser Dich die Rutsche hinab geleitet, genauso elegant und angenehm sollten Deine Stimme und Sprache sein, wenn Du einen anderen Menschen in Trance bringen möchtest, um ihm dann mit Deinen Suggestionen zu den gewünschten Veränderungen und zu einem besseren Leben zu verhelfen.

Die Ideen und Suggestionen sollten sich dabei wie ein ganz natürlicher Sprachfluss anhören, bei dem der Klient wie bei der Wasserrutsche elegant in Trance gleiten kann und dem er innerlich zustimmen und folgen kann.

Die Kunst der Suggestion

Dies ist wohl eines der wichtigsten Kapitel dieses Buches, denn wir kommen nun zum Herz und der Seele einer jeden hypnotischen Arbeit: Der Kunst der Suggestion. Ja, Du hast richtig gehört, es ist durchaus angebracht, hier von einer Kunst zu sprechen, denn die Art und Weise, wie Du Deine Suggestionen formulierst, wird darüber entscheiden, ob Du ein mittelmäßiger Hypnotiseur werden wirst oder ob Du es zum Meister Deines Faches bringst.

Hypnose hat nichts mit Magie oder Zauberei zu tun. Du benötigst auch keine besondere Gabe, um andere Menschen zu hypnotisieren. Wenn Menschen einem Hypnotiseur begegnen, trauen sie sich oft nicht, ihm in die Augen zu schauen. Es herrscht der Irrglaube vor, dass es einen magischen Blick gibt und in den Augen etwas Besonderes ruht. Dabei liegt das ganze Geheimnis in der Sprache.

Forme Deine Wörter und Sätze so, dass sie die Herzen Deiner Mitmenschen berühren und dass sie einen Unterschied machen. Die einzige wirkliche Gabe, die Du daher benötigst, ist, die Kunst der Suggestion zu beherrschen.

Oder in einem Satz zusammengefasst: *Hypnose ist Suggestion.*

Zwar ist der hypnotische Zustand nicht gleich Suggestion, doch ohne Suggestionen würden wir diesen Zustand gar nicht induzieren können. Wenn Menschen anfangen, sich auf ihr inneres Erleben zu konzentrieren, wird ihr Geist empfänglicher für Suggestionen. Damit diese so kraftvoll wie möglich werden, müssen sie allerdings bestimmten Kriterien folgen. Aber was ist denn nun eigentlich eine Suggestion genau? Unsere Definition lautet wie folgt:

Eine Suggestion ist eine an den Geist eines Menschen gerichtete Idee, die eine bestimmte und automatische Reaktion zur Folge hat.

Dabei steht das Wort automatisch für unfreiwillig und unbewusst. Es wird oft vorkommen, dass eine Suggestion von Dir befolgt wird, und Dein Klient Dir sagt, dass er die Reaktion XY mit Absicht gemacht hat. Dies ist völlig normal. Bei unbewussten Handlungen kommt es häufig vor, dass die Reaktion im Nachhinein rationalisiert wird. Wichtig ist ein Grundsatz: Wir benutzen Wörter, die im Geist anderer Menschen etwas bewirken. Und je präziser wir unsere Suggestionen formulieren, desto leichter werden wir genau das erhalten, was wir erreichen wollten. Wir malen mit unseren Worten innere Bilder, um das Fühlen und Verhalten anderer Menschen positiv zu verändern. Allerdings wird nicht jede Suggestion von jedem Menschen gleich gut angenommen. Es kommt daher darauf an, die richtige Suggestion zum richtigen Zeitpunkt mit dem richtigen Klienten anzuwenden.

In Hypnose kommunizieren wir direkt mit dem Unterbewusstsein, und Suggestionen sind unsere Verbindung, unsere Brücke in die unbewusste Welt. Daher ist es wichtig zu wissen, dass das Unterbewusstsein vorwiegend in Bildern denkt. Beschreibe daher alles so bildhaft und metaphorisch wie möglich, denn genau das ist die Sprache des Unbewussten. Weiterhin versteht unser Unterbewusstsein alles wortwörtlich. Dies nimmt mit der Tiefe der Trance zu, so dass Du auf Deine Formulierungen achten solltest, wenn Dein Klient sich in einem tiefen hypnotischen Zustand befindet.

Schauen wir uns nun einige wichtige Prinzipien und Wirkungsmechanismen von Suggestionen an.

Wörter lassen innere Bilder entstehen

Machen wir doch einmal folgendes Experiment:

Schließe Deine Augen und wiederhole innerlich das Wort Urlaub ... Urlaub ... Urlaub... und lass Dich überraschen, was passiert. Vielleicht siehst Du eine bestimmte Szene ... oder Du hast ein bestimmtes Gefühl ... vielleicht hörst Du auch bestimmte Geräusche. Egal, was passiert: Konzentriere Dich ausschließlich auf das Wort Urlaub ... Urlaub ... Urlaub ...

Das Spannende ist, dass Du wahrscheinlich irgendeine Form von inneren Erfahrungen gemacht hast. Vielleicht hast Du Bilder von Deinem letzten Sommerurlaub an einem Traumstrand gesehen. Vielleicht war es aber auch der wahnsinnig schöne Blick, als Du im letzten Winter mit Deinen neuen Skiern die schwarze Piste heruntergefahren bist. Jeder Mensch wird unter dem Begriff Urlaub etwas anderes verstehen. Wichtig ist jedoch, dass man sich ein inneres Bild machen muss, um zu verstehen, was mit einem Wort gemeint ist. Du wirst zwar oft auf Menschen treffen, die Dir versichern, dass sie keine Bilder sehen können, aber das stimmt leider nicht. Jeder Mensch ist nicht nur in der Lage, innere Bilder zu konstruieren, er muss es sogar tun, um Worten eine Bedeutung zu geben.

Wörter können Muskeln bewegen

Es ist schon erstaunlich: Alleine durch die richtige Wahl unserer Wörter können wir kraftvolle Suggestionen formulieren, die Auswirkungen auf die Muskulatur unseres Klienten haben. So können sich Arme heben oder Hände magisch aufeinander zu bewegen. Auf diesem Prinzip bauen dann auch viele Suggestibilitätstests auf. Wie sie dies tun, darauf werden wir in einem späteren Kapitel noch genauer eingehen.

Wörter lassen Gefühle und Emotionen entstehen

Allein durch die Macht unserer Sprache ist es uns ebenso möglich, sensorische Gefühle im Körper entstehen zu lassen. Dies kann ein Kribbeln im Arm sein oder auch ein Gefühl der Wärme, das sich in der Bauchgegend auszubreiten beginnt. Unser Hauptziel ist es jedoch, durch unsere Suggestionen Emotionen hervorzurufen, sei es Freude, Motivation oder ein sonstiges Gefühl. Denken Sie immer daran, dass jede emotionale Reaktion eine unbewusste Reaktion ist. Und genau die wollen wir ja erreichen.

Die Macht der Wiederholung lässt Suggestionen kraftvoll werden

Dies ist ein sehr wichtiges Prinzip. Wiederhole Deine Suggestionen, denn je häufiger sie vom Klienten gehört werden, desto wirkungsvoller werden sie sein. Als Faustregel gilt: Idealerweise sollte jede Suggestion drei Mal wiederholt werden.

Suggestionshürde Nummer 1: der kritische Faktor

In der wichtigen AUS-Formel steht das »U« für Umgehen des kritischen Faktors. Dies ist in Hypnose von extremer Wichtigkeit. Der Gatekeeper Deines Unterbewusstseins hat eine wichtige Aufgabe. Er sagt Dir ständig: »So funktioniert die Welt!«, und alles, was nicht mit diesem Weltbild übereinstimmt, wird abgelehnt. In Hypnose wollen wir jedoch mit unseren Suggestionen neue Erfahrungen und Erlebnisse außerhalb der »normalen« Realität schaffen. Der kritische Faktor muss also unbedingt ausgeschaltet werden, wenn wir mit unseren Suggestionen Wirkung erzielen wollen.

Das Gesetz der entgegengesetzten Wirkung

Dies ist ein Gesetz, das Dir im Alltag jeden Tag aufs Neue begegnet, ohne dass Du es bisher vielleicht bewusst wahrgenommen hast. Dieses interessante Gesetz sagt:

Je mehr Du etwas versuchst, desto weniger wird es funktionieren!

Und dies kann auch im Fall von Suggestionen vorkommen, vor allem immer dann, wenn ein Klient mit aller Macht erzwingen will, dass die gewünschten Veränderungen wahr werden. Dann wird er versuchen, alles auf bewusster Ebene zu unterstützen. Hier liegt jedoch genau das Problem. In Hypnose sind wir auf der Suche nach unbewussten Reaktionen. Und solche unbewussten Reaktionen werden durch bewusste Einmischung leider ziemlich unwirksam. Solltest Du einmal einen solchen Klienten haben, dann lenke das Bewusstsein einfach mit einer geeigneten Technik ab, so dass das Unbewusste ungestört seine Arbeit tun kann.

Wir haben nun in Kurzform die wichtigsten Prinzipien kennengelernt, wie wir mit Wörtern Veränderungen in Menschen hervorrufen können. Wir können innere Bilder entstehen lassen. Wir können bestimmte Bewegungen oder Aktionen aktivieren. Wir können bestimmte Gefühle im Körper entstehen lassen und wir können emotionale Erfahrungen generieren.

Bei der konkreten Formulierung von Suggestionen sind ebenfalls noch einige Dinge zu beachten. Diese drei halten wir für die wichtigsten:

1. POSITIVE FORMULIERUNG: Formuliere Deine Suggestion immer positiv, also »Ich bin schlank und vital« statt »Ich möchte nicht mehr so dick sein«.

2. DAS ZIEL IST SCHON ERREICHT: Formuliere immer so, als ob das Ziel schon erreicht ist, also »Ich bin erfolgreich im Beruf und erfreue mich an meinem finanziellen Erfolg« statt »Ich werde mir einen neuen Job suchen und viel Geld verdienen«. Dadurch, dass Du mit dem Ende beginnst, wird das Unterbewusstsein die fehlenden Schritte eigenständig aussuchen und sich für die für den Klienten beste Lösung entscheiden.

3. SPEZIFISCHE FORMULIERUNG: Formuliere so konkret wie möglich, also »Ich wiege am 1. März 2010 75 Kilo« statt »Ich werde stark abnehmen«.

Wir haben nun gesehen, welch machtvolles Instrument unsere Sprache sein kann, wenn wir sie richtig einsetzen. Nun ist aber nicht jede Suggestion für jeden Menschen gleich wirkungsvoll, denn manchmal gibt es unbewusste Widerstände und der kritische Faktor mischt sich ein. Dann müssen wir genau überlegen, welche Form von Suggestion wir einsetzen wollen. Grundsätzlich kann zwischen direkten und indirekten Suggestionen unterschieden werden und im folgenden Abschnitt findest Du eine Liste mit den unterschiedlichen Typen dieser beiden Richtungen. Wir raten Dir, nachdem Du die Liste gelesen hast, mit den einzelnen Formen von Suggestionen ein wenig zu experimentieren. Nimm Dir am besten einen Freiwilligen und teste einmal, wie er auf die unterschiedlichen Suggestionen reagiert.

Direkte Formen von Suggestionen

Dies sind die klassischen Formen der Suggestion, wie sie vor Erickson von fast jedem Hypnotiseur benutzt wurden. Wenn Du also zu Deinem Klienten sagst: »Schließe Deine Augen … nimm einen tiefen Atemzug … und Dein Körper beginnt schwerer und schwerer zu werden«, dann ist dies eine sehr direkte Aufforderung. Direkte Suggestionen wirken in der Regel schneller, laufen jedoch Gefahr, dass sie durch das Bewusstsein blockiert werden können, wenn der Klient nicht gerne Kontrolle abgibt oder Probleme mit Autorität hat.

1. »KOMMANDO-SUGGESTIONEN«: Diese sind am leichtesten zu formulieren. Sie geben einfach eine Anweisung, was der Klient tun oder was passieren soll. *Dein Arm wird leichter und leichter und schwebt langsam nach oben ...*

2. KOGNITIVE SUGGESTIONEN: Diese Form der Suggestion stimuliert den Intellekt, um die Wirkung zu erzielen. *Denk einmal daran, wie Dein Arm langsam nach oben schwebt ...*

3. EINFACHE VORSTELLUNGS-SUGGESTIONEN: Die Vorstellung wird ganz einfach per Instruktion aktiviert. *Stell Dir vor, wie Dein Arm langsam nach oben schwebt ...*

4. SINNESSPEZIFISCHE SUGGESTIONEN: Diese Form der Suggestion konzentriert sich auf einen der fünf Sinne. *Spür, wie Dein Arm langsam nach oben schwebt ... Schau, wie Dein Arm langsam nach oben schwebt ...*

5. VORSTELLUNGS-SUGGESTIONEN: Hier wird mit Metaphern das Unterbewusstsein stimuliert. *Stell Dir einen roten Helium-Ballon vor, der an Deinen Arm gebunden ist und ihn langsam nach oben zieht ...*

Indirekte Formen von Suggestionen

In der klassischen Hypnose galten Menschen, die auf direkte Suggestionen nicht reagierten, als nicht hypnotisierbar. Milton Erickson war der Erste, der herausfand, dass es Wege gibt, auch in alltäglich wirkenden Gesprächen tiefe Trancen zu induzieren. In dieser permissiven Art der Suggestion versteckte er seine Aufforderungen auf eine sehr elegante Art und Weise. So sagte er z.B.: »Und ich frage mich, wie angenehm es sein kann, *einen tiefen Atemzug zu nehmen* und *Deine Augen einfach zu schließen*. Und wie viele Menschen *denken an eine wundervolle Erinnerung aus ihrem Urlaub* ... wenn sie beginnen, *sich mehr und mehr zu entspannen* ...«

Indirekte Suggestionen brauchen ein wenig länger, um zu wirken. Sie werden jedoch wesentlich einfacher angenommen, da der kritische Faktor elegant umgangen wird und das Bewusstsein und der rationale Verstand somit selten eingreifen.

6. EINGEBETTETE SUGGESTIONEN: Dies sind in anderen Sätzen versteckte Suggestionen. *Und* Dein Arm *zeigt in die Richtung des Flughafens und Du kannst sehen, wie die Maschine* langsam nach oben schwebt ...

7. ASSOZIIERENDE SUGGESTIONEN: Diese Suggestionen lösen eine Kette von Assoziationen aus, indem sie Ereignisse aus der Vergangenheit stimulieren. *Wenn Du zu Mittag isst, hebt Deine Hand ganz automatisch die Gabel an ...*

8. SITUATIONSSPEZIFISCHE SUGGESTIONEN: Ähnlich wie die assoziierende Sug-

gestion. Hier wird jedoch auf einen besonderen Kontext angespielt, wo der gewünschte Effekt normalerweise passieren würde. *Kannst Du Deinen Kragen bitte kurz richten ...*

9. ANGEDEUTETE SUGGESTIONEN: Hier wird die Reaktion als eine von vielen anderen möglichen angedeutet. *Du könntest Deinen Arm heben ... oder die Erfahrung machen, wie er sich ganz von alleine langsam nach oben bewegt ...*

Dies sind die wichtigsten Grundlagen von Suggestionen. Wenn Du die Formulierungen gut beherrschst, wirst Du schon bald wirkungsvolle Veränderungen in anderen Menschen bewirken können. Was jetzt noch fehlt, ist die passende Verpackung dieser Suggestionen, oder die Eleganz, die eine einfache Suggestion zu einem sprachlichen Meisterwerk werden lässt. Aber davon mehr in Kürze.

Posthypnotische Suggestionen

Posthypnotische Suggestionen gehören zum Werkzeugkasten eines jeden guten Hypnotiseurs. Hierbei handelt es sich um eine besondere Form der Suggestion, die Du Deinem Klienten während der Trance gibst, deren Ausführung jedoch erst stattfindet, wenn die Hypnose beendet ist. Die Benutzung ist sehr einfach und doch ist die Wirkung ziemlich stark.

Sehr bekannt sind posthypnotische Suggestionen vor allem aus der Showhypnose. Dort sagt der Hypnotiseur beispielsweise: »Wenn Du gleich wieder im Publikum sitzt und das Lied ›My Way‹ erklingt, wirst Du aufstehen und wie ein Huhn tanzen.« Dies wird dann auch passieren und wenn man den Teilnehmer fragt, warum er dies getan hat, wird er wahrscheinlich antworten: »Weil ich es wollte, ich fühlte mich danach.« Menschen neigen nämlich dazu, diese Art von Suggestion zu rationalisieren, obwohl es sich eigentlich um eine unfreiwillige und damit unbewusste Reaktion handelte. Und auch wenn dies ein etwas albernes Beispiel ist, so veranschaulicht es doch sehr schön die Wirkungsweise.

Aber auch wenn ich sage: »Wenn ich gleich bis drei zähle, wirst Du Deine Augen öffnen und Dich erfrischt und erholt fühlen«, ist dies eine posthypnotische Suggestion, denn der Klient wird sich erst nach der Hypnose erfrischt und erholt fühlen. Das Schöne ist, dass Du Suggestionen für ein bestimmtes Verhalten oder ein bestimmtes Gefühl geben kannst, ohne dass Du zu der Zeit der Ausführung anwesend sein musst.

Das Prinzip ist dabei ganz einfach und verläuft nach dem Muster »immer wenn X passiert, tust Du Y oder passiert Y«. X ist dabei ein Trigger, der das gewünschte Verhalten auslöst.

Folgende Beispiele verdeutlichen das Ganze:

> Jedes Mal, wenn Du meine Stimme hörst, wirst Du Dich tief entspannen.
>
> Nächstes Mal, wenn Du Dein Büro betrittst, wirst Du motiviert sein und Spaß an Deiner Arbeit haben.
>
> Immer wenn Du in diesem Sessel sitzt, wirst Du schnell und einfach in Trance gehen.
>
> Immer wenn Du das Bedürfnis nach einer Zigarette verspürst, nimmst Du einen tiefen Atemzug und entspannst Dich.

Das Milton-Modell der Sprache

Erinnerst Du Dich noch an das Bild der Wasserrutsche? Es gibt ein Sprachmodell, welches genau diese Art von elegantem Fluss und kunstvoller Vagheit abbildet und somit genau zu dem Werkzeugkasten wird, den wir als Hypnotiseure benötigen und in dem wir für jede gewünschte Veränderungsarbeit das passende Werkzeug finden.

Das Milton-Modell der Sprache geht zurück auf die Beobachtungen, welche Richard Bandler und John Grinder in der Zusammenarbeit mit Milton H. Erickson machten. Sie modellierten dabei die Sprache, die Erickson bei der Arbeit mit Klienten benutzte, und stellten schnell fest, das diese einer bestimmten Struktur und bestimmten Mustern folgte. Ihm zu Ehren gaben Sie dem entstandenen Modell den Namen Milton-Modell. Im Gegensatz zum Meta-Modell erlaubt hierbei ein Mix von kunstvollen, sehr vagen und vor allem inhaltsfreien Formulierungen und Suggestionen dem Zuhörer, seine eigenen Gedanken, Einsichten oder Möglichkeiten zu erweitern und sich auf dem Weg zu Veränderungen neue Handlungsspielräume zu schaffen. Und die wichtigsten und wirkungsvollsten dieser Prinzipien wollen wir uns nun ein wenig genauer anschauen und anhand von Beispielen gleich ein wenig üben.

Aber Vorsicht! Wenn Du die in den nächsten Abschnitten folgenden Sprachmuster sorgfältig lernst, übst und beherrscht, wirst Du nicht nur fantastische Erfolge in der Trancearbeit erzielen, sondern auch im alltäglichen Leben. Ob in Diskussionen, im Verkauf, in Präsentationen oder im Gespräch mit Freunden und Kollegen, Du wirst Ergebnisse erzielen, von denen Du bisher nur geträumt hast. Du wirst feststellen, wie einfach Deine Argumente auf einmal ins Schwarze treffen, wie Du schneller zum Verkaufsabschluss kommst oder wie elegant Du Menschen plötzlich auf eine positive Art und Weise beeinflussen kannst. Kurzum, Du wirst ein überzeugender und charismatischer Redner. Das klingt doch gut, oder? Dann lass uns am besten gleich anfangen.

Linguistic Bridges –
Verbindungswörter oder Gedankenverknüpfungen

Um einen natürlichen und nahtlosen Fluss der Sprache zu erreichen, gibt es sogenannte Verbindungswörter, die im englischen Original *Linguistic Bridges* heißen. Dieser Begriff beschreibt sehr schön die Bedeutung dieser Wörter, denn sie schlagen im wahrsten Sinne des Wortes eine Brücke zwischen verschiedenen Sätzen, Gedanken und Suggestionen, die eigentlich gar nichts miteinander zu tun haben. Man schafft also durch ein einziges Wort einen kausalen Zusammenhang, den es objektiv gar nicht gibt. Dabei verknüpft man idealerweise ein paar Dinge, die nachprüfbar sind, mit einer Suggestion, die auf die gewünschte Veränderung abzielt. Dies hat ein sogenanntes »Yes-Set« oder eine »Ja-Straße« zur Folge. Der Zuhörer sagt innerlich zu den überprüfbaren Dingen »Ja« und wird dies dann auch viel einfacher bei der nicht überprüfbaren Aussage tun. Diese Technik wird auch »Huckepack-Suggestion« genannt und wir gehen später noch genauer darauf ein. Zuerst aber ein paar Beispiele für Verbindungswörter in der Reihenfolge ihrer Wirksamkeit:

(1) Und, oder, aber

Du sitzt bequem auf Deinem Stuhl und *hörst meine Stimme* oder *die Geräusche im Raum* und *Du hast in Deinem Leben schon viel gelernt* und *nimmst noch einen tiefen Atemzug* und *beginnst Dich zu entspannen.*

Hier geht es zuerst mit einigen nachprüfbaren Aussagen los, mit denen wir gleichzeitig unseren Klienten pacen. Mit der letzten Äußerung beginnen wir dann zu leaden. Der Trick dabei ist folgender: Der Prozess der Entspannung und das Nehmen eines tiefen Atemzugs bedingen einander grundsätzlich nicht. Trotzdem hat das Bewusstsein schon mehrfach »Ja« gesagt, so dass auch diese letzte Suggestion bequem angenommen wird.

Du sitzt da und *spürst Deinen Körper auf seiner Unterlage* und *fragst Dich, was alles auf Dich zukommen wird,* aber *Dein Unterbewusstsein hat schon längst mit der Veränderungsarbeit begonnen.*

(2) Während, bevor, nachdem, sobald, indem, ebenso, so wie

Und während *Du dort bequem in Deinem Stuhl sitzt, können Deine Gedanken schon ganz woanders sein* und bevor *Du nun vollständig in diesen angenehmen Zustand übergleitest, kannst Du einen weiteren tiefen Atemzug nehmen,* ebenso *wie es schon die alten Meister der Hypnose taten.*

Oder ein Beispiel aus dem Verkauf:

> Und während *Sie den Vertrag noch einmal genau durchgehen* und *die vielen Vorteile dieser Traum-Immobilie vor Ihrem geistigen Auge aufblitzen*, können Sie sich schon vorstellen, wie es sein wird, wenn Sie mit Ihrer bezaubernden Frau auf der Terrasse sitzen und mit einer schönen Musik im Hintergrund auf Ihren Garten blicken und an den Moment zurückdenken, wo Sie sich entschieden haben, dieses Haus zu kaufen ...

(3) Weil, das bedeutet, wenn X ... dann Y, deshalb, das bewirkt, beweist, ermöglicht, führt zu, hilft, unterstützt, macht, je ... desto

Diese Verbindungswörter sind die stärksten und wirkungsvollsten Brücken zwischen zwei Teilen eines Satzes. Warum dies so ist? Ganz einfach, weil diese Wörter implizit unterstellen, dass es einen kausalen Zusammenhang zwischen diesen beiden Teilen geben muss. X und Y sind also durch diese Wörter eng miteinander verbunden und bewirken einander. Ohne X kein Y und auch umgekehrt. Aber auch hier ist Vorsicht angebracht. Aufgrund dieser starken Verbindung zwischen den Behauptungen kann es auch leicht zu Widerstand beim Klienten kommen, wenn diese Verbindungswörter zu ungeschickt eingesetzt werden.

Besonders »Weil« ist ein Wort mit einer erstaunlichen Wirkung. Wenn dieses kleine Wort am Anfang eines Satzes steht, wird das Gehirn auf Zustimmung programmiert, ob es nun einen tatsächlichen Zusammenhang gibt oder ob dieser nur konstruiert ist. Selbst »umgekehrt« funktioniert dies und wirkt sogar noch einmal verstärkend:

> Gerade weil *Du Dich bewusst dagegen sträubst, Dich tief zu entspannen, wird der Zustand der Trance umso stärker sein.* Und weil *dies so ist, wirst Du früher oder später erkennen, wie einfach es doch ist, sich fallen zu lassen.*

Sehr effektvoll ist auch das Sprachmuster »je ... desto«. Mit dieser Kombination lassen sich auf sehr elegante Art und Weise sowohl Widerstände pacen wie auch Gegensätze kombinieren.

> Je stärker *Du versuchst, Dich gegen die Wirksamkeit dieser Sprachmuster zu wehren*, desto schneller und einfacher *werden sie Dir in Fleisch und Blut übergehen.*

> Je verkrampfter *Deine Muskeln jetzt sind*, desto entspannter *werden Sie nach Beginn der Trance sein.*

> *Und ich möchte, dass Du* nur so schnell *in Trance gehst, wie Dein Unterbewusstsein dieses Sprachmuster ganz automatisch verinnerlicht hat.*

Je mehr *Deine Muskeln sich entspannen,* desto größer *kann auch Deine geistige Entspannung werden, und* je größer *Deine geistige Entspannung wird,* desto leichter *kann es Dir fallen, zu lernen …*

Die letzten beiden Sätze sind Beispiele für ein umgekehrtes »Je-desto-Muster« und für die Verwendung als Endlosschleife. Probiere einfach mal das eine oder andere Verbindungswort aus, und Du wirst an den Reaktionen feststellen, welche Wirkungen Du damit erzielen kannst. Aber bedenke dabei bitte Folgendes:

Je mehr Du diese Sprachmuster anwendest und je geübter Du im Umgang mit den verschiedenen Verbindungswörtern wirst, desto überzeugender werden Deine Argumente und desto mehr Erfolg wird Einzug in Dein Leben halten!

Eines können wir Dir aber jetzt schon garantieren: Alleine durch die zielgerichtete Verwendung von Verbindungswörtern werden Deine hypnotischen und sprachlichen Fähigkeiten enorm ansteigen. Denn von nun an kannst Du auf ganz einfache und natürlich klingende Weise unendliche und elegante Sätze bilden, in denen Idee an Idee und Suggestion an Suggestion gereiht werden und bei denen Deine Zuhörer ganz von alleine in eine angenehme Trance driften werden. Ein letztes Beispiel gefällig? Bitte, und dann nichts wie weiter zum nächsten Sprachmuster des Milton-Modells.

Und während *Du noch einen tiefen Atemzug nimmst und es Dir so richtig bequem machst, kannst Du dieses angenehme Gefühl der Entspannung wahrnehmen.* Und weil *Du Dich in der Vergangenheit schon oft entspannt hast, kann sich Dein gesamter Körper ganz automatisch wieder entspannen* und das bedeutet, *dass Du dabei bist, eine ganz besondere Erfahrung zu machen.* Und bevor *auch der letzte Muskel Deines Körpers sich vollständig entspannt hat, kannst Du vollständig loslassen und Dich auf eine Reise in Dein Inneres begeben* und *die Anwendung von Linguistic Bridges von Deinem Unterbewusstsein verankern lassen …*

Nominalisierungen

Nominalisierungen sind ein weiteres Wunderwerk aus unserem hypnotischen Werkzeugkasten. Es handelt sich hierbei um die Bildung eines Substantivs aus einer anderen Wortart, vor allem aus Verben und Adjektiven. Dies hört sich für Dich zu kompliziert an? Gut, machen wir es einfacher. Nominalisierungen sind Hauptwörter, die ich nicht »greifen« kann, und die für jeden Menschen eine andere Bedeutung haben können. Beispiele gefällig?

Freiheit, Entspannung, Schwere, Glück, Liebe, Zufriedenheit, Erfolg, Produktivität, Effizienz, Reise, Unterbewusstsein, Frieden, Erinnerung, Lernen, Harmonie, Problem, Lösung, Kreativität, Humor, Motivation, Hypnose, Trance etc.

Wird es jetzt deutlicher? Die Faustformel, ob es sich bei einem Wort um eine Nominalisierung handelt, ist folgende Frage:

Kann ich es in eine Schubkarre packen?

Probiere es doch gleich mal aus.

Nominalisierungen erreichen genau das, was wir wollen, wenn wir unseren Klienten mit Sprache durch die Wasserrutsche führen. Sie bleiben kunstvoll vage. Mache doch mal einen Test und frage zehn verschiedene Menschen, was sie sich unter Liebe vorstellen. Ich wette, Du wirst zehn verschiedene Antworten erhalten, denn jeder von uns hat halt seine eigene Definition von Liebe. Und genau das wollen wir auch bewirken. Denn jedes Mal, wenn ich eine Nominalisierung benutze, muss mein Gegenüber seine eigene Bedeutung einsetzen. Und dafür muss er seine Aufmerksamkeit auf sein inneres Erleben lenken.

Lassen Sie uns nun auf eine Reise *in Ihr* Inneres *gehen. Auf diesem* Weg *zu mehr* Freiheit, Glück *und* Erfolg *werden Sie feststellen, dass* Lernen *so einfach sein kann. Denn alle* Ressourcen, *die Sie für Ihre* Zufriedenheit *benötigen, liegen bereits tief in der Schatzkiste Ihres* Wissens *für Sie bereit und Sie können sich von der* Weisheit *Ihres* Unterbewusstseins *überraschen lassen.*

Wenn Du in einer Trance einen solchen Satz sagst, hört sich dieser unglaublich bedeutungsvoll an, obwohl er grundsätzlich völlig inhaltslos ist. Aber wenn ich diesen Satz höre, muss ich den Wörtern eine für mich passende Bedeutung geben. Du wirst deshalb oft nach einer Hypnosesitzung hören: »Ich hatte das Gefühl, Sie können in mich hineinschauen.« Das können wir zwar nicht, es ist doch aber ein schönes Kompliment, oder? Und dies nur durch die Verwendung dieses einen Sprachmusters. Da könntest Du doch glatt auf die Idee kommen, Deinen Erfahrungsschatz und Deine Flexibilität ein wenig zu erweitern und die eine oder andere Nominalisierung gleich mal auszuprobieren, nicht wahr?

Unspezifische Verben und Adjektive

Den Nominalisierungen sehr ähnlich sind die unspezifischen Verben und Adjektive. Diese zeichnen sich ebenfalls dadurch aus, sehr vage zu bleiben und den Zuhörer dazu zu bringen, die Bedeutung und den zu nutzenden Sinneskanal selbst auszuwählen:

> lernen, verändern, wissen, loslassen, treiben lassen, erkennen, erfahren, wahrnehmen, denken, integrieren, aktivieren, erinnern etc. (Verben)
> interessant, spannend, passend, überzeugend, tiefgreifend etc. (Adjektive)

Möglicherweise kannst Du jetzt loslassen und beginnen zu lernen, dass es ganz einfach sein kann, genau für Dich passende Dinge in Dein Leben zu integrieren und dabei festzustellen, wie überzeugend es sein kann, auf diese Art und Weise Ressourcen zu erfahren und Veränderungen wahrzunehmen.

Modaloperatoren

Modaloperatoren beschreiben die genaue Bedeutung eines Verbs und seiner Limitationen. Bei diesen Sprachmustern unterscheidet man zwei Kategorien:

> MODALOPERATOREN DER NOTWENDIGKEIT: müssen, sollen–
>
> MODALOPERATOREN DER MÖGLICHKEIT: können, dürfen, wollen, vielleicht, möglicherweise, eventuell, wahrscheinlich, irgendwann etc.

Die erste Kategorie interessiert uns in der Hypnose vor allem dann, wenn wir sehr direktiv und autoritär mit unserem Klienten umgehen und ihm klare Anweisungen geben. Für das Üben der hypnotischen Sprachmuster im Milton-Modell ist aber der zweite Block, die Modaloperatoren der Möglichkeit, wesentlich spannender. Denn durch die Verwendung dieser Wörter bleiben wir die meiste Zeit sehr unverbindlich und geben unserem Gegenüber die Wahlmöglichkeit, sich für eine oder mehrere Alternativen zu entscheiden. Und wenn sich jemand selbständig für eine bestimmte Handlung entscheidet, können wir sicher sein, dass viel mehr Kraft und Wille hinter dieser Entscheidung steht. Und genau das wollen wir doch erreichen, oder?

Und vielleicht können Sie sich schon vorstellen, wie wirksam dieses Sprachmuster sein kann, wenn Sie es irgendwann bei einem Ihrer Klienten anwenden. Und wahrscheinlich werden Sie dann auch lernen, dass Sie all das tun dürfen, was Sie möglicherweise schon vorher ganz intuitiv immer wieder richtig gemacht haben.

Immer dann, wenn Du Widerstand spürst oder der Rapport nicht ganz so stark ist, wie Du wolltest, bietet es sich an, diese Sprachmuster zu benutzen und Deinem Gegenüber die Wahl zu lassen. Wenn Du zu Deinem Klienten sagst: »Und vielleicht können Sie langsam beginnen, sich mehr und mehr zu entspannen …« wird dieser innerlich denken: »Okay, ich muss ja nicht, aber es klingt ganz gut, also entscheide ich mich dafür, es zu tun.« Niemand zwingt ihn und jede seiner Handlungen ist selbstbestimmt. Und je weicher und erlaubender Du Deine Sätze verpackst, desto mehr Vertrauen wird Dein Klient gewinnen und desto stärker wird der Rapport werden. Und wenn Du feststellst, dass Deine »weich« formulierten Suggestionen mehr und mehr angenommen werden, dann kannst Du langsam beginnen, etwas direkter und autoritärer zu werden. Die Faustregel hierfür lautet: Je mehr jemand in Trance ist, umso direkter können Deine Suggestionen sein. Und wie stellst Du dies fest? Genau, durch Beobachtungen der Reaktionen und eine erhöhte Sinnesaufmerksamkeit.

Tilgungen

Bei den unterschiedlichen Formen von Tilgungen werden, wie das Wort bereits impliziert, bestimmte Teile eines Satzes oder einer Suggestion gelöscht bzw. bewusst weggelassen.

Fehlender Bezugsindex / Generalisierungen

Diese Technik wird meisterhaft von fast allen Politikern angewandt. Die Kunst ist es dabei, so stark zu generalisieren und so allgemein zu bleiben, dass das Gesagte fast immer zutrifft. Man beschreibt dabei in blumigsten Formulierungen und Sätzen, ohne auch nur einmal konkret zu werden. Denn es fehlt der konkrete Bezug, auf den sich die Suggestion bezieht, und oftmals bezieht der Klient das Gesagte dadurch auf sich selbst.

man, jeder, viele, es gibt Menschen, schon die alten Meister wussten, alle, Experten wissen, die Leute denken, es, Studien zeigen etc.

Schon die alten Meister *kannten das große Geheimnis der Entspannung.*

Es *ist ganz einfach, die Sprachmuster des Milton-Modells zu verinnerlichen, denn* alle *tun es sowieso.*

Man *kann dies auf unterschiedliche Art und Weise tun, aber tun muss* man *es.*

Vergleichende Tilgung

Hierbei wird der Bezug des Vergleichs getilgt, was dazu führt, dass der Zuhörer dies für sich selbst entscheidet und die Reaktion somit intensiver wird.

> besser, leichter, mehr, weniger, öfter, stärker, intensiver, einfacher etc.

Und in diesem Zustand kannst Du viel besser *entspannen und viel* schneller *feststellen, dass es manchmal* wirkungsvoller *ist, den Dingen einfach ihren Lauf zu lassen.*

Vollständige Tilgung

Eine sehr starke Form der Tilgung liegt in dem vollständigen Weglassen des Objekts in einem Satz. Hierdurch fehlen dann ganze Satzteile, die der Hypnotiseur durch Pausen und langsameres Sprechen noch verdeutlichen kann. Und was passiert dann in diesen Pausen? Richtig, es ist immer wieder das Gleiche. Der Zuhörer wird die Sätze für sich selbst zu Ende denken und dem fehlenden Objekt seine eigene Bedeutung geben.

Möglicherweise hast Du es schon bemerkt ... und für Dich die richtigen Schritte eingeleitet. Und dieser Trick ... des Loslassens ... und dieser Weg zu neuen Ufern ... am Rande Deines Bewusstseins ... fühlt sich so ... angenehm an ... kaum wahrnehmbar ... und doch so wirkungsvoll ... jetzt oder später.

Präsuppositionen

Kommen wir nun zu den Präsuppositionen oder Vorannahmen. Hierunter versteht man unausgesprochene Behauptungen und Bedingungen, die einem Satz zugrunde liegen. Sie basieren sowohl auf inneren Einstellungen, aber leider auch manchmal auf hinderlichen Glaubenssätzen. Vorannahmen können Einschätzungen, Vermutungen, Ideen, Glaubenssätze und Schlussfolgerungen sein, die wir für wahr halten und daher nicht mehr mit unseren Sinnen überprüfen. Die meisten Präsuppositionen, mit denen wir tagtäglich leben, sind daher vor allem auf unbewusster Ebene manifestiert. Wenn ich also z. B. folgenden ganz normalen und einfachen Satz sage: *Zum Glück befindet sich der Hausmeister heute in der Turnhalle*, so finden sich sehr viele Vorannahmen darin. So impliziert das Wort *Heute*, dass es Tage gibt, an denen er nicht in der Turnhalle ist. Wir haben also eine zeitliche Komponente. Weiterhin sind enthalten: Es gibt einen Hausmeister und es gibt eine Turnhalle, was eine Präsupposition über die Existenz von Dingen ist. Wenn ich sage »*Zum Glück*« ist der

Hausmeister heute in der Turnhalle, nehme ich auch bereits eine kurze inhaltliche Bewertung des Satzes vor.

Das Thema Vorannahmen ist so umfangreich und komplex, dass es den Rahmen dieses Buches bei weitem sprengen würde. Bist Du deshalb damit einverstanden, dass wir uns nur auf die wichtigsten Bereiche konzentrieren, die Dir auch später am hilfreichsten bei Deiner Arbeit als Hypnotiseur sein werden? Gut, dann lass uns nun die wichtigsten Kategorien von Präsuppositionen anschauen.

Kategorie 1: Wahrnehmung

Immer dann, wenn wir behaupten, dass wir uns etwas bewusst sind, lenken wir automatisch die Aufmerksamkeit unserer Zuhörer auf das Gesagte. Dies geschieht durch Wörter wie:

> wissen, wahrnehmen, erkennen, bemerken, merken, realisieren, beobachten, sehen, spüren etc.

Ich weiß, dass der Hausmeister heute in der Turnhalle ist.
Ich bemerke, dass der Hausmeister heute in der Turnhalle ist.
Hast Du schon wahrgenommen, dass der Hausmeister in der Turnhalle ist?
Weißt Du, dass der Hausmeister heute in der Turnhalle ist?

Diese Sätze lenken die Aufmerksamkeit weg von den Tatsachen, dass es zum Beispiel einen Hausmeister oder eine Turnhalle gibt, hin zur reinen Wahrnehmung dieses Ereignisses. Es wird höchstens Widerstand bezüglich der Wahrnehmung geben, nicht jedoch über die Existenz der behaupteten Fakten. Ob man solch ein Ergebnis wohl auch in der Hypnose gut benutzen kann?

Kategorie 2: Zeitliche Abfolgen

Dies sind Vorannahmen, welche die zeitliche Abfolge von Taten oder Ereignissen implizieren. Wenn ich also zu Dir sage: *Du kannst beginnen, Dich mehr und mehr zu entspannen und die Technik der Präsuppositionen zu lernen,* dann wirst Du Deine Aufmerksamkeit darauf lenken, ob Du jetzt damit anfängst oder nicht. Die tatsächliche Abfolge der Ereignisse, also die Entspannung und das Lernen, werden nicht in Frage gestellt. Welche Wörter sich hierfür eignen?

> beginnen, weiterführen, starten, stoppen, aufhören, beenden etc.

Eine weitere Möglichkeit, mit zeitlichen Vorannahmen zu arbeiten, sind Wörter wie:

> bevor, nachdem, während, wenn, sobald, seit, danach, erstens, zweitens, drittens etc.

Die dritte wichtige Information, die ich Dir gebe, sobald Du dieses Sprachmuster gelernt hast, wird sich darauf beziehen, wie Du Vorannahmen in Dein tägliches Leben einbauen kannst.

Worauf lenke ich mit diesem Satz die Aufmerksamkeit? Genau, darauf, dass Du dieses Sprachmuster lernen wirst. Weiterhin gibt es auch eine sequenzielle Abfolge von Dingen, nämlich genau drei. Wir implizieren also, dass es auch eine erste und eine zweite Information geben muss, was den Zuhörer dazu veranlasst, darüber nachzudenken, welche das wohl sein mögen. Und wir haben auch noch einen interessanten Nebeneffekt. Durch die Verschachtelung mehrerer Präsuppositionen in einem Satz kommt es zu einer Überladung des Bewusstseins. Dieses ist so damit beschäftigt, die einzelnen Dinge zu analysieren, dass unsere eigentliche Suggestion ganz einfach mit »durchflutscht«. Dabei gibt es eine generelle Faustregel: Wenn Du drei Präsuppositionen benutzt, die aufeinander aufgebaut sind, dann werden die verschachtelten Realitäten im Bewusstsein so kompliziert, dass es einfach aufhört zu analysieren und die Dinge geschehen lässt. Und so eine Reaktion könnten wir doch in der Hypnose gut gebrauchen, nicht wahr?

Kategorie 3: Adjektive und Adverbien

Zu dieser Kategorie gehört die Benutzung von Wörtern wie:

> glücklicherweise, zum Glück, fröhlich, traurig, einfach, tief, neugierig, spannend, normal, aufregend, entspannend etc.

All diese Wörter geben einer Handlung oder einem Ereignis eine qualitative Bewertung. Und was passiert dann? Genau, wir geben der Bewertung mehr Aufmerksamkeit als dem Ereignis selber. Wenn ich also sage: »Die Frau singt sehr schön«, dann könntest Du vielleicht antworten: »Nein, sie singt ehrlich gesagt ziemlich schräg!« Siehst Du, was passiert? Die eigentliche Handlung, also die Behauptung, dass die Frau singt, wird völlig ausgeblendet.

Und nun kannst Du anfangen, Präsuppositionen so schnell zu benutzen, wie es Dich erfreut, genau dies getan zu haben. Und wenn Du in der Zukunft auf diese Zeit zurückschaust, kannst Du Dir all diese Dinge ansehen und wahrnehmen, wie einfach sie in alltäglichen Unterhaltungen aus Deinem Mund herausgesprudelt sind.

Aber glücklicherweise musst Du über all das nicht auf bewusster Ebene nachdenken, denn Dein Unterbewusstsein wird von nun an diese Aufgabe für Dich übernehmen. Beginnst Du bereits zu verstehen, wie jemand, der mit Präsuppositionen überladen wird, all seine Fähigkeiten, dies bewusst wahrzunehmen, einfach über Bord wirft?

Verstehst Du das Prinzip? Gut, dann fang doch gleich an, Vorannahmen früher oder später in all Deinen Unterhaltungen bewusst einzusetzen.

Ambiguitäten

Ambiguitäten werden auch Doppeldeutigkeiten genannt. Viele von Euch werden sicherlich noch das alte Kinderspiel »Teekesselchen« kennen, oder? Hierbei musste man zwei Begriffe raten, die gleich klangen, aber unterschiedliche Dinge bezeichneten. Und genau um dieses Phänomen geht es bei dem sehr wirkungsvollen Sprachmuster der Ambiguitäten, bei dem drei Kategorien unterschieden werden können.

Phonologische Ambiguitäten

Dies sind die schon beschriebenen Teekesselchen, also wenn sich zwei Wörter gleich anhören, aber eine unterschiedliche Bedeutung haben.

Arm / arm, Bären / Beeren, sehn / säen, Meer / mehr, Lehren / leeren, Bund / bunt, Pilz / Pils, Bank / Bank, Ferse / Verse, Bote / Boote, Ähre / Ehre etc.

Dies sind nur einige Beispiele dieser Mehrdeutigkeiten. Aber schon beim Lesen sollte Dir auffallen, dass Du bewusst oder unbewusst beide Bedeutungen erfassen musst. So kann man in Hypnose einen Satz sagen, und etwas ganz anderes bezwecken. Dies ist daher so wirkungsvoll, da sich niemand entziehen kann und immer alle Bedeutungen auf allem Ebenen auf uns einwirken.

Wenn Du gleich in Trance bist, stehst Du vor einem Meer / mehr an Möglichkeiten.

Die Möglichkeiten, die Sie jetzt säen / sehn, werden Ihre Zukunft immer schöner werden lassen.

Syntaktische Ambiguitäten

Hierbei bleibt unklar, wer im Satz das Subjekt ist oder was wer genau tut. Es bleibt insgesamt unklar, was sich auf was bezieht.

Dies wird am einfachsten an einigen Beispielen deutlich:

Sie standen an den Hängen und Pisten. (Erklärt sich von selbst, oder?)

Wenn ich mit der Schule fertig bin, möchte ich genauso reich werden wie mein Lehrer. (Der Lehrer möchte auch reich werden!!)

Ich spreche zu Dir als Kind. (Wer genau ist das Kind?)

Überlappende Sätze

Bei diesem Sprachmuster ist unklar, wann der eine Satz aufhört und der nächste beginnt. Das letzte Wort des ersten Satzes ist dabei gleichzeitig das erste Wort des zweiten Satzes, es kommt somit zu einer Überlappung.

Setzen Sie sich bitte hin und wieder kommt meine Tante zu Besuch.

Unsere Zeit wird heute sicher reichen Sie mir bitte das Buch dort hinten.

Wir werden nun dieses Sprachmuster abschließen Sie bitte Ihre Augen.

Gedankenlesen

Diese Technik setzt voraus, dass Du Deine Sinneswahrnehmung hochschraubst und genau beobachtest, was in Deinem Klienten vorgeht und wie er physiologisch reagiert bzw. reagieren könnte. Bei guter Beobachtungsgabe kannst Du dann allgemeine Mutmaßungen und ziemlich wahrscheinliche Handlungen formulieren, so dass Dein Gegenüber sich bestätigt fühlt, weil er denkt, dass Du seine Gedanken lesen kannst.

Und wahrscheinlich bist Du gespannt, was nun als Nächstes kommt.

Vielleicht denkst Du gerade an eine bestimmte Situation.

Eventuell weißt Du noch nicht genau, welche Ressource Du benötigst.

Bekräftigungen und Bestätigungsfragen

Wenn Dein Klient auf dem Weg ist, langsam in Trance zu gehen, ist es angebracht, ihm durch bestimmte Bekräftigungen mitzuteilen, dass er das Richtige tut und alles in Ordnung ist. Immer dann, wenn wir irgendeine Reaktion erhalten, sollten wir diese bekräftigen. Dies bewirkt zum einen, dass der Klient sich sicher fühlt, und gleichzeitig bekräftigen wir auf unbewusster Ebene unsere Autorität als Hypnotiseur. Was Du bekräftigst, ist übrigens egal, denn jede verbale Bestätigung löst automatisch einen tranceverstärkenden inneren Suchprozess aus.

> Ganz genau, so ist es gut, sehr gut, sehr schön, ja, jawohl, hmmm, gut, ausgezeichnet, wunderbar etc.

Milton Erickson selber hat bei der Arbeit mit seinen Klienten am liebsten die Formulierungen »that's right« … »there you go« … »all the way down«… benutzt.

Bestätigungsfragen können uns helfen, eine Suggestion abzuschwächen und eventuellen Widerstand seitens des Klienten abzubauen, obwohl dieser sich trotzdem festlegen muss.

> Nicht wahr? Oder nicht? Ist es nicht so? Einverstanden? Stimmen Sie mir zu? Gell? Glauben Sie nicht? Oder? Ja? Was meinen Sie? etc.

Negationen

Negative Formulierungen haben einen großen Vorteil: Sie sind für das Gehirn viel schwerer zu verarbeiten als eine positive Aussage. Man nutzt sie bevorzugt, um die linke Hirnhälfte zu verwirren und die Suggestion direkt an die rechte Hemisphäre zu richten. In der Wirkung wird dann die Verneinung einfach ausgeblendet und die Suggestion wirkt wie eine Handlungsaufforderung. Oder versuche doch einmal, jetzt nicht an Deinen linken großen Zeh zu denken. Nein, Du sollst nicht an Deinen linken großen Zeh denken! Siehst Du, wie es wirkt? Denn um meiner Aufforderung nachzukommen, *musst* Du an das denken, woran Du eigentlich gar nicht denken sollst. Ziemlich einfach, oder?

> Ich möchte NICHT, dass Du in Trance gehst, bevor Du nicht einen tiefen Atemzug genommen hast.
> Es ist NICHT nötig, alle Spannungen loszulassen, um in Trance zu gehen.

Ich möchte NICHT, dass Du noch NICHT beginnst, Dich zu entspannen.

Indirekte Handlungsaufforderungen

Indirekte Handlungsaufforderungen werden auch *Konversationspostulate* genannt. Dies mag für Dich kompliziert klingen, ist es aber überhaupt nicht. Tatsächlich handelt es sich bei dieser Technik um Fragen, auf die man normalerweise mit »Ja« oder »Nein« antworten müsste, die aber eine bestimmte Reaktion als Resultat haben.

Kannst Du mir ein Bier holen?
Weißt Du, wie spät es ist?
Kannst Du Dir vorstellen, wie Du Dich entspannst?
Weißt Du, wie es sich anfühlt, in Trance zu gehen?

Ein Wort der Vorsicht sei jedoch noch erwähnt. Je tiefer jemand in Trance ist, desto wörtlicher wird er Deine Suggestionen und auch Fragen nehmen. Wenn Du also in tiefer Trance einen Klienten fragst, ob er sich vorstellen kann, wie es sich anfühlt, als zehnjähriges Kind an einem Strand entlang zu laufen, wirst Du unter Umständen nur ein leises und gebrabbeltes »Ja« als Antwort erhalten. Somit sind Konversationspostulate auch immer ein Indikator für die Trancetiefe eines Klienten.

Eingebettete Fragen und eingebettete Befehle

Dies sind zwei wundervolle Techniken, um unseren kritischen Filter auszutricksen. Eingepackt in ganz normale Sätze wirken sie tatsächlich ganz anders, nämlich als indirekte Verhaltensaufforderung. Bei den eingebetteten Fragen wird die eigentliche Frage so elegant in den Satz verpackt, dass sie gar nicht als direkte Frage wahrgenommen wird.

Ich frage mich, ich weiß nicht ob, ich könnte mir vorstellen dass, ich bin neugierig, mich interessiert sehr, ich bin gespannt, ich wundere mich, etc.

Ich frage mich, wann Du beginnst, Dich zu entspannen …
Ich bin neugierig, welcher Deiner Arme sich anders anfühlt …
Ich weiß nicht, wie lange Du brauchst, um vollständig zu entspannen …

Die eingebetteten Befehle wirken ganz ähnlich. Auch sie werden in einem normalen Satz ganz harmlos verpackt, können jedoch durch ein zusätzliches analoges Markieren noch hervorgehoben werden. Beim analogen Markieren wird ein bestimmtes Wort oder ein ganzer Satz besonders betont. Dies kann durch eine Pause sein, durch eine bestimmte Geste, ein Kopfnicken, ein Augenzwinkern, durch Änderung der Tonhöhe oder des Sprachrhythmus oder auch eine Kombination aus mehreren dieser Techniken. Wichtig ist nur, dass das zu betonende Wort auf eine bestimmte Art und Weise hervorgehoben wird.

> Als ich gestern heimkam, sagte ich zu mir: ENTSPANN DICH ERST MAL!
> Und als ich tief einatmete, stellte ich fest: FANG ENDLICH AN ZU LEBEN!
> Manche Menschen begreifen erst im Alter: NUTZE JEDEN TAG INTENSIV!

Zitate

Eine weitere gute Möglichkeit, eingebettete Befehle oder auch sonstige Suggestionen geschickt zu platzieren, sind Zitate. Dadurch, dass eine Aussage einem anderen Menschen, vielleicht sogar einem Experten in den Mund gelegt wird, verringert sich möglicher Widerstand beim Klienten, da ja keine direkte Beziehung zum Hypnotiseur zu erkennen ist. Milton Erickson perfektionierte diese Technik, indem er stundenlang Geschichten von seinem Freund Joe erzählte, die in Wirklichkeit alle auf seine Patienten abgestimmt waren.

> Mein Freund Joe stellte letzte Woche fest: Nur durch bloßes Einatmen kann man in Trance gehen.
>
> Schon Professor Meier sagte auf einem Kongress in Frankfurt: Schließen Sie Ihre Augen, und genießen Sie das, was kommt.
>
> Und so sagte Romeo zu Julia: Entspann Dich ... alles wird gut.

Binds / Double Binds

Binds und Double Binds sind eine ziemlich coole Sache, die Du höchstwahrscheinlich bald in Dein Repertoire hypnotischer Sprachmuster aufnehmen wirst, weil Sie so wahnsinnig gut funktionieren. Die Grundlage ist einfach: Du gibst Deinem Klienten eine scheinbare Wahlmöglichkeit, obwohl er in Wirklichkeit gar keine hat, sondern genau das tun muss, was Du von ihm willst. Stell Dir einmal vor, ein Polizist fragt Dich Folgendes:

Geben Sie zu, dass Sie aufgehört haben, Ihre Nachbarin beim Duschen zu beobachten, ja oder nein?

Du hast hier keine wirkliche Wahlmöglichkeit, ohne die Präsupposition zuzugeben, dass Du Deine Nachbarin unsittlich beobachtet hast. Aber wir wollen die Verwendung von Double Binds natürlich in eine etwas angenehmere Richtung lenken und unseren Klienten nicht in eine solche Falle locken.

> Möchtest Du lieber sitzen oder liegen, wenn Du in Trance gehst?
> Möchtest Du Dich jetzt oder später entspannen?
> Die Frage ist, ob sich Dein rechter oder linker Arm zuerst entspannen wird.

Das entscheidende Wort ist dabei das »oder«, mit dem Du einen Double Bind leicht identifizieren kannst. Achte doch einmal in Deinen alltäglichen Gesprächen darauf, wie vielen solcher Double Binds Du so ausgesetzt bist.

»Heiße« Wörter

Heiße Wörter sind nichts anderes als sehr bedeutungsvolle Wörter. Eine noch interessantere Wirkung entfalten sie, wenn sie in Kombination mit anderen Wörtern benutzt werden, mit denen Sie eigentlich gar nicht zusammenpassen. Diese besondere Wirkung wird dadurch erreicht, dass beim Zuhörer durch die ungewöhnliche Kombination emotionale Reaktionen erzeugt werden. Und wie wir bereits wissen, ist jede emotionale Reaktion immer eine unbewusste Reaktion, mit der wir dann hypnotisch arbeiten können.

> Genial, sensationell, total, absolut, lebendig, vital, aufrichtig, ehrlich, brillant, wirklich, tierisch, völlig, super, mega, hyper, echt, hammer, mächtig, fantastisch, brutal, unverschämt, stark, extrem etc.
>
> Beispiele: »totale Entspannung«, »mächtige Veränderung«, »fantastische Bilder« – oder etwas ganz anderes: »drogenabhängige Pastorin«

Emotionale Sprache und nonverbale Kommunikation

Immer dann, wenn wir mit anderen Menschen interagieren, kommt es zum Austausch von Informationen. Diese werden sowohl auf der verbalen, vor allem aber auch auf der nonverbalen Ebene übertragen. Und nun kommt das wirklich Wichtige und Erstaunliche (bzw. wenn wir uns anschauen, warum manche Menschen charismatisch auf uns wirken und andere nicht, vielleicht auch nicht ganz so erstaunlich): Forschungen von Albert Mehrabian (Journal of Counselling, 1967) haben ergeben, dass bei jeglicher Art von Kommunikation der Inhalt der Unterhaltung, obwohl er nach wie vor sehr wichtig ist, nur 7 Prozent der Wirkung ausmacht. Ganze 55 Prozent fallen auf den Bereich Körpersprache und die restlichen 38 Prozent auf die Tonalität. Lassen wir uns das Ganze noch einmal auf der Zunge zergehen: Über die Hälfte unserer Kommunikation läuft auf der nonverbalen Ebene ab und beinhaltet unsere Physiologie (Körperspannung und -haltung) Gestik, Mimik und Blickkontakt. Das erklärt auch, warum wir uns im Urlaub mit fremden Menschen »mit Händen und Füßen« sehr gut verständigen können, auch wenn wir nicht ein Wort ihrer Sprache sprechen.

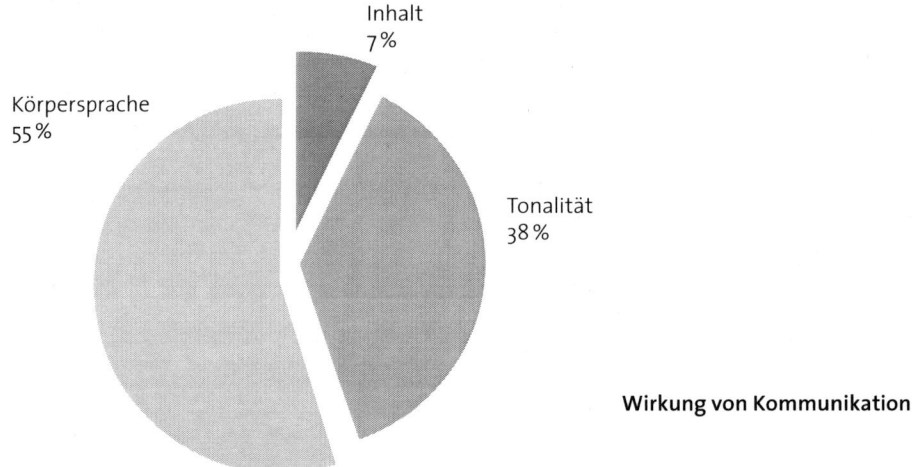

Wirkung von Kommunikation

Dies hat gerade für uns Hypnotiseure, aber auch für alle anderen Menschen, die im Bereich der Kommunikation agieren, eine sehr bedeutende Auswirkung: Es kommt nicht so sehr darauf an, was wir sagen, sondern hauptsächlich darauf, in welchem Status wir uns befinden und in welcher Tonalität und mit welcher Sprachmelodie wir sprechen.

Die Art und Weise, wie wir sprechen, beeinflusst also in hohem Maße, die Wirkung, die wir bei unserem Gegenüber erzielen. Deshalb hören wir auch gerne Menschen zu, die mit einer angenehmen Stimme und in einem fließenden Rhythmus sprechen. Und ein Redner kann noch so wichtige Informationen für uns haben, wenn er in einem einschläfernden Tempo und vielleicht noch mit einer krächzenden oder gar unangenehmen Stimme spricht, werden wir uns mindestens auf unbewusster Ebene, meistens aber ganz offen nicht sehr von ihm angezogen fühlen.

Im Gegensatz hierzu gibt es aber auch Menschen, die erzählen können, was sie wollen. Man hängt ihnen geradezu an den Lippen und kann es kaum erwarten, mehr zu hören. Und genau zu solchen Meistern der Kommunikation wollen wir ja werden.

Tonalität, Sprachrhythmus und semantische Dichte

Eine angenehme Stimme und ein gleichmäßiger Sprachrhythmus sind also unheimlich wichtig, um unser Gegenüber positiv zu beeinflussen und zu bewirken, dass man uns gerne zuhört. Beherrscht man beides, kann man jemandem auch aus dem Berliner Telefonbuch oder die Gebrauchsanweisung eines Toasters vorlesen, die Wirkung auf unser Gegenüber wird trotzdem beeindruckend sein. Und gerade mit der Tonalität kannst Du sehr viel experimentieren und erwirken. Je nachdem, wie Du einen Satz aussprichst, wird er eine andere Bedeutung erlangen. Wenn Du jemandem mit voller Inbrunst mitteilst: »Ich hasse Dich!« ,wird dies wahrscheinlich seine Wirkung nicht verfehlen. Wenn Du jedoch den gleichen Satz mit viel Wärme und einer leichten Ironie in der Stimme sagst, dann kann die Bedeutung vollkommen gegenteilig sein. Achte auch auf eine angenehme Sprachmelodie und lasse Deine Sätze wie Musik in den Ohren Deiner Mitmenschen erklingen. Höre einmal einem Franzosen zu, dann weißt Du, was wir meinen. Wenn Du Schwierigkeiten mit Deinem Sprachrhythmus hast, dann empfehlen wir, einmal zu unterschiedlichen Musikstücken zu sprechen und immer genau im Takt zu bleiben. Wenn Du das eine Zeit lang übst, wird Dein Unterbewusstsein diese Fähigkeit schnell für Dich verankern, so dass dieser Teil Deiner kommunikativen Werkzeuge bald zu einer ganz natürlichen Sache für Dich werden wird.

Am Anfang des Buches haben wir u. a. über Hypnose-Mythen gesprochen. Zu diesen Mythen gehört ebenso, dass ein Hypnotiseur mit einer langsamen und monotonen Stimme sprechen muss. Wenn Du diesen Ratschlag umsetzt, kann es Dir zwar passieren, dass Dein Klient aus reiner Langeweile in Trance flüchtet, aber dies ist ja nun überhaupt nicht das, was wir wollen. Entwickle stattdessen Deine eigene, persönliche Trance-Stimme. Sprich auf jeden Fall langsamer als sonst, aber sprich vor allem emotional aufgeladen. Da Dein Klient die Augen geschlossen hat, musst Du sämtliche Emotionen über Deine Sprache transportieren. Wenn Du von Entspannung sprichst, sollte dies in Deiner Stimme zu hören sein. Und wenn Du über Motivation und Energie redest, sollte auch das zum Ausdruck kommen. Kreiere Deinen eigenen Stil. Dann werden die meisten Menschen, mit denen Du schon einmal gearbeitet hast, schnell auf Deine Trance-Stimme geankert sein, so dass sie ganz von alleine, nur durch das Hören Deiner Stimme, in Trance gehen werden.

Ebenso in den Bereich der Tonalität gehört die *semantische Dichte*. Hiermit ist gemeint, in Deiner Aussprache jedem Wort seine ureigene Bedeutung zu geben und diese sprachlich »herauszuquetschen«. Wenn Du also ein Wort wie »groß« sagst, dann sollte es auch wie etwas Großes klingen. Wenn Du andersherum von etwas »Kleinem« sprichst, dann sollte dies auch wie etwas Kleines ausgesprochen werden. Wenn Du von nun an darauf achtest, Dir jedes Wort auf der Zunge zergehen zu lassen, dann wird Deine Sprache um ein Vielfaches lebendiger und emotionaler werden. Wie die Wirkung auf Deine Zuhörer sein wird, kannst Du Dir bestimmt schon vorstellen, nicht wahr? An folgenden Wörtern lässt sich das Konzept der semantischen Dichte sehr schön üben und ausprobieren:

> groß, klein, kurz, lang, schnell, langsam, hoch, tief, entspannt, dramatisch, wahnsinnig, erotisch, langweilig, spannend, explosiv, Hass, Liebe, unglaublich, emotional, grauenhaft, fantastisch etc.

Sinnesspezifische Sprache

Nun, da wir um die Wichtigkeit von Tonalität, einem angenehmen Sprachrhythmus und der Wirkung von semantischer Dichte wissen, kommen wir zu einem weiteren Instrument aus Deinem sprachlichen Werkzeugkasten, mit dem Du Deine Zuhörer in Deinen Bann ziehen wirst und diese Dir bis zum letzten Wort an den Lippen hängen.

Erinnerst Du Dich noch, was wir über Emotionen gesagt haben? Emotionen sind immer unbewusste Reaktionen. Und das Unterbewusstsein denkt bevorzugt in Bildern. Beschreibe daher all Deine Geschichten, Metaphern oder sonstige Dinge, die Du vermitteln willst, so bildlich und detailliert wir möglich. Und vor allem sprich mit diesen Bildern so viele Sinne wie möglich an, um zum einen jeden Sinneskanal mit einzubeziehen und auf der anderen Seite das Erlebnis so real und sinnesspezifisch wie möglich zu machen. In Trance versuchen wir unserem Klienten rein mit dem Werkzeug unserer Sprache Erfahrungen oder bestimmte Situationen zu vermitteln.

Und je besser Dir dies gelingt, desto wirklicher wird diese Erfahrung für Deinen Klienten werden. Zur Veranschaulichung lies doch bitte einmal folgenden Satz:

Stell Dir vor, wie Du in einem Garten spazieren gehst ... Du siehst den Rasen und die Möbel auf der Terrasse ... und kannst wahrnehmen, was um Dich herum geschieht ... Du kannst ein Bächlein plätschern hören ... und vielleicht kannst Du den Vogel dort hinten auf dem Baum sehen ...

Und nun vergleiche diesen Satz bitte mit dem folgenden:

Stell Dir vor, wie Du in einem blumigen und duftenden Wildgarten spazieren gehst ... der Rasen ist so fein und gut geschnitten, dass Du am liebsten Deine Schuhe ausziehen möchtest, um ihn unter Deinen Füßen zu spüren ... zu spüren, wie die schmeichelnden Grashalme die Haut unter Deinem Fuß berühren und sich einzelne, lieblich aussehende Gänseblümchen um Deine Zehen schmiegen ... der Duft von frisch gemähtem Gras steigt in Deine Nase ... während die warme Mai-Sonne von oben herab auf Dein Gesicht scheint ... ein paar Meter weiter kannst Du das beruhigende Platschern eines kleinen Wildbaches hören ... und die Sonne bricht sich auf der Oberfläche, die wie hunderte kleiner Sterne leuchtet ... und dort hinten auf der majestätischen Eiche pfeift ein Rotkehlchen sein Lied ... es dringt in Deine Ohren ... und es erinnert Dich an ein Lied, welches Du in Deiner Kindheit immer gesungen hast ... und Deine Lippen spitzen sich, als Du ansetzt ... um mit einzustimmen ... während der Klang der Töne vom leise wehenden Frühlingswind langsam in die Ferne getragen wird ...

Ist Dir etwas aufgefallen? Natürlich, was für eine Frage. Obwohl beide Sätze das Gleiche beschreiben, nämlich eine Szene in einem Garten, wird der zweite Satz für die meisten Menschen wesentlich realer und lebendiger klingen. Und das nur, weil in ihm eine sinnesspezifische Sprache benutzt und somit die Geschichte viel emotionaler wird.

Übe auch diese Technik sehr sorgfältig. Nimm was Du willst, erzähle von Deinem letzten Urlaub oder beschreibe, wie Du letzte Woche Dein Auto gewaschen hast. Wichtig ist nur Eines: Beschreibe so sinnesspezifisch wie möglich und integriere alle Repräsentationskanäle in Deine Geschichten.

Downward Inflections

Ein weiteres wichtiges Instrument eines professionellen Kommunikatoren sind die sogenannten Downward Inflections. Dies bedeutet nichts anderes, als dass wir am Satzende mit der Tonalität unserer Stimme hinunter gehen. Diese Technik nennt man auch *Command Modus,* und sie bewirkt, dass das Unterbewusstsein des Menschen, der einen solchen Satz hört, diesen als Befehl auffasst.

Nehmen wir zur Verdeutlichung folgenden Satz:

Kannst Du mir bitte die Zeitung reichen.

Diesen Satz kann ich grundsätzlich auf drei verschiedene Arten sprechen.

1) Ich gehe bei dem Wort »reichen« mit meiner Tonalität nach oben. Dann wirkt dieser Satz wie eine Frage. Dies nennt man UPWARD INFLECTIONS.

2) Ich bleibe den ganzen Satz über auf der gleichen tonalen Ebene. Die Aussage wirkt dadurch neutral und besitzt einen Informationscharakter.

3) Ich gehe bei dem Wort »reichen« mit meiner Tonalität nach unten. Dann wirkt dieser Satz wie eine Aufforderung oder sogar wie ein Befehl. Dies wird dann DOWNWARD INFLECTIONS genannt.

Die Beachtung der Satzendung ist immens wichtig. Gehe ich an den Satzenden mit meiner Tonalität in der Regel nach oben, benutze also hauptsächlich Upward Inflections, wirken meine als Aussagen gemeinten Sätze eher wie Fragen. Und das Unterbewusstsein interpretiert so etwas dann schnell als Unsicherheit und zweifelt somit auch schnell an meiner Autorität. Benutze ich hingegen den Command Modus und gehe am Satzende nach unten, wirkt dies auf das Unterbewusstsein wie eine Aufforderung oder für manche Menschen sogar wie ein Befehl. Ich strahle Kompetenz und Selbstbewusstsein aus und meine Suggestionen werden auf diese Weise sehr leicht und ohne viel Mühe angenommen. Achte einfach mal darauf, wie gute und schlechte Redner von Downward Inflections Gebrauch machen, und wie die Wirkung der jeweiligen Rede auf das Publikum ist.

Das Prinzip des »Go First«

Dies ist vielleicht der wichtigste Abschnitt von allen. Wenn Du das folgende Prinzip verinnerlicht hast und jederzeit in der Lage bist, es anzuwenden, wirst Du einen Quantensprung in Deiner Qualität als Hypnotiseur und Kommunikationsprofi machen. Lass uns daher noch einmal die wichtigste Aussage des letzten Abschnitts wiederholen:

Es kommt nicht so sehr darauf an, WAS *Du sagst, sondern darauf* WIE *Du es sagst und in welchem Status Du Dich befindest!!!*

Das »Wie« wird in hohem Maße von Deiner nonverbalen Kommunikation und dem Status beeinflusst, in dem Du Dich befindest. Überlege Dir doch einfach mal, in welchen Situationen Du Deine Gesprächspartner begeistert und emotional berührt hast oder zu welchen Anlässen Du die Herzen Deines Publikums mit einer grandiosen Rede im Sturm erobert hast. Mit ziemlicher Sicherheit war dies der Fall, wenn Du über Themen gesprochen hast, die Dir sehr lagen, bei denen Du Dich auskanntest, wo Du mit Herzblut hinter der Sache standest und bei denen Du emotional involviert warst. In so einem Augenblick scheint alles wie von selbst zu gehen und wir laufen automatisch zu Höchstform auf, ohne überhaupt über irgendwelche Techniken oder Redewendungen nachdenken zu müssen. Hast Du ein paar solche Erinnerungen vor Deinem geistigen Auge? Gut, denn genau dort hast Du das Prinzip des »Going First« ganz unbewusst schon angewendet.

Mit »Go First« ist dabei nichts anderes gemeint, als immer zuerst in den Zustand zu gehen, in den wir unsere Zuhörer bringen möchten. Klingt logisch, nicht wahr? Aber es ist überhaupt nicht selbstverständlich, und in diesem Punkt trennt sich die Spreu vom Weizen. Anhand dieses Kriteriums kannst Du erkennen, wer »nur« sein Handwerk gut versteht und wer ein wahrer Meister seiner Kunst ist.

Stell Dir doch einmal folgende Situation vor: Der Chef einer großen Firma hält seine jährliche Ansprache und möchte seine Mitarbeiter auf ein neues erfolgreiches Jahr einschwören. Er möchte sie motivieren, noch kreativer, einsatzbereiter und leistungsfähiger zu werden und jeden Tag mit Herzblut die anstehenden Herausforderungen anzugehen. Er selbst ist zwar ein großer Unternehmer und Experte auf seinem Spezialgebiet, jedoch charakterlich sehr ruhig und fast schon schüchtern, wenn es um das Sprechen vor großen Massen geht. Was glaubst Du, wie seine Rede wirkt? Genau, die eine Hälfte schaltet früh geistig ab und flüchtet sich in Tagträume. Und die andere Hälfte hofft, dass es schnell vorbei geht und ist nur mit halber Aufmerksamkeit bei der Sache. Danach geht alles seinen gewohnten Gang. Das eigentliche Ziel aber, eine allgemeine Aufbruchsstimmung zu erzeugen und Motivation unter den Mitarbeitern zu verbreiten, ist komplett misslungen. Und das nur, weil der Chef der Firma im falschen Zustand war. Und jetzt stell Dir noch einmal die gleiche Situation vor, nur dass diesmal der Chef unwahrscheinlich inspirierend wirkt und seine eigene Motivation aus jeder Pore seines Körpers nur so herausströmt. Er versprüht eine Energie, dass man es noch bis in die letzte Reihe deutlich wahrnehmen kann, und hat das, was man allgemein als Charisma bezeichnet. Was glaubst Du, wie die Wirkung dieser Rede sein wird? Richtig, seine Mitarbeiter hängen ihm an den Lippen und lassen sich von seiner Energie und Motivation regelrecht anstecken. Nach der Rede wird der Unternehmer mit minutenlangen Standing Ovations gefeiert und alle im Saal strotzen nur so vor

Tatendrang. Du kannst davon ausgehen, dass die wirtschaftliche Entwicklung dieser Firma im folgenden Jahr überaus erfolgreich sein wird.

Das gleiche Prinzip gilt natürlich auch in der Hypnose. Hier versuchen wir Menschen in einen entspannten körperlichen Zustand zu bringen. Stell Dir vor, wie es sich für den Klienten anfühlen muss, wenn wir selbst überhaupt nicht entspannt, sondern im Gegenteil vielleicht nervös, unsicher und hektisch sind? All diese Zustände würden sich recht schnell auf unseren Zuhörer übertragen und dann ist es so gut wie unmöglich, dass er sich noch einmal entspannt. Wenn wir allerdings selbst vollkommen ruhig und locker, vielleicht sogar selber ein wenig in Trance sind, dann wird sich diese Entspannung ganz automatisch auf unbewusster Ebene übertragen und unsere Arbeit wird sehr einfach und wir müssen nur noch die richtigen Worte finden.

Wenn es denn nun so einfach ist und wir wissen, dass sich unser Zustand auf den unseres Klienten auswirkt, wie schaffen wir es dann, jederzeit in einen beliebigen Zustand gehen zu können? Mit ein bisschen Übung ist auch dies kein Problem. Versuche doch einfach mal folgendes kleines Experiment:

Setze Dich bequem hin und achte darauf, dass Du in den nächsten Minuten nicht gestört wirst. Nun denke an eine Situation in Deinem Leben, wo Du vollkommen entspannt warst. Vielleicht lagst Du in der Badewanne, vielleicht warst Du in der Sauna oder Du hast Dir an einem schönen Strand die Sonne auf den Bauch scheinen lassen. Für welche Situation Du Dich auch immer entscheidest, gehe bitte voll in dieser Szene auf. Sieh aus Deinen eigenen Augen heraus, was Du damals gesehen hast. Hör, was es für Geräusche, Töne und Musik gegeben hat. Und vielleicht gab es damals auch einen bestimmten Geschmack oder einen speziellen Geruch. Nimm alles ganz genau wahr und spüre dieses spezielle Gefühl in Deinem Körper, nimm wahr, wo es sich befindet und wie es sich genau bewegt. Und wenn Du nun voll und ganz in dieser Situation drin bist, dann genieße es einfach und lass Dich ein wenig treiben. Und wenn Du am Höhepunkt des Gefühls angekommen bist, dann ankere diesen Zustand mit einer bestimmten Geste, Berührung oder einem speziellen Wort. Dies wird Dein persönlicher Anker sein, den Du von nun an nur noch auslösen musst, um jederzeit und an jedem Ort in diesen Zustand zurückkehren zu können. Und wenn Du dieses schöne Gefühl der Entspannung genug genossen hast, dann komm einfach wieder zurück ins Hier und Jetzt.

Auch wenn dieses kleine Experiment nur ein paar Minuten gedauert hat, so kannst Du Dir sicher sein, dass Dein ganzer Körper und Deine komplette Physiologie nun auf Entspannung programmiert sind. Denn unserem Gehirn ist es vollkommen egal, ob wir etwas live erleben oder ob wir uns eine Situation nur vorstellen. Neurophysiologisch hat es die gleichen Auswirkungen. Wichtig sind bei diesen kleinen Reisen in Dein Inneres nur folgende Schritte:

1) Suche Dir eine Situation, in der Du den gewünschten Zustand schon einmal erlebt hast. (Wenn dies noch nicht der Fall war, reicht es sogar, wenn Du Dir nur vorstellst, wie es sein könnte.)

2) Assoziiere Dich, d.h. erlebe alles aus der Ich-Perspektive.

3) Nimm die Situation mit all Deinen Sinnen wahr: sehen, hören, schmecken, riechen und fühlen.

4) Gehe voll in der Situation auf und lass los.

5) Wenn Du magst, ankere diesen Zustand, um ihn später leicht wieder auslösen zu können.

Diese Technik kannst Du mit jedem Zustand und mit allen Gefühlen durchführen, sei es Entspannung, Motivation, Energie, Neugier, Flexibilität oder was immer Du willst. Nach einiger Zeit der Übung wirst Du schon bald für jeden möglichen Gefühlszustand einen speziellen Anker haben, den Du einfach nur noch auslösen musst und der es Dir sehr leicht machen wird, das Prinzip des »Go First« anzuwenden.

Der Ablauf einer Hypnosesitzung

Eine klassische Hypnosesitzung läuft grundlegend immer nach dem gleichen Schema ab. Dieses gliedert sich in der simpelsten Form in die Induktion, die Veränderungsintervention und die Exduktion, also das Herausholen des Klienten. Da es jedoch noch einige wichtige Details dazwischen gibt und auch der Zeit vor und nach der eigentlichen Hypnose eine entscheidende Bedeutung zukommt, wollen wir uns an folgenden fünfstufigen Ablauf halten:

1) Die Vorbereitung oder der Pre-Talk
2) Die Induktion
3) Die Vertiefung der Trance
4) Die therapeutische Intervention
5) Die Ausleitung/Exduktion

Dies ist ein klassischer Ablauf, wie Du ihn auch in jeder guten Hypnoseausbildung lernen wirst. Später, wenn Du etwas geübter bist, wirst Du Dich zwar im Normalfall auch an dieses grobe Gerüst halten, jedoch so viel Flexibilität besitzen, dass Du auch zwischen den einzelnen Stufen hin und her springen kannst.

Die Vorbereitung: Der Pre-Talk

Was glaubst Du, was der wichtigste Teil einer Hypnosesitzung ist? Richtig, wenn Du Dir noch einmal das Kapitel über Showhypnose vergegenwärtigst, weißt Du, dass der wichtigste Teil einer solchen Veranstaltung der Aufbau einer großen Erwartungshaltung ist. Erwartet ein Teilnehmer einer Showhypnose, auf spektakuläre Art und Weise von einem Meister seines Fachs hypnotisiert zu werden, wird auch genau das passieren. Und das gleiche Prinzip gilt natürlich genauso, wenn nicht noch mehr, für den Bereich der Therapie oder des Coachings. Und eine solche Erwartungshaltung baust Du durch Dein ganzes Image auf. Denke immer daran, es kommt nicht auf die Qualität, sondern vor allem auf die Wirkung an. Nicht umsonst sagt der Volksmund, dass der Glaube Berge versetzen kann. Das Bild, das sich Dein Klient von Dir in seinem Kopf gemacht hat, entscheidet in großem Maße über den Erfolg Deiner Arbeit.

Achte also vom ersten Kontakt an darauf, einen entsprechenden Eindruck zu erzielen, egal ob auf Deiner Internetseite, in Anzeigen oder im Telefongespräch.

Wirke kompetent und seriös und gib Deinem Gegenüber das Gefühl, bei Dir in den besten Händen zu sein. Denke immer daran: Meistens kommen Menschen zu einem Hypnotiseur, wenn es um die Lösung von ganz persönlichen Problemen geht. Du brauchst daher unbedingt eine Menge Rapport und viel Vertrauen. Deshalb ist auch das Vorgespräch vor einer Hypnosesitzung so eminent wichtig, denn hier ist die beste Gelegenheit, diesen Rapport aufzubauen. Weiterhin hast Du in diesem Gespräch die Möglichkeit, eventuell noch vorhandene Ängste vor Hypnose und die gängigsten Irrtümer aufzulösen. Auch wenn für Dich Hypnose zu einem natürlichen und wirkungsvollen Instrument des täglichen Lebens gehört, kannst Du sicher sein, dass so ziemlich jeder, der zum ersten Mal mit dieser Form der Veränderungsarbeit in Berührung kommt, einige Bedenken und Ängste hat.

Bereits jetzt kannst Du anfangen, mit hypnotischen Sprachmustern und ersten Suggestionen Deinem Klienten den Weg zu seinen gewünschten Veränderungen zu weisen. Auch ist es sehr sinnvoll, bereits viel von Trance und Entspannung zu sprechen, damit das Gehirn langsam mit den entsprechenden Programmierungen beginnen kann. Beglückwünsche ihn zu seinem Entschluss, zu Dir gekommen zu sein, und verstärke seine Gewissheit, dass seine Probleme bald der Vergangenheit angehören werden. Pace ihn so gut wie möglich in seiner Körperhaltung, Sprache und Tonalität. Und denke immer daran: »Go First!« Gehe selbst in einen entsprechenden Zustand, der sich dann auf Deinen Klienten übertragen wird.

Ebenfalls sehr wichtig ist es, jemandem, der zum ersten Mal hypnotisiert wird, zu erklären, was ihn erwartet. Erläutere ganz genau den Ablauf einer Sitzung und was Du wann und wie genau machen wirst. Erkläre unbedingt auch schon vor der Sitzung, dass es kein bestimmtes Hypnosegefühl gibt. Damit beugst Du schon jetzt einer möglichen Enttäuschung im Nachhinein vor. Natürlich solltest Du auch in diesem Gespräch ausführlich abklären, was das genaue Problem ist, weshalb Dein Klient Deine Hilfe sucht. Um herauszufinden, welche Suggestionen und welche Induktionsmethode am besten geeignet sind, kannst Du auch ein oder mehrere Suggestibilitätstest durchführen. Nicht nur erfährst Du, wie suggestibel Dein Klient ist, sondern diese kleinen Experimente dienen auch als Convincer für den Hypnotisanden, da sehr schnell Ergebnisse sichtbar werden.

Suggestibilitätstests

Diese kleinen Experimente eignen sich ganz wunderbar, um mehrere Dinge auf einmal abzuwickeln. Zum einen liefern sie eindrucksvolle Beweise über die Wirkungen von Suggestionen und sind somit ein schöner Convincer. Ein Mensch, der zum ersten Mal das Ergebnis des »Buch und Ballon«-Tests sieht, wird sicherlich ziemlich beeindruckt sein und mit viel Selbstvertrauen in die folgende Hypnose gehen. Weiterhin kann der Hypnotiseur in diesen Tests aber auch schon vor der Induktion austesten, auf welche Art von Suggestionen der Klient am besten anspricht, und seine Methode darauf ausrichten.

Buch und Ballon

H: *Stell Dich bitte gerade hin und strecke Deine Arme aus. Die Handfläche der rechten Hand zeigt dabei nach oben und die der linken Hand nach unten. Nun stell Dir bitte vor, wie auf Deine rechte Hand ein schweres Buch gelegt wird … ein richtig schweres Buch, das Deinen Arm immer schwerer und schwerer werden lässt … und während das Gewicht des Buches immer schwerer wird … kannst Du Dir vorstellen, wie an Deinem linken Handgelenk ein Heißluftballon angebunden wird … und der Ballon lässt Deinen Arm immer leichter und leichter werden … und er beginnt langsam nach oben zu schweben … und während Dein linker Arm immer leichter wird … wird auf das schwere Buch auf Deiner rechten Hand noch ein sehr schwerer Stein gestellt … und das Buch und der Stein lassen Deinen Arm immer schwerer werden … immer schwerer und schwerer … wird Dein Arm langsam nach unten gezogen … und der Ballon zieht Deinen linken Arm weiter nach oben …* (Mit geeigneten Suggestionen fortfahren, bis der rechte Arm nach ubten und der linke Arm nach oben gewandert ist.)

Magnetische Hände

H: *Halte Deine Hände bitte vor Deine Brust, so dass sich die Handflächen genau so berühren, als ob Du beten wolltest … nun stell Dir vor, dass Deine Handflächen zwei gleichpolige Magnete sind…zwei Magnete, die sich gegenseitig abstoßen … konzentriere Dich ganz auf die Fläche zwischen Deinen Handflächen … die von zwei starken Magneten immer weiter auseinander getrieben werden … nimm das Energiefeld zwischen Deinen Händen wahr … während Deine Hände durch die Magnete immer weiter auseinander gehen … sie stoßen sich immer mehr ab … und bewegen sich voneinander weg …* (Fortfahren, bis die Hände sich ausreichend voneinander weg bewegt haben. Der Test funktioniert natürlich auch umgekehrt mit Magneten an den Handflächen, die sich anziehen!)

An Deck der Bounty

H: *Stell Dich gerade und mit geschlossenen Füßen hin. Nun schließe Deine Augen und schaue bitte nach oben. Nun stell Dir vor, dass Du an Deck eines schwankendes Schiffes in einem starken Sturm stehst. Du kannst spüren, dass Dein Körper beginnt, vor und zurück zu schaukeln. Spür, wie er vor und zurück schaukelt. Erst ganz leicht ... und immer stärker und heftiger. Und er schaukelt auch nach links und rechts ... stell Dir vor, wie Dein Körper immer stärker nach links und rechts schaukelt ... vor und zurück ... links und rechts ... immer stärker dreht sich Dein Körper ... immer heftiger ... vor und zurück ... nach links und rechts...* (Dies sollte im Normalfall schon genügen. Achte aber bitte darauf, dass der Klient nicht umfällt!)

Die Induktion

Die Menge an Möglichkeiten, einen hypnotischen Trancezustand bei einem Menschen zu induzieren, ist quasi unbegrenzt. Trotzdem wirken auch hier die Mythen über Hypnose noch sehr stark nach. So wirst Du bei den meisten Menschen die Vorstellung finden, dass ein klassischer Hypnotiseur seinen Klienten mit einem magischen Pendel oder einer Taschenuhr hypnotisieren wird. Oder kennst Du irgendeinen Film oder eine Fernsehsendung, wo ein Hypnotiseur nicht mit einem dieser beiden Hilfsmittel arbeitet? Pendel oder Uhr werden in dieser Vorstellung vor den Augen des Klienten hin und her geschwenkt, bis dieser auf einmal willenlos in Trance fällt.

Zweifelsohne ist das Fokussieren der Augen auf ein Pendel oder eine Uhr eine sehr wirkungsvolle und gut funktionierende Methode, um Trancen zu induzieren, aber es gibt natürlich noch so viel mehr. Erinnern wir uns an dieser Stelle noch einmal an die AUS-Formel:

A – Aufmerksamkeit fokussieren
U – Umgehen des kritischen Faktors
S – Stimulation des Unterbewusstseins

Punkt A ist der Schlüssel zu einer jeden hypnotischen Induktion. Du musst zuallererst die Aufmerksamkeit des Klienten fokussieren und auf sein inneres Erleben lenken. Wie Du dies machst, ist grundsätzlich egal, Dein Werkzeugkasten ist voll von unterschiedlichen Varianten. Achte aber schon im Vorgespräch genau darauf, wie Dein Klient auf Deine Suggestionen reagiert. Ist er eventuell ein Mensch, der ungern die Kontrolle abgibt, solltest Du eher zu einer indirekten Methode greifen und viele Sprachmuster aus dem Milton-Modell benutzen. Stellst Du jedoch fest, dass Dein Klient gut kooperiert und positiv auf Deine Suggestionen reagiert, dann kannst Du ruhig einen etwas direkteren und autoritären Stil wählen.

Eine weitere Technik, die Du beherrschen solltest, ist die der Utilisation. Erickson war ein wahrer Meister in ihrer Anwendung. Utilisieren bedeutet nichts anderes, als sich Reaktionen Deines Klienten oder externe Einflüsse zu Nutze zu machen, um die Trance noch zu verstärken. Dies setzt zum einen eine hohe Sinnesaufmerksamkeit und zum anderen ein hohes Maß an Flexibilität voraus. Siehst Du z. B. dass Dein Klient vermehrt schluckt, kannst Du dies wunderbar in Deine Induktion einbauen, indem Du sagst: »Genau ... manchmal muss man auch eine bittere Pille schlucken ... um der Lösung eines Problems näher zu kommen.« Und manchmal wird es vielleicht auch vorkommen, dass Deine Induktion von außen gestört wird, z. B. durch ein Klingeln an der Tür oder durch die Müllabfuhr, die laut polternd vor Deiner Praxis ihre Arbeit verrichtet. Auch so etwas kannst Du geschickt in Deine hypnotischen Sprachmuster einbauen: »Und manchmal muss im Inneren erst eine Glocke klingeln ... bis man begreift ... dass Veränderungen immer nur von innen kommen ...«

Übe das Utilisieren so oft und wann immer Du kannst, denn wenn Du flexibel genug in der Anwendung dieser Technik bist, wird die Qualität Deiner (hypnotischen) Kommunikation dramatisch ansteigen.

In der letzten Zeit nutzen auch immer mehr Hypnotiseure Schnellinduktionen, mit deren Hilfe sie Trancen in kürzester Zeit induzieren können. Zwar wird diese »Blitzhypnose« vorwiegend zu Showzwecken eingesetzt, es gibt jedoch auch Bereiche, wo der Einsatz im Rahmen einer klassischen Hypnosesitzung sinnvoll sein kann.

Und noch eine wichtige Bemerkung: Viele Hypnotiseure verbringen sehr viel Zeit mit der Induktion und versuchen mit ihrer Hilfe den Trancezustand so tief wie möglich werden zu lassen. Dabei wird oft vergessen, dass für die meisten Veränderungsarbeiten eine leichte bis mittlere Trancetiefe vollkommen ausreichend ist. Sieh die Induktion einfach als das, was sie ist: Die Autobahnabfahrt auf dem Weg zu Veränderung und Umprogrammierung des Unterbewusstseins. Merke Dir einfach folgende Faustregel:

Der Großteil an Zeit einer Hypnosesitzung sollte für die eigentliche Intervention verwendet werden.

Das heißt, die Induktion sollte so umfangreich wie nötig, aber auch so kurz wie möglich sein. Dann noch eine geeignete Vertiefung, und los geht es mit dem eigentlichen Ziel der Hypnose: Menschen bei ihrem Weg zu positiven Veränderungen zu helfen.

Klassische Induktionsmethoden

Als klassische Methoden bezeichnen wir hier Induktionen, die in einem »normalen« Rahmen stattfinden, wo also ein Klient zu einem Hypnotiseur kommt, um sich bei irgendeinem Problem helfen zu lassen, oder um sich Unterstützung bei einer bestimmten Veränderung zu holen. Hierzu sitzt oder liegt der Klient meist in einem bequemen Sessel oder auf einer Liege. Dann startet der Hypnotiseur die eigentliche Induktion mit dem Ziel, eine hypnotische Trance zu induzieren, mit der er dann arbeiten kann. Bevor wir gleich auf die einzelnen Methoden eingehen, möchten wir Dir noch einen grundsätzlichen Tipp geben, den Du vor fast allen Induktionen anwenden kannst und der den Erfolg der Tranceeinleitung normalerweise verstärkt.

Beginne hierzu die Induktion mit einer Technik, die Du schon aus dem Milton-Modell kennen solltest, dem sogenannten »Yes-Set« (bei Verkäufern auch als Ja-Straße bekannt). Dies ist eine Abfolge von mehr oder weniger belanglosen Fragen oder Aussagen, zu denen Dein Gegenüber auf jeden Fall mit »Ja« antworten wird. Nachdem er drei- oder viermal »Ja« gesagt hat, ist es wahrscheinlich, dass er auch weitere Anweisungen von Dir befolgen (innerlich Ja sagen) wird. Ganz nach dem Motto: Die Behauptungen waren bisher alle wahr, da wird die nächste auch stimmen. Wir werden später eine ganze Induktion kennenlernen, die auf diesem Prinzip aufbaut. Hier einmal ein Beispiel, wie Du elegant ein Yes-Setting vor einer Tranceeinleitung aufbauen kannst:

H: *Geht es Dir gut?*
K: *Ja!*

H: *Bist Du bereit, in Hypnose zu gehen?*
K: *Ja!*

H: *Möchtest Du Dich hierzu von mir hypnotisieren lassen?*
K: *Ja!*

H: *Darf ich Dich während der Hypnose dann und wann am Arm oder am Bein berühren?*
K: *Ja!*

H: *Gut, dann nimm einen tiefen Atemzug und ...*(Beginn Induktion)

Durch diese harmlos wirkenden Fragen haben wir nicht nur ein Yes-Set aufgebaut, sondern gleichzeitig auch noch den Rapport getestet und uns die (wichtige!!) Erlaubnis eingeholt, unseren Klienten berühren zu dürfen.

Fixationsmethode

Mittlerweile sollte klar sein, was einen hypnotischen Zustand ausmacht, nämlich eine fokussierte Aufmerksamkeit. Diese Aufmerksamkeit können wir sehr unterschiedlich erreichen, und genau auf diesem Prinzip des Fokussierens basiert die folgende Induktionsmethode, die es in zahlreichen Variationen gibt. Wichtig hierbei ist nur, dass Dein Klient seine visuelle Aufmerksamkeit auf einen bestimmten Punkt fixiert. Dies kann ein Pendel oder eine Uhr sein, genauso aber auch Dein Finger oder ein bestimmter Punkt an der Wand. Vermeiden solltest Du Alltagsgegenstände wie Stifte oder Kugelschreiber. Obwohl auch diese Dinge rein technisch völlig okay wären, könnten sie im Alltag zu einem in der Situation nicht gewünschten Trigger für Hypnose werden. Im Beispiel werden wir uns daher auf eine Fixation mit dem Finger konzentrieren, die Du jedoch ganz nach Lust und Laune variieren kannst.

Der Hypnotiseur hält seinen Zeigefinger in ca. 30 cm Abstand oberhalb der Augen mittig im Blick des Klienten, so dass dieser leicht nach oben schauen muss.

H: *Nimm einen tiefen Atemzug und mach es Dir so bequem wie möglich. Ich möchte nun, dass Du meinen Finger fokussierst. Richte Deine ganze Aufmerksamkeit auf meinen Finger ... beobachte die feinen Linien ... und nimm alle Besonderheiten wahr ... und je mehr Du Deine Aufmerksamkeit auf meinen Finger fixierst, desto schwerer werden Deine Augenlider ... und je schwerer Deine Lider werden ... desto mehr verspürst Du den Drang zu blinzeln (ganz natürlicher Reflex!) ... Deine Augen werden müder und müder ... und es fällt Dir immer schwerer, sie offen zu halten (nun langsam mit dem Finger Richtung Stirn wandern) ... und wenn mein Finger Deine Stirn berührt, werden sie so schwer und müde sein ... dass Du Deine Augen einfach schließen kannst und in einen tiefen und angenehmen Zustand der Hypnose fällst ... (Finger berührt die Stirn) ... Schlaf!*

Du gehst immer tiefer und tiefer in diesen angenehmen Zustand ... und gleich werde ich von 1 bis 3 zählen ... bei 3 angelangt, wirst Du Deine Augen öffnen und Dir einen imaginären Punkt an der Decke suchen und fixieren ... sobald Deine Augen dann wieder schläfrig werden, wirst Du sie schließen und noch einmal doppelt so tief in Trance gehen ...

Progressive Relaxationsinduktion

Die progressive Entspannungsmethode ist so etwas wie ein Universalwerkzeug in Deinem Induktionsarsenal. Sie funktioniert fast immer und bei so gut wie allen Klienten. Sie braucht zwar etwas länger, dafür ist sie aber auch so extrem wirkungs-voll. Diese Methode funktioniert, indem Du ganz langsam beginnst, den Klienten schrittweise zu entspannen. Dies machst Du Körperteil für Körperteil, bis sich schließlich der gesamte Körper in einem vollkommen entspannten Zustand befindet und nun auch mentale Entspannung und Veränderung möglich ist. Das folgende Induktionsskript kannst Du so wie es hier steht ablesen und benutzen. Sobald Du etwas mehr Erfahrung besitzt, wirst Du Deinen eigenen Stil finden und Dich nur noch am Gerüst entlang hangeln.

Mach es Dir so bequem wie möglich. Falls Dein Gürtel oder Deine Kleidung Dich einengen, so lockere sie ein wenig … denn wenn Du gleich in Trance gehst, würde Dich so etwas nur stören.

Nimm nun einen tiefen Atemzug und schließe Deine Augen. In den nächsten Minu-ten wirst Du feststellen, wie sich eine angenehme innere Ruhe und Ausgeglichenheit in Dir ausbreiten wird … und wie Du ganz automatisch immer tiefer und tief-er in diesen angenehmen Zustand gleiten wirst. Konzentriere Dich nun auf Dei-ne Atmung … und nimm wahr … wie mit jedem Atemzug Deine Atmung immer ruhiger und gleichmäßiger zu werden beginnt. Stell Dir vor, wie Du mit jedem Ein-atmen Ruhe und Gelassenheit in Dich aufsaugst … und wie mit jedem Ausatmen alle Anspannungen und Sorgen einfach Deinen Körper verlassen können.

Ich zähle nun gleich von 5 bis 1, und jede Zahl wird Dich immer tiefer in diesen angenehmen Zustand der Entspannung tragen.

5 … während Du Dich nur noch auf Deine Atmung konzentrierst, wird diese ruhiger und ruhiger. Du atmest Entspannung ein und alle Probleme einfach aus.

4 … Du kannst es einfach geschehen lassen und genießen, wie Verspannungen aus Dei-nem Körper weichen und Du immer tiefer in diese angenehme Ruhe gleiten kannst.

3 … tiefer und tiefer gleitest Du hinab und Du kannst Dich fragen, wie tief Du Dich gleich entspannen wirst.

2 … alles um Dich herum verliert mehr und mehr an Bedeutung. Nichts ist jetzt mehr wichtig für Dich und Du kannst Dich voll und ganz auf dieses angenehme Gefühl der Entspannung konzentrieren und immer tiefer und tiefer gehen.

1 … Du konzentrierst Dich nur noch auf Dein inneres Erleben … während die Gedanken kommen und gehen. Und das ist vollkommen in Ordnung, denn Dein

Bewusstsein kann von nun an schlafen ... während Dein Unterbewusstsein meiner Stimme folgt und die ganze Arbeit für Dich erledigt.

Stell Dir vor, wie eine farbige Wolke der Entspannung über Deinem Kopf schwebt und alles, was sie berührt, vollkommen entspannt und mit herrlicher Ruhe beschenkt. Und ich frage mich, welche Farbe Deine Wolke hat ... während Sie beginnt, in Deine Kopfhaut einzudringen ... und alle Muskeln Deiner Kopfhaut beginnen sich vollkommen zu entspannen ... vielleicht kribbelt es ein wenig ... doch es fühlt sich unbeschreiblich gut an ... und von dort breitet sich dieses angenehme Gefühl der Entspannung über Deinen ganzen Kopf aus ... in seichten und warmen Wellen über Deine Stirn und Deine Augenbrauen ... bis in die Region um Deine Augen herum ... Deine Augen müssen den ganzen Tag arbeiten ... doch nun ist es Zeit ... dass auch Deine Augen beginnen ... dieses Gefühl der Ruhe und Entspannung in sich aufzunehmen ... genieße diesen angenehmen Zustand der Gelassenheit und Wärme ... und lass dieses Gefühl nun über den Rest Deines Gesichts wandern ... über Deine Ohren ... Deine Nase ... durch die feine Muskulatur rund um Deinen Mund ... bis hinunter in den Hals.

Und während Du die wohlige Wärme der Wolke der Entspannung in Deinem Hals spürst ... können sich Deine Schultern gleich mit entspannen und ein wenig herabfallen ... so dass die angenehme Ruhe in Deine Arme schwappen kann ... durch Deine Oberarme hindurch ... über den Ellbogen ... durch die Unterarme ... bis in Deine Hände ... bis in die letzte Fingerspitze kannst Du wahrnehmen, wie die Zeit langsamer wird ... und die Farbe der Entspannung ihr wundervolles Werk tut ... und ich frage mich, welche Deiner Hände sich nun anders anfühlt als die andere ... welcher Finger am entspanntesten ist ... und ob Du bestimmte Gefühle wahrnehmen kannst ... eine angenehme Wärme ... ein beruhigendes Kribbeln ... oder was auch immer Du fühlen kannst ... all das hilft Deinen Armen und Händen ... immer ruhiger und entspannter zu werden ... während die Wolke sich über Deinem Rücken auszubreiten beginnt. Und jeder Muskel, der mit ihr in Berührung kommt ... wird ganz automatisch und völlig natürlich vollkommen ruhig und entspannt ... jeder Muskel Deines Bauches ... Deines Beckens ... Deine Beine hinunter ... immer tiefer und tiefer ... entspannen sich Deine Oberschenkel ... und Du kannst spüren ... wie sich die Muskeln Deiner Füße mit der Kraft der Wolke vollsaugen ... und Du diese angenehme Entspannung bis in Deine Zehenspitzen fühlen kannst.

Und während Du diesen wundervollen Zustand noch ein wenig genießt ... und Du immer noch ruhiger und ruhiger wirst ... frage ich mich ... welcher Teil Deines

*Körper wohl am entspanntesten ist ... richte Deine Aufmerksamkeit auf diesen
Punkt ... und nimm wahr ... was es dort wahrzunehmen gibt ... all diese schönen
Gefühle ... und stell Dir vor ... wie sich von diesem Ort eine Woge der Entspannung über Deinen ganzen Körper ausbreitet und Dich vollständig mit Gelassenheit und Wohlbefinden übersät ...*

*Und weil Dein Körper nun so angenehm entspannt ist ... kann auch Dein Geist
weit werden ... während Deine bewussten Gedanken treiben ... kommen und
wieder gehen ... hat Dein Unterbewusstsein schon längst und ganz automatisch ...
all die Prozesse eingeleitet ... die für Dich so wichtig sind ... während Du immer
tiefer und tiefer gleitest.*

Fraktionierung

Kennst Du das Gefühl, wenn Du morgens ganz entspannt in Deinem Bett liegst, am
liebsten noch ein bis zwei Stündchen weiterschlafen möchtest, und Deine Kinder
oder Dein Lebenspartner wecken Dich dann abrupt auf? Du schläfst sofort wieder
ein, wirst jedoch noch einmal geweckt. Dann schläfst Du wieder ein, bis Du ein
drittes oder viertes Mal aus dem Reich Deiner Träume gerissen wirst. Wenn Du
dieses Gefühl kennst, dann weißt Du auch schon, was Fraktionieren ist, denn diese
Technik macht sich den schnellen Wechsel zwischen Trance und Wachzustand zu
Nutze. Durch Fraktionieren erreichst Du bei den meisten Menschen auf sehr einfache und natürliche Art und Weise tiefe Trancezustände.

Hierzu musst Du Deine Induktion beginnen, bis der Klient die Augen geschlossen hat. Dann lässt Du ihn auf Dein Kommando erst die Augen öffnen und gleich
darauf wieder schließen. Begleitet wird das Schließen der Augen durch die Suggestion, nun doppelt so tief in Trance zu gehen. Dieses Prozedere wiederholst Du
mindestens fünf-, besser sieben- bis achtmal. Der Trick dabei ist, dass die Augen des
Klienten mit der Zeit immer schläfriger werden und er eigentlich überhaupt keine
Lust mehr hat, sie zu öffnen. Das wohlige innere Gefühl wird verstärkt und der
Hypnotisand wird dankbar sein, wenn er mit dem Öffnen der Augen aufhören und
sich auf seine inneren Erlebnisse konzentrieren kann. Wie so eine Fraktionierung
praktisch eingesetzt werden kann, kannst Du im Skript der Elman-Induktion im
nächsten Abschnitt lesen.

Die Elman-Induktion

Die Elman-Induktion ist genauso berühmt, wie es verschiedene Variationen von ihr
gibt. Sie wird deshalb so gerne benutzt, weil sie so überaus erfolgreich ist und auch

bei sehr rationalen und analytischen Menschen schnell und zuverlässig zu brauchbaren Trancen führt. Der Stil ist aus diesem Grund auch eher autoritär und der Hypnotiseur spielt den Ball der Verantwortung zurück zum Klienten. Die Induktion beruht auf einem Prinzip, welches Dave Elman in seinem Buch *Findings in Hypnosis* wie folgt beschrieben hat:

>»Es existieren unendliche Wege, bei Menschen eine Hypnose zu induzieren. Und während einige länger dauern als andere, können sie alle dafür genutzt werden, den tiefen Zustand, den wir als Somnambulismus kennen, zu produzieren. Die Methoden, um den Trance-Zustand zu erreichen, werden nur durch Ihre eigene Vorstellung limitiert. Es ist unmöglich, dass Sie einen Patienten nicht hypnotisieren können, vorausgesetzt, Sie beherrschen die Kunst der Suggestion. Da das Schließen der Augen Ihr erstes Ziel ist, müssen Sie nur ein Hilfsmittel finden, welches dieses bewirkt. Jedes Hilfsmittel wird dies bewirken, vorausgesetzt, Sie beherrschen die Kunst der Suggestion und vorausgesetzt, der Patient erwartet, hypnotisiert zu werden. Dies betrifft sogar Patienten, die niemals zuvor hypnotisiert wurden.«

Das sollte man sich noch einmal auf der Zunge zergehen lassen, denn laut Elman ist es völlig egal, für welche Induktionsmethode Du Dich entscheidest. Hauptsache, der Patient hat die Erwartung, in Hypnose zu gehen, und schließt seine Augen. Den Rest bewirken dann Deine kraftvollen Suggestionen. Wir können es daher nicht genug betonen, wie wichtig das richtige Setting ist, da sich der Großteil der Hypnose beim Klienten durch seine Erwartungen in seinem eigenen Kopf abspielt. Auf diesem Prinzip beruhend folgt nun ein mögliches Skript der Elman-Induktion. Essentiell ist, das der Klient exakt Deine Anweisungen befolgen muss. Sollte er aus irgendeinem Grund beschließen, etwas anderes zu machen, dann musst Du noch einmal von vorne beginnen. Und denke dabei an den Satz von Elman, Du kannst den Ablauf auch nach Deinen eigenen Vorlieben ändern und auch kürzen. Hauptsache die Augen werden am Anfang geschlossen, bis sie so entspannt sind, dass die Muskeln nicht mehr funktionieren. Der Hypnotisand muss dafür seine Augen so stark entspannen, dass er sie nicht mehr öffnen kann, wenn er es versuchen würde. Natürlich weiß jeder Mensch, dass er seine Augen jederzeit öffnen kann. Aber darum geht es in diesem Rahmen nicht. Der Klient muss verstehen, dass, solange er die Entspannung aufrechterhält, die Augen sich nicht öffnen lassen. Okay? Dann lass uns beginnen.

H: *Bist Du bereit, in Hypnose zu gehen?*

K: *Ja!* (kongruent!!)

H: *Dann möchte ich, dass Du von nun an genau das tust, was ich zu Dir sage. Möchtest Du nun in Trance gehen?*

K: *Ja!* (immer noch kongruent!!)

H: *Dann schließe nun Deine Augen. Fokussiere Deine ganze Aufmerksamkeit auf Deine Augenlider und auf die kleinen Muskeln rund um Deine Augen. Und ich frage mich, ob Du die vielen Muskeln um Deine Augen ... und besonders Deine Augenlider ... so stark entspannen kannst ... dass sie sich nicht mehr öffnen lassen ... so ist es gut ... und wenn Du der Meinung bist, dass Du Deine Augen nicht so stark entspannen kannst ... dann tu doch einfach so ... und wir beide wissen, dass Du Deine Augen jederzeit öffnen könntest ... wenn Du wolltest ... aber Du willst nicht ... denn darum geht es hier ja nicht ... es geht um tiefe und vollständige Entspannung Deiner Augenlider ... so tief entspannt, dass sie sich nicht mehr öffnen lassen. Ich werde nun von 1 bis 3 zählen ... und bei 3 angelangt, wirst Du Deine Entspannung testen und versuchen, Deine Augen zu öffnen ... 1 ... 2 ... 3 ...*(Wenn der Klient nun seine Augen öffnet, sag einfach: *So ist es gut ... Du hast nun bewiesen, dass Du in der Lage bist, die Kontrolle über Deine Augen zu behalten und sie zu öffnen. Nun versuchen wir das Gegenteil. Nutze Deine ganze Willenskraft und beweise Dir, dass Du das kannst ...*) *So ist es genau richtig ... hör auf, es zu versuchen ... und geh tiefer ... und tiefer ...*

Nun lass diese tiefe und angenehme Entspannung wie eine Welle durch Deinen ganzen Körper laufen ... lass die ganze Anspannung einfach los ... und genieße diese wunderschöne Ruhe.

In wenigen Momenten werde ich Dich bitten, Deine Augen zu öffnen und dann wieder zu schließen. Und jedes Mal, wenn Du Deine Augen schließt, wird sich Deine Entspannung verdoppeln. Okay, nun öffne Deine Augen (halte hier Deine Hand vor die Augen) *... und schließe sie wieder und verdopple Deine Entspannung* (drei bis fünf Mal wiederholen).

Ich werde Dich nun am Handgelenk berühren und Deinen Arm anheben. Ich möchte, dass Du mich die ganze Arbeit machen lässt ... lass Deinen Arm einfach ganz locker und entspannt. (Nun den Arm am Gelenk anheben und leicht rotieren lassen.) *Wenn Dein Arm in Deinen Schoß fällt, wirst noch tiefer in diesen entspannten Zustand driften ...* (Wiederholen und Entspannung suggerieren) *... Ausgezeichnet ... nun ist Dein Körper vollständig entspannt ... und ich frage mich ... wie schnell Du wohl Deinen Geist entspannen kannst ... genauso wie Du Deinen Körper entspannt hast ...*

Um Deinen Geist vollständig zu entspannen, möchte ich ... dass Du beginnst, laut von 300 in 3er-Schritten rückwärts zu zählen ... und nach jeder Zahl wirst Du »tiefer und tiefer« sagen. Genau so: »300 ... tiefer und tiefer ... 297 ... tiefer und tiefer« ... und bald wird Dein Geist so entspannt sein, dass die Zahlen ganz einfach verschwinden werden ... stell Dir einfach vor, dass Du mental so entspannt bist, dass die Zahlen ganz einfach verschwinden ... wenn Du mich verstanden hast, dann nicke bitte ... Gut ... Beginne jetzt zu zählen ... (Nach jeder Zahl bestätigen mit: So ist es gut ... lass sie einfach verschwinden ... ganz genau ... schieb sie aus Deinem Kopf ... Sind sie alle weg? ... Das fühlt sich gut an, nicht wahr?) Sehr gut ... geh jetzt immer tiefer und tiefer ...

Nun werden wir eine Verabredung treffen ... Jedes Mal, wenn ich »Schlaf!« sage (dabei mit dem Finger schnippen), wirst Du Deine Augen schließen und es Dir ermöglichen, sofort und ganz einfach in einen noch tieferen hypnotischen Zustand zu gehen ... nicht weil ich es Dir sage, sondern weil Du diese Erfahrung unbedingt machen möchtest ... und weil innere und geistige Entspannung ein ganz natürlicher Zustand für Dich ist ... jedes Mal wenn ich »Schlaf!« sage (mit dem Finger schnippen), wirst Du noch tiefer in diesen Zustand gehen ... ganz einfach und mühelos ... Ich werde nun von 1 bis 3 zählen und bei der Zahl 3 wirst Du Deine Augen öffnen und mich ansehen ... 1 ... 2 ... 3 ... öffne Deine Augen ... Gut ... »Schlaf!« (schnipsen) *Fünf bis acht Mal wiederholen, bis der Klient wirklich tief in Hypnose ist. Testen Sie auch einmal, eine Pause vor der 3 zu machen. Der Klient ist in Hypnose, wenn er die Augen nicht vorher öffnet!*

Zu diesem Zeitpunkt wird so ziemlich jeder Klient eine sehr schöne Trancetiefe erreicht haben und Du kannst mit Deiner Arbeit beginnen.

Eine weitere sehr berühmte Induktion von Elman ist die Zigaretten-Methode. Auch wenn heutzutage im Zuge des Anti-Raucher-Wahns solche Methoden nicht mehr zum Einsatz kommen, so möchten wir sie Dir doch kurz beschreiben.

Ich werde nun drei Züge aus an dieser Zigarette nehmen und den Rauch in Deine Richtung blasen. Mit dem ersten Zug wirst Du müde werden ... beim zweiten Zug wirst Du das Bedürfnis verspüren, Deine Augen zu schließen, aber warte bis zum dritten Zug, nach dem Du Deine Augen schließen wirst. Sie werden zugehen und Du wirst nicht in der Lage sein, sie zu öffnen. Habe das Verlangen, dass es passieren wird ... erwarte, dass es passieren wird ... und erlebe, wie es passiert. Hier kommt der erste Zug (bläst den Rauch Richtung Klient) ... bemerke, wie müde Deine Augen werden und lass sie müde werden ... (zweiter Zug) Nun werden sie so müde, dass Du sie gerne schließen möchtest, aber schließe sie noch nicht. Nun, wenn ich den dritten Zug nehme, werden sie sich schließen und verriegeln ... lass es einfach geschehen (dritter Zug). Nun schließe sie. Du wirst feststellen, dass sie fest verschlossen sind. Je mehr Du versuchst, sie zu öffnen, desto weniger wird es funktionieren. Versuche es und es wird Dir nicht gelingen. Sie öffnen sich überhaupt nicht. So ist es gut. Nun, wenn ich mit dem Finger schnippe, wirst Du sofort in der Lage sein, sie zu öffnen (Fingerschnipp) ... so ist es gut, öffne Deine Augen ...

Die 5-4-3-2-1-Induktion

Du hast mittlerweile wahrscheinlich mitbekommen, dass eine Induktion nicht kompliziert sein muss, um einen Klienten in Trance zu schicken. Das Prinzip ist sehr simpel und basiert darauf, den kritischen Faktor zu umgehen. Hierzu beginnst Du mit fünf tatsächlich wahrnehmbaren Behauptungen und hängst dann eine von Dir gewünschte Suggestion an. Dann geht es weiter mit vier überprüfbaren Behauptungen und zwei Suggestionen. Dann drei und drei, zwei und vier, eins und fünf, bis Du schlussendlich nur noch Deine eigenen Suggestionen benutzt:

H: *Du sitzt hier in diesem Raum ... Du spürst, wie Dein Körper auf seiner Unterlage ruht ... Du hörst meine Stimme ... Du spürst Deinen Atem ... Du hörst Geräusche im Raum ... und beginnst in Deiner eigenen Art und Weise, Dich langsam zu entspannen. (5 und 1)*

Du sitzt bequem auf Deinem Stuhl ... Du atmest ein und aus ... Du nimmst die Musik im Hintergrund wahr ... Du spürst Deine Füße auf dem Boden ... und Du gehst immer tiefer und tiefer ... und kannst ganz einfach Deine Augen schließen ...(4 und 2)

Auf diese Art und Weise geht es dann weiter, bis der Klient in Trance ist.

Interaktive innere Reise: Freie Assoziation

Die bisherigen Induktionen hatten eines gemeinsam: Der Klient war während des gesamten hypnotischen Prozesses still und ruhig. Es ist jedoch auch genauso gut möglich, eine Trance zu induzieren, bei der unser Klient eine aktive Rolle übernimmt und auch sprechen muss. Obwohl Milton Erickson ein Meister dieser Technik war, haben viele Hypnotiseure immer noch Angst, mit Menschen zu sprechen, die sich in Hypnose befinden. Sie sind so fixiert auf ihr Skript und begreifen gar nicht, dass es durchaus hilfreich sein kann, dann und wann ein direktes Feedback von der hypnotisierten Person zu bekommen.

Bei dieser Technik leiten wir unseren Klienten durch eine Erfahrung, die vollständig von seinem Unterbewusstsein für ihn gestaltet wird. Daher müssen wir auch sehr bildhaft sprechen, um die Szene so real wie möglich werden zu lassen. Wir beschreiben einen Teil der Erfahrung und stellen dann eine Frage. Dies bewirkt einen inneren Suchprozess, der dann zur weiteren und unbewussten Ausgestaltung der Szene führt.

Das Schema der Induktion ist wie folgt:

1. Entspannung und Fokussierung der Gedanken

Starte mit irgendeiner Form von Entspannungsübung, damit Dein Klient sich nach innen konzentriert und die äußere Welt an Bedeutung verlieren kann.

2. Einführung einer Tür oder eines Tores

Nun lässt Du Deinen Klienten sich eine Tür, ein Tor oder eine Pforte vorstellen. Dies wird eine Art Ritual, um die äußere Welt von der inneren zu trennen. Die Tür wird damit zum Symbol für die innere Welt.

3. Präsentation der angenehmen Szene

Nun kommt der Teil der Induktion, in dem die Arbeit stattfindet. Du bittest Deinen Klienten, sich eine angenehme Situation vorzustellen. Dies kann ein Strand, ein Garten, ein Wald, eine Gebirgslandschaft oder was auch immer sein. Wichtig ist nur, dass es für den Klienten eine Szene ist, mit der er angenehme Gefühle verbindet.

4. Kennenlernen der angenehmen Szene

Jetzt ist es Zeit, sich etwas in dieser angenehmen Szene umzuschauen. Lass Deinen Klienten ein paar Dinge beschreiben und hör zu, was er Dir beschreibt.

5. Vertiefung

In dieser Szene führst Du nun eine weitere, tiefere Ebene ein, die den Trancezustand vertiefen wird. Hierzu musst Du etwas einführen, das in diese weitere Ebene führen kann, z. B. ein Tunnel, der nach unten führt, ein Fluss, der ruhig zu einem anderen Ort fließt, ein Fahrstuhl, der nach unten führt, tauchen im Wasser, ein Sprung ins Meer oder, oder, oder.

6. Präsentation einer unbewussten Begegnung

An diesem neuen Ort, dieser nächsten Ebene, ist es notwendig, dass Dein Klient eine Begegnung hat. Eine Begegnung mit einem realen Menschen, einer Fantasieperson, einem Symbol, einem Tier oder etwas anderem. Von diesem Objekt bekommt Dein Klient dann eine Information, die zum nächsten Teil der Reise führt. Jeder Teil der Induktion führt immer zu etwas anderem.

Wenn das für Dich zu kompliziert klingt, lies einfach ein wenig weiter, denn das folgende Skript basiert auf einer solchen Sitzung, die ich einmal mit einem Klienten durchgeführt habe.

H: *Mach es Dir bequem und setz Dich so hin, wie es für Dich am angenehmsten ist. Wenn Du so weit bist, entspann Dich einfach und schließe Deine Augen. Nimm wahr, wo Du sitzt, wo sich Deine Füße befinden, wie sich Deine Hände anfühlen und spüre einmal in Dich hinein, wie Dein Körper langsam beginnt, sich mehr und mehr zu entspannen. Genau jetzt ... kannst Du diese angenehme Ruhe in Deinem Körper wahrnehmen, während die äußere Welt immer mehr an Bedeutung verliert und Du Dich voll und ganz auf Dein inneres Erleben fokussierst. Und ich möchte, dass Du Dir in einem Moment eine besondere Tür oder eine Pforte vorstellst ... mach Dir ein Bild vor Deinem geistigen Auge ... während Dein Unterbewusstsein bereits ganz automatisch begonnen hat, diesen wunderbaren Zustand Deiner Reise ins Innere mehr und mehr zu verstärken ...*

Und sobald Du wahrnehmen kannst, wie dieser friedliche Zustand der Ruhe immer tiefer wird, kannst Du Dir eine alte und hölzerne Tür vorstellen, die sich genau vor Dir befindet. Und es ist egal, wo sich diese Tür befindet, ob in einem Raum oder irgendwo da draußen ... lass mich einfach wissen, wenn Du diese Tür vor Deinem geistigen Auge wahrnehmen kannst.

K: *Hmmm.*

H: *So ist es gut ... und während Dein Körper immer tiefer entspannt und auch Dein Geist in diese innere Reise driftet ... kannst Du wissen, dass hinter dieser Tür eine sehr angenehme Erfahrung auf Dich wartet. Eine Erfahrung eines traumhaften Reetdachhauses an der Nordsee. In diesem Haus und im traumhaften Garten wirst Du verschiedene interessante Dinge entdecken ... Menschen ... Tiere ... Pflanzen ... oder andere Erfahrungen ... all dies wartet nur auf Dich ... und es ist nicht notwendig ... dass Du jetzt schon weißt, was dies für Erfahrungen sein werden ... das Einzige, was wichtig ist ... es wird eine sehr schöne und angenehme Erfahrung werden ...*

Nun möchte ich ... dass Du Dich auf diese Tür konzentrierst ... und gleichzeitig wahrnimmst ... wie Du immer tiefer und tiefer in diesen wunderbaren Zustand der

Entspannung driftest ... und wie Deine Aufmerksamkeit sich immer mehr nach innen richtet ... so dass Du die Tür immer klarer und deutlicher wahrnehmen kannst ... denn die Tür öffnet sich nur so schnell ... wie Du diese Entspannung und Ruhe wahrnimmst ... die Schärfung Deiner Sinne ... die sich auf der anderen Seite noch vertiefen wird.

Und wenn es soweit ist ... dass die Tür sich so weit öffnet ... dass Du hindurchgehen kannst ... wirst Du gründlich entspannt sein ... und Deinem Geist erlauben ... diese besondere Reise in Dein Inneres für Dich zu gestalten ... nun fahre fort ... die Tür zu beobachten ... und Dich zu entspannen ... so lange, bis die Tür so weit offen ist, wie es für Dich richtig ist ... und gib mir ein Zeichen, wenn die Tür offen ist ...

K: (Nickt) *Um hmmm.*

H: *So ist es gut ... geh einfach hinein in den wunderschönen Garten vor dem Reet-dachhaus ... und diese angenehme Erfahrung beginnt sich vor Deinem inneren Auge zu entwickeln ... und ich möchte, dass Du mir sagst ... welcher Teil dieser angenehmen Erfahrung Deine Aufmerksamkeit am meisten fesselt ... ist es das Haus ... oder ist es der Garten?*

K: *Es ist der Garten.*

H: *Sehr gut. Geh in den Garten hinein und sieh Dich um ... Natürlich siehst Du das grüne Gras ... vielleicht siehst Du ein paar Blumen ... einen Schmetterling oder einen Vogel ... oder vielleicht auch ein Eichhörnchen, das an einem Baum hinaufklettert ... oder etwas völlig anderes. Ich möchte, dass Du die herrlichen Farben in diesem Garten wahrnimmst ... denn die Farben werden Dir helfen ... Deinen Geist noch tiefer und vollständiger zu entspannen. Schau Dich in Deinem Garten um ... bis Du etwas Besonderes wahrnimmst ... irgendetwas in diesem Garten ... das Deine Aufmerksamkeit auf magische Art und Weise anzieht ... und das von einer geheimnisvollen Dunkelheit umgeben wird ... es könnte ein Baum sein, dessen Wurzeln tief in den Boden reichen und der von dunklen Schatten umgeben ist ... vielleicht ist es eine Höhle, die in die Tiefe führt ... oder es könnte ein Teich sein, in dessen Tiefen es immer dunkler wird, wenn Du hineinschaust.*

Es ist vollkommen egal ... wo Du es wahrnimmst ... oder wie Du es wahrnimmst ... schau Dich einfach um ... bis etwas Bestimmtes Deine Aufmerksamkeit gewinnt ... weil es eine angenehme dunkle Farbe um sich herum hat ... und lass mich wissen, wenn Du dieses besondere Etwas gefunden hast ...

K: *Ich hab's.*

H: *Was ist es?*

K: *Es ist eine Höhle.*

H: *Du siehst eine Höhle. Wie sieht sie aus?*

K: *Sie ist ganz aus Stein ... mit einem kleinen dunklen Eingang.*

H: *Sehr gut ... und was siehst Du, wenn Du in die Höhle hinunterschaust?*

K: *Nichts ... nur Dunkelheit.*

H: *Ganz genau ... und ich möchte, dass Du die Höhle ein wenig näher untersuchst und wahrnimmst, dass es etwas gibt, mit dem Du gleich noch tiefer gehen kannst ... eine Leiter oder ein paar Stufen in der Wand ... oder ein Seil ... und ich weiß nicht, welche Art von Hilfsmittel Du finden wirst ... schau Dich genau um und gib mir ein Zeichen, wenn Du es gefunden hast ... jetzt.*

K: *Dort hinten ... eine Leiter.*

H: *Ganz genau ... geh hin zu der Leiter ... in einem Moment werde ich von 10 bis 1 hinunter zählen ... und mit jeder Zahl wirst Du eine Stufe tiefer gehen ... tiefer und immer noch tiefer ... in diese sichere und angenehme Dunkelheit ... an einen Ort, wie Du ihn von früher kennst ... wo Du Dich als Kind versteckt hast ... vor den Dingen in der äußeren Welt ... Denn am Boden dieser Höhle wartet eine wichtige Person auf Dich ... ein Mensch, der Dir einige wichtige Dinge zu sagen hat ... und Du weißt noch nicht ... wer dieser Mensch ist oder wie dieser Ort aussehen wird ... aber wenn ich gleich von 10 bis 1 zähle ... und Du die zunehmende Entspannung und Ruhe in Dir fühlst ... und Dein Geist sich immer tiefer und tiefer in dieser wunderbaren Erfahrung verliert ... fangen die Dinge langsam an, sich zu verändern ... und bei 1 wirst Du am richtigen Ort zur richtigen Zeit sein ... und eine erkenntnisreiche Unterhaltung mit dieser Person haben.*

Fange nun an tiefer zu steigen. Zehn: Nimm all die Entspannung und Ruhe mit nach unten. Neun: Immer tiefer und tiefer in die Höhle hinein. Acht: Diese wunderbare Erfahrung, neue Dinge zu entdecken und zu erfahren. Sieben: Je tiefer Du gehst ... desto schärfer kannst Du die vollkommene Sicherheit im Dunkeln spüren. Sechs: Aber tief unten kannst Du vielleicht ein zartes Licht wahrnehmen.

Fünf: Du nimmst die nächste Stufe und entspannst noch einmal doppelt so tief. Vier: Der Glanz des hellen Lichtes wird langsam immer stärker ... während Du immer tiefer gehst. Drei: Das Licht wird immer stärker und klarer ... und ein Raum beginnt sich zu formen ... ein ganz besonderer Raum. Zwei: Und dort in der Ecke des Raumes kannst Du den Schatten einer Person wahrnehmen. Eins: In der Tiefe der Höhle angekommen ... in diesem besonderen Raum ... der von einem besonderen Licht erhellt wird ... vielleicht einer Kerze ... oder einer Fackel ... und ich möchte, dass Du mir beschreibst, was Du genau in diesem Moment siehst und wahrnimmst.

K: *Ich sehe einen großen Raum ... wie eine Garage ... mit einem hellen Licht ... und mit zwei Stühlen in der Ecke.*

H: *Du siehst also eine Garage mit hellem Licht und zwei Stühlen in der Ecke ... und Du erkennst dort in der Ecke eine Person, die dort schweigend steht ... ist es nicht so?*

K: *Ja.*

H: *Gut ... Ist es ein Mann oder eine Frau?*

K: *Es ist eine Frau.*

H: *Es ist eine Frau ... und kannst Du schon das Gesicht dieser Frau erkennen?*

K: *Es ist noch verschwommen.*

H: *Sehr gut. Setz Dich auf einen der Stühle. Lass die Frau sich nähern und auf den zweiten Stuhl setzen ... so dass das Bild langsam klarer wird ... vielleicht nimmst Du ein bestimmtes Merkmal wahr ... vielleicht ein Kleidungsstück ... Erzähl mir, welches Kleidungsstück Du zuerst wahrnehmen kannst.*

K: *Sie trägt ein buntes Kleid.*

H: *Gut ... ein buntes Kleid ... und während sie im Licht näher kommt, kannst Du weitere Kleidungsstücke wahrnehmen ... beschreibe sie mir, wenn Du sie erkennst.*

K: *Sie trägt einen Hut.*

H: *Einen Hut ...*

K: *Und eine große Perlenkette um den Hals ... und die gleichen Ohrringe.*

H: *Und es ist überraschend, diesen Menschen hier unten zu sehen in diesem Kleid ... mit dem Hut und der Perlenkette und den Ohrringen, oder?*

K: *Nicht wirklich... ich weiß es nicht genau.*

H: *Nicht wirklich das, was Du hier unten in der Höhle erwartet hast, oder?*

K: *Nein.*

H: *Schon bald ist die Zeit ... wo Du das Gesicht dieser Frau erkennen wirst ... es könnte das Gesicht von jemandem sein, den Du kennst ... oder jemand, den Du gerne kennen würdest ... eine Person aus der realen Welt ... eine Fantasiefigur aus dem Kino ... oder auch jemand, den Du noch nie gesehen hast ... den Du aber unbewusst kennst ... und als diese Frau näher kommt ... kannst Du das Gesicht genau wahrnehmen ... sag mir bitte genau, was Du siehst und wahrnimmst.*

K: *Sie hat lange Haare.*

H: *Okay, lange Haare.*

K: *Es sind lange blonde Haare und sie hat ein schönes Gesicht.*

H: *Und wie ist ihr Gesichtsausdruck?*

K: *Sehr freundlich und sie hat ein Lächeln im Gesicht.*

H: *Und warum glaubst Du, ist das so?*

K: *Ich glaube, sie weiß etwas Besonderes.*

H: *Aha, Sie weiß etwas Besonderes. Und glaubst Du, dass es für Dich von Bedeutung sein könnte?*

K: *Ja!*

H: *Okay, dann geh zu ihr und sprich mit ihr. Wenn sie Dir etwas sagt, das Du mir nicht erzählen möchtest, ist dies vollkommen in Ordnung. Sind es Dinge, die Du mir erzählen möchtest, so freue ich mich, sie zu hören ... sie mag Dir vielleicht Dinge erzählen, die Du jetzt noch nicht ganz verstehst ... und abhängig davon, ob Du mir davon erzählen möchtest oder nicht, kannst Du sie mir sagen oder sie für Dich behalten ... hör ihr jetzt ganz einfach zu ...*

K: *Sie sagt mir, ich soll zur Wand gehen ... dort wo das Licht am stärksten ist.*

H: *... dahin wo das Licht am stärksten ist ... und warum genau dahin?*

K: *Ich weiß es nicht.*

H: *Dann geh dorthin. Geh zur Wand ... dort wo das Licht am stärksten ist ... und lass Dich überraschen ... welches Geschenk diese Frau Dir zu machen hat ... und während Du gehst, beschreibe mir Deine Wahrnehmungen, die Du hast ...*

K: *Ich sehe ein Fenster im Raum ... und ich habe einen wundervollen Blick auf eine Insel im Meer ... mit Palmen und einem fast weißen Strand ...*

H: *Eine Insel ... und wie fühlst Du Dich dabei, diese Insel zu betrachten?*

K: *Ziemlich gut.*

H: *Ziemlich gut. Und was siehst Du sonst noch?*

K: *Hinten am Horizont geht gerade die Sonne auf ...*

H: *Die Sonne geht auf, während Du diese wunderbare Insel mit den Palmen und dem weißen Strand betrachtest und Dich ziemlich gut fühlst ... und was glaubst Du ... hat dieses Geschenk zu bedeuten?*

K: *Ja ... (Pause) ... ruhiger zu werden ... und gelassener.*

H: *Genau ... ruhiger und gelassener ... und ich möchte, dass Du Dir die Insel noch einmal genau anschaust ... und Dir einen bestimmten Punkt suchst ... eine Palme oder einen speziellen Platz ... der Dich an ein Problem erinnert, welches Du in letzter Zeit mit Dir herumgetragen hast ... und es ist nicht notwendig, dass Du jetzt schon weißt, welches Problem dies ist ... Du wirst es wissen, wenn Dein Unterbewusstsein Dir einen Hinweis gibt. Such Dir einfach etwas auf dieser wundervollen Insel aus und genieß dieses ziemlich gute Gefühl ... Vielleicht sind es Menschen, die etwas tun ... oder ein bestimmter Ort, der Dich an etwas erinnert ... und es ist wirklich nicht wichtig, was es ist ... und Du musst mir auch nicht sagen, was es ist ... sag mir einfach, wenn Du es gefunden hast ...*

K: *Es ist ein Mann am Strand ...*

H: *Ein Mann ... und dieser Mann erinnert Dich an etwas, nicht wahr? Und Du musst mir nicht sagen, an was genau ... solange Du es für Dich herausgefunden hast ... weißt Du schon die Bedeutung?*

K: *Ja.*

H: *Okay ... dann tu jetzt, was die Frau Dir geraten hat ... lass Ruhe und Gelassenheit einkehren, während Du die Insel und diesen Mann betrachtest ... und all die Dinge, die Du mit ihm verbindest und gib mir ein Zeichen, wenn Du dies getan hast ...*

K: *Hab ich ... es fühlt sich schön an ...*

H: *Sehr gut ... lass dieses Gefühl intensiver werden ... und nimm alles aus dieser wundervollen Erfahrung mit, was es mitzunehmen gilt ...*

K: *Ja ... der Mann wird immer kleiner ... und die Palmen werden grüner.*

H: *Und wie fühlt sich das an?*

K: *Unglaublich gut ... ich bin stolz auf mich.*

H: *Du bist stolz auf Dich ... und ist es nicht faszinierend ... welche Geschenke Dein Unterbewusstsein Dir machen kann? Und ich möchte nun, dass Du über das Problem nachdenkst, das Du eben noch hattest ... als Du diesen Mann gesehen hast ... und nimm wahr ... wie alles an seinen Platz fällt ... während Du immer ruhiger und gelassener wirst ... und sich alles so verändert, wie es sich verändern soll ...*

Und lass Dich richtig in diese Erfahrung fallen ... nimm Dir die Zeit, die Du brauchst ... und beleuchte alle Seiten dieses Problems aus der Vergangenheit ... während Du Dich unglaublich stolz dabei fühlst ... und nimm das Bild von dem kleiner werdenden Mann und den grünen Palmen mit Dir ... als eine Metapher ... wie Du in Zukunft mit solchen Situationen umgehen wirst ... und Du wirst wissen, wann es so weit ist ... denn dieses Gefühl von Stolz wird immer intensiver werden ... nimm Dir also genau die Zeit, die Du brauchst ... und lass mich wissen, wenn Du eine innere Klarheit erlangt hast ...

K: *Ja.*

H: *Und was passiert jetzt?*

K: *Das Bild wird auf einmal viel klarer und heller ...*

H: *Es wird klarer und heller ...*

K: *Ja ... klarer und heller.*

H: *Und Du hast etwas mit diesem alten Problem gemacht, nicht wahr?*

K: *Ja.*

H: *Und wie fühlt sich das an?*

K: *Ich fühle mich unglaublich gut und befreit.*

H: *Unglaublich gut und befreit ... und die Erfahrung beginnt schon langsam in die Ferne zu verschwinden, oder?*

K: *Ja ... das stimmt.*

H: *Okay ... dann lass die Bilder am Horizont verblassen und komm zurück in den Raum mit der fremden Frau auf dem Stuhl ... und irgendetwas ist anders an ihr, nicht wahr?*

K: *Ja ... sie lächelt.*

H: *Und was glaubst Du, warum tut sie das?*

K: *Ich glaube, sie ist zufrieden mit sich.*

H: *Genau ... und gibt es irgendetwas, was Du zu ihr sagen möchtest?*

K: *Ja ... Danke schön.*

H: *So ist es gut ... geh hin und bedanke Dich ... bedanke Dich für eine große Veränderung auf unbewusster Ebene ... und Du kannst alle Gefühle und Erlebnisse von der Insel und den Palmen mit Dir nehmen ... all die wundervollen Dinge in Dir ... und mit diesen Dingen im Gepäck wartet eine leuchtende Zukunft auf Dich ... in der die äußere Welt genauso spannend und angenehm ist ... wie Deine innere Welt es in dieser Erfahrung getan hat ... und all die Veränderungen in Dir sind völlig natürlich und automatisch eingetreten ... und nimm Dir die Zeit, Dich zu bedanken und Lebewohl zu sagen ...*

Und wenn Du so weit bist ... schau nach oben ... den ganzen Weg hinauf in die Höhle ... den Du vorhin hinabgestiegen bist ... Und sag mir, wenn Du Dich leichter fühlst ... denn Du wirst Dich leichter fühlen ... während Du langsam wieder nach oben schwebst ...

K: *Ja ...*

H: *Du fühlst Dich leichter und leichter und Du schwebst den ganzen Weg hinauf ... bis Du den Ausgang der Höhle erreicht hast ... und lass all die Erfahrungen und all das Wissen von hier unten mit nach oben schweben, bis Du wieder in dem wunder-*

schönen Garten vor dem Reetdachhaus stehst ... und Dich gut fühlst ... wissend ... das etwas sehr Wichtiges in Dir passiert ist ... und sag mir, wie Du Dich fühlst ...

K: *Wunderbar.*

H: *Dann geh noch ein wenig im Garten spazieren ... bis Du die Holztür gefunden hast ... durch die Du vorhin hier heraus gekommen bist ... und lass mich wissen, wenn Du sie gefunden hast.*

K: *Ich hab sie.*

H: *Sehr gut ... geh hin und öffne sie ... geh hindurch ... und wenn Du wieder auf der anderen Seite angekommen bist ... schließe sie sorgfältig ... und die Tür verschwindet ganz langsam ... und löst sich wie von selbst in Luft auf ... während Du wieder in Deinem Sessel sitzt ... in dem Du diese Reise begonnen hast ... und während Du dort sitzt ... nimm Deinen Körper wahr ... Deine Hände ... Deine Füße ... und Deine Beine ... nimm wahr, wie Deine Atmung langsam wieder normal wird ... und Du all diese Gefühle mitgenommen hast ... die fremde Frau ... die Insel ... der kleiner werdende Mann ... und die grünen Palmen ... in dem Wissen ... dass Dein Unterbewusstsein eine wundervolle Erfahrung für Dich in Deiner inneren Welt geschaffen hat ... die Du von nun an genauso auch in der äußeren Welt erleben wirst ...*

Genieße dieses Gefühl ... und wenn Du so weit bist ... nimm noch einen tiefen Atemzug ... und fühle, wie Deine Augen sich ganz von alleine öffnen ... und Du fühlst Dich frisch, erholt und vital ... einfach wunderbar.

Durch eine von seinem Unterbewusstsein kreierte Reise in sein Inneres hat in diesem Beispiel der Klient ein wichtiges Problem für sich lösen können. Der Vollständigkeit halber sei an dieser Stelle erwähnt, dass eine solche Induktion natürlich auch funktioniert, wenn der Klient passiv bleibt, sich also nur auf seine innere Reise konzentriert, ohne zu sprechen. Die Wirkung ist in beiden Fällen gleich gut, allerdings kannst Du viel individueller auf Deinen Klienten eingehen, wenn Du permanent Feedback von ihm erhältst. Aber am besten probierst Du es selbst aus, welche Unterschiede zwischen einer aktiven und einer passiven inneren Reise liegen. Denn nach dem Lesen der Induktion hast Du doch bestimmt schon Lust bekommen, sie auch einmal auszuprobieren, nicht wahr?

Doppelinduktion

Doppelinduktionen sind zwar mehr experimentell, haben jedoch auf die meisten Menschen eine beeindruckende Wirkung. Hierbei wird der Klient von mindestens zwei Personen gleichzeitig hypnotisiert, die jeweils ihre Suggestionen in das linke und rechte Ohr sprechen. Auf diese Art und Weise wird das Bewusstsein sehr stark überlastet, so dass der Klient schnell in Trance flüchtet. Noch wirkungsvoller ist eine solche Induktion, wenn man den jeweiligen Hirnhälften entgegengesetzte Suggestionen gibt, also der kreativen Seite zum Beispiel mathematische Formeln und der logischen Seite blumige Bilder und fantasievolle Szenen. Probiere diese Technik einmal mit einem Freund zusammen aus. Ich garantiere Dir, dass Du von dem Ergebnis begeistert sein wirst.

Blitzhypnose

Der Bereich der Blitzhypnose – manchmal auch Schnellhypnose genannt – ist ein sehr spannendes Thema. Wann immer Menschen beginnen, sich mit Hypnose zu beschäftigen, sind sie sofort fasziniert von dieser Methode, weil die Ergebnisse eben auch sehr beeindruckend sind. Weiterhin sind viele dieser Induktionen auch aus der Showhypnose bekannt, was nicht weiter verwundert, kommt es hier doch in großem Maße auf wirkungsvolle Effekte und möglichst viele Aha-Effekte an. Im Bereich der Therapie oder des Coachings sind diese Induktionen zumindest bei einer Ersthypnose nicht sehr sinnvoll, da es schon einer gewissen Übung und Sicherheit seitens des Hypnotiseurs bedarf. Nutze in so einem Fall lieber eine sichere Methode, wie z. B. die Relaxations- oder Elman-Induktion. Trotzdem solltest Du mit den folgenden Blitzinduktionen ein wenig experimentieren und sie einüben. Denn eines ist sicher: Wenn Du diese Methoden beherrschst, hast Du ein weiteres, schnell wirkendes Instrument für Deine Arbeit zur Verfügung. Wenn Du mit einem Klienten mehrere Sitzungen hintereinander arbeitest, kann es Dir viel Zeit sparen, die Du dann lieber für die eigentliche Arbeit verwenden kannst.

Alle Schnellinduktionen funktionieren nach einem grundlegenden Prinzip: Sie nutzen den Überraschungseffekt, der immer dann auftritt, wenn ein maßgebliches Muster oder eine erwartete Handlung unterbrochen wird. Diesen kurzen Moment des Schocks oder der Verwirrung nutzen wir als Hypnotiseur dann aus, indem wir in die entstandene Lücke unsere Suggestionen einfügen und den Klienten in die von uns gewünschte Richtung leiten. Um dies zu erreichen, ist es im Falle von Blitzinduktionen unbedingt notwendig, dass wir einen sehr autoritären Stil anwenden und auch sprachlich sehr klar und direkt formulieren. Der wichtigste Faktor von allen ist aber – mal wieder – unser State. Nur dann – und wirklich nur dann –, wenn wir in einem Zustand der Zuversicht und Überzeugung sind, dass unsere Induktion funktioniert, können wir sicher sein, dass unsere Arbeit erfolgreich sein wird. Denn jeder Funken von Zweifel oder Unsicherheit wird sich automatisch und unbewusst auf unseren Klienten übertragen. Strahle stattdessen Selbstbewusstsein aus und unterstreiche Deine Autorität ruhig noch vor der eigentlichen Induktion durch einige »belanglose« Anweisungen. Verändere z. B. die Sitzposition, die Körperhaltung oder sonstige Dinge am Verhalten Deines Gegenübers. Dies hat nur einen einzigen Grund: Du testest, wie stark der Klient auf Deine Anweisungen reagiert. Dann fragst Du zum Abschluss der Vorbereitungen noch: »Hast Du den festen Willen, nun in Hypnose zu gehen, und möchtest Dich dazu von mir hypnotisieren lassen?« Wenn der Klient diese Frage mit einem kongruenten »Ja« beantwortet, dann sagst Du abschließend: »Dann möchte ich, dass Du von nun an genau das tust, was ich zu Dir sage, und alle meine Anweisungen genau befolgst.« Nun kannst Du davon ausgehen, dass alles weitere ein Kinderspiel wird. Trotzdem kommt es auch einmal vor, dass am Höhepunkt Deiner Induktion ein Klient die Augen öffnet oder anfängt zu lachen. Das ist völlig okay, denn Lachen ist ein deutliches Anzeichen dafür, dass ein unbewusster Prozess abläuft. Und nirgendwo steht geschrieben, dass Hypnose immer ernst sein muss. Obwohl solche Reaktionen also völlig normal sind, gibt es immer wieder Hypnotiseure, die bei solchen unerwarteten »Störungen« des gelernten Skripts in Panik geraten, weil sie denken, dass etwas nicht funktioniert hat. Meister in ihrer Kunst ignorieren solche Dinge entweder, oder noch besser, sie utilisieren sie. Sage z. B.: *Ganz genau ... Du lachst ... und das ist gut ... Lachen ist eine unbewusste Reaktion ... und das bedeutet, dass Du unbewusst ... auf bewusster Ebene wissen kannst ... dass bald wirst Du jetzt beginnen ... noch tiefer zu atmen ... so ist es gut ... und erlaube es Dir noch tiefer zu sinken ... in diesen angenehmen Zustand der Trance.* Was glaubst Du wohl, was passieren wird?

Oder sage in so einem Fall ganz einfach: *So ist es gut ... schließe Deine Augen und geh in Hypnose!* Was immer Deine Klienten auch tun, sei flexibel und reagiere so, als wäre das, was gerade passiert, genau das, was Du erwartet hattest. Und dann machst Du weiter mit Deiner Induktion.

Eine letzte Anmerkung noch: Die Induktion an sich ist einfach und wird fast immer funktionieren. Das Entscheidende ist jedoch die Vertiefung, die sehr schnell der Induktion folgen muss, da das Zeitfenster der Verwirrung meist nur sehr kurz ist. Und nun lass uns mit diesem letzten Gedanken im Hinterkopf eintauchen in die Welt der verschiedenen Blitzinduktionen.

Klassische Blitzhypnose

Die klassische Blitzhypnose ist so ziemlich die bekannteste Variante der Schnellinduktionen. Sie dient ausschließlich zu Showzwecken und hat in der therapeutischen

Arbeit mit Menschen keine Bedeutung. In so ziemlich jeder Hypnoseshow wird sie mit großem Erfolg vorgeführt, weil die Wirkung so unheimlich beeindruckend ist. Das Publikum staunt immer wieder aufs Neue, wenn der Hypnotiseur einen Freiwilligen nach dem anderen »flachlegt«. So imposant das ganze Spektakel auf der Bühne aussieht, so einfach und simpel ist im Grunde die Durchführung. Die Induktion wird im Stehen durchgeführt und das spätere Fallen bewirkt eine ziemlich schnelle und gründliche Trancevertiefung. In der Vorbereitung wird der Freiwillige gebeten, sich gerade hinzustellen und seine Füße aneinander zu stellen. Hier bietet sich eine gute Gelegenheit für den Hypnotiseur, seine Autorität zu vergrößern, indem er sagt: » Die Füße bitte eng aneinander stellen!«, und gleichzeitig dominant mit seinem Fuß die Füße in die gewünschte Position schiebt. Außerdem ist es unerlässlich, dem Hypnotisand zu sagen, dass er jederzeit in völliger Sicherheit ist und dem Hypnotiseur voll und ganz vertrauen kann. Dies ist wichtig, da es schon einer großen Portion Vertrauen bedarf, sich einfach nach hinten fallen zu lassen. Dann stellt man sich schräg neben den Freiwilligen und hält die linke Hand in Brusthöhe an den Rücken. Hier darf ruhig etwas Druck ausgeübt werden, so dass der Klient sich leicht dagegen lehnen kann. Die recht Hand hebt man über den Kopf, so dass der Zeigefinger gerade noch im Blickfeld ist. Mit dieser Hand geht man dann während der Induktion immer weiter Richtung Kopf, so dass der Klient den Fingern nur mit seinen Augen folgen muss.

Induktionsskript

H: *Stehe bitte bequem und halte Deinen Kopf gerade. Fixiere bitte mit Deinen Augen meinen Zeigefinger, ohne Deinen Kopf zu bewegen. Fokussiere Deine ganze Aufmerksamkeit ohne zu blinzeln nur auf meinen Finger.*

Und während Du Dich mehr und mehr auf meinen Finger konzentrierst, kannst Du spüren, wie Du von hinten wie von einem unsichtbaren Gummiband nach hinten gezogen wirst. Diese Kraft wird immer stärker und stärker. Lass Dich einfach nach hinten fallen, Du wirst ganz sicher aufgefangen und Dir kann nichts passieren.

Die Kraft wird immer stärker und zieht Dich weiter und weiter nach hinten. Lass es ganz einfach geschehen ... und wenn es Dich so stark nach hinten zieht ... dann ... SCHLAF!

Während der Suggestionen wird die rechte Hand so weit hinter das Blickfeld gezogen, dass der Stand automatisch immer wackeliger wird. Dann kann der Druck der linken Hand gelöst und sobald der Klient nach hinten fällt ein lautes und dominantes »SCHLAF!« suggeriert werden.

Dies war schon die ganze Induktion. Die plötzliche Fallbewegung bewirkt eine zuverlässige Trancevertiefung, die jedoch schnellstens durch eigene Suggestionen am Boden verstärkt werden sollte. Hierfür eignen sich sehr gut Berührungen an der Stirn oder eine andere Technik Deiner Wahl. Welche Möglichkeiten Dir hier zur Verfügung stehen, dazu kommen wir detailliert im Kapitel zur Vertiefung.

Neun-Wörter-Induktion

Diese Induktion beruht auf dem Prinzip von Schock und Überraschung. In dem Moment, in dem diese Überraschung auftritt, entsteht ein ganz kurzes Zeitfenster, in dem der Klient sich in einem Zustand der Verwirrung befindet und in dem er keine passende Reaktion zur Verfügung stehen hat. Natürlich bieten wir ihm eine passende Reaktion an, nämlich in Trance zu gehen. Die Neun-Wörter-Induktion kannst Du im Stehen oder im Sitzen durchführen. Klient und Hypnotiseur stehen sich gegenüber. Der Klient muss mit seinen beiden Händen Deine Hand mit viel Kraftaufwand nach unten drücken und nach kurzer Zeit wieder loslassen und entspannen. Beim dritten Versuch zieht der Hypnotiseur seine Hand während des kräftigen Drückens durch den Klienten dann urplötzlich weg und begleitet dies mit einem bestimmten und autoritären »Schlaf!«. Auch hier ist aber wieder eine schnelle Vertiefung notwendig, sobald die Trance induziert wurde.

H: *Stell Dich bitte bequem hin. Nun möchte ich, dass Du mit Deinen beiden Händen meine Hand so fest Du kannst nach unten drückst. Gut … (nach einigen Sekunden) … nun nimm die Kraft wieder weg und entspanne Deine Hände. Und noch einmal … drück so fest Du kannst … und entspanne Dich wieder … und noch einmal … so fest und stark drücken wie möglich … (Hand wegziehen) … Schlaf!!*

Nun wird sofort mit einer geeigneten Vertiefung die Trance verstärkt.

Eine weitere schöne und wirkungsvolle Variation dieser Induktion beruht auf dem gleichen Prinzip und kann sehr gut im Sitzen durchgeführt werden.

H: *Strecke bitte Deine rechte Hand nach vorne und drücke meine Hand so fest Du kannst nach unten. Nun möchte ich … dass Du Dir vorstellst, dass Du im Cockpit eines Flugzeugs sitzt und den Countdown zum Starten gibst … ich möchte, dass Du nun langsam von 10 bis 0 herunter zählst … und wenn Du bei 0 angelangt bist, kannst Du den Hebel nach unten drücken und die Maschine starten lassen… Hast Du alles verstanden und bist bereit für den Countdown?*

K: (Drückt immer noch fest) *Ja!*

H: *Gut ... dann beginne jetzt zu zählen.*

K: *10 ... 9 ... 8 ... 7 ... 6 ... 5 ...* (Zwischen *5* und *2* nun abrupt die Hand wegziehen und bestimmt und autoritär »Schlaf« suggerieren und umgehend vertiefen.)

Handshake-Interupt

Der Handshake-Interupt ist eine sehr berühmte und auch beeindruckende Induktion. Hierbei gehst Du auf einen Menschen zu und reichst ihm die Hand. Nun spult das Unterbewusstsein sein automatisches Programm ab: Eine ausgestreckte Hand bedeutet Händedruck, also strecke ich meine Hand auch aus. Dies geschieht als ganz natürlicher Reflex. Doch nun wird dieses Muster unterbrochen. Statt die Hand zu greifen und zu schütteln, nimmst Du das Handgelenk Deines Gegenübers und führst seine Hand locker und vor allem behutsam (!!!) vor sein Gesicht, so dass er auf die Innenfläche seiner Hand blicken kann. Nun ist ein kleines Zeitfenster von vielleicht zwei bis drei Sekunden offen, da es zu einer eklatanten Musterunterbrechung gekommen ist. Das automatische Programm »Ausgestreckte Hand – Hand ausstrecken – Hand greifen – Hände schütteln« wurde in der Mitte unterbrochen und das Unterbewusstsein sucht nun nach einer Möglichkeit, das Programm zu beenden. Und diese Lücke nutzen wir nun, um ganz elegant unsere Suggestionen zu platzieren. Da die Hand sich ja vor dem Gesicht befindet, arbeiten wir nun gleichzeitig mit Konfusion und Fixierung. Auch bei dieser Induktion ist es von großer Bedeutung, dass der Hypnotiseur ruhig und zuversichtlich ist, da sich eventuelle Unsicherheiten sofort übertragen würden, was den Erfolg der Induktion deutlich verringern würde.

Der Hypnotiseur geht auf den Klienten zu und reicht im die Hand. Die entgegengestreckte Hand greift er vorsichtig am Handgelenk und führt sie vor das Gesicht des Klienten, so dass dieser auf seine Handinnenfläche blicken kann.

H: *Fokussiere Deine ganze Aufmerksamkeit auf die Innenfläche Deiner Hand. Betrachte die feinen Linien und Muster und schau, wohin sie laufen. Und während Deine Konzentration auf diese feinen Muster und Linien immer stärker wird ... kannst Du bemerken, wie Deine Hand immer näher kommt. Näher ... und näher.*

Hand langsam Richtung Stirn des Klienten bewegen.

Und während Du Dich immer weiter fokussierst ... kannst Du ruhiger und ruhiger werden ... vollkommen entspannt und ruhig ... Wenn Deine Hand gleich Deine Stirn berührt ... schließt Du ganz einfach Deine Augen ... und driftest tief in die-

sen wunderbaren und angenehmen Zustand. Tief ... und vollständig entspannt.
Hand berührt die Stirn.

Schlaf!
Mit der rechten Hand vorsichtig den Nacken des Klienten nach vorne kippen.

Und Deine Hand wird sich nun mit unbewussten Bewegungen nach unten bewe-gen ... und mit jedem Zentimeter ... den Deine Hand sich mit langsamen und unbewussten Bewegungen nach unten begibt ... sinkst Du tiefer und immer tiefer ... in diesen entspannten Zustand.
Mit permanenten Suggestionen begleiten. Wenn die Hand unten angekommen ist, sollte ein brauchbarer Trancezustand erreicht sein.

Die Vertiefung

Wenn Du mit Deiner Induktion fertig bist, ist es Zeit für die Vertiefung. Nach einer Tranceeinleitung ist die Tiefe des Hypnosezustands meist nur eine leichte. Dein Ziel ist es nun also, durch geeignete Suggestionen eine baldige Vertiefung der Trance her-zustellen. Da sich der Klient jetzt schon leicht in Hypnose befindet und sein Unter-bewusstsein in den Vordergrund getreten ist, bietet es sich an, sehr bildlich und vor allem sinnesspezifisch zu sprechen. Nutze Suggestionen, die im Inneren Deines Kli-enten Szenen entstehen lassen, auf die er sich exklusiv fokussieren kann. Die folgenden Vertiefungen wirken jeweils für sich alleine schon sehr gut, können jedoch auch jeder-zeit miteinander kombiniert werden. Wie viel Zeit Du für die Vertiefung aufbringen willst, hängt natürlich stark von Deiner Sinnesaufmerksamkeit ab. Beobachte Deinen Klienten sehr genau und achte auf die typischen Anzeichen von Trance. Sobald Du eine entsprechende Tiefe festgestellt hast, kannst Du mit der eigentlichen Arbeit beginnen. Kläre aber bitte vor der Verwendung bestimmter Techniken wie der »Treppe« oder des »Fahrstuhls« ab, ob der Klient eventuell an Klaustrophobie oder sonstigen Ängsten leidet, bei denen das detaillierte Ausmalen einer entsprechenden Szene kontraproduk-tiv sein könnte. Die nun folgenden Techniken sind exemplarische Beispiele möglicher Vertiefungen, die bei den meisten Klienten gut und schnell wirken.

Trigger-Wörter / Suggestion von Entspannung

Die wohl einfachste Methode, eine Trance zu vertiefen, ist das bloße Verwenden von sogenannten »Trigger-Wörtern«, die als Suggestion zur Entspannung dienen. Diese Wörter können alles sein, was mit dem Thema Ruhe und Entspannung zusammen-hängt, also z. B. Ruhe, Gelassenheit, Zufriedenheit, Frieden, Stille, Komfort etc.

Wenn Dein Klient diese Wörter hört, muss er automatisch nach innen gehen, um nach einer für ihn passenden Bedeutung zu suchen. Wenn Du also für eine Zeit lang von verschiedenen Variationen von Entspannung sprichst und diese mit gelegentlichem *Tiefer und immer noch tiefer … gehst Du in diesen angenehmen Zustand* verknüpfst, wird sich mit der Zeit genau dieser Zustand einstellen.

Weiterhin kannst Du auch Trigger-Wörter einzeln oder in Kombination mit Berührungen kombinieren: *Immer, wenn ich das Wort »Schlaf« sage, wirst Du tiefer und tiefer in Trance gehen und Dein Zustand der Entspannung wird sich verdoppeln. Und jedes Mal, wenn ich Dich so an der Stirn berühre, wirst Du zehn Mal so tief in Hypnose versinken.* Wichtig ist, hierbei eine Ursache-Wirkungs-Beziehung zwischen dem Wort bzw. der Berührung und dem Zustand der Entspannung herzustellen. Diese Methode dient als Grundlage und Basis für alle weiteren Vertiefungen, seien es nun die klassischen Formate wie Treppe oder Lift oder auch etwas kreativere Varianten wie die Hypnose in Hypnose oder der fliegende Zauberteppich.

Zählen

Ebenfalls sehr klassisch und auch sehr einfach, was jedoch keinen Einfluss auf die gute Wirkung dieser Vertiefung hat.

H: *Ich werde nun gleich von 5 bis 1 herunter zählen … und mit jeder Zahl kannst Du es Dir gestatten, noch tiefer in diesen angenehmen Zustand der Entspannung zu gehen … bei jeder Zahl wird sich diese wunderschöne Ruhe und Gelassenheit ganz einfach verdoppeln …*

5… Du wirst ruhiger und ruhiger … alles um Dich herum kann nun völlig an Bedeutung verlieren …

4… Während Du Dich nur noch auf meine Stimme konzentrierst … kannst Du immer tiefer und tiefer in diesen besonderen Zustand driften …

3… Eventuelle Geräusche um Dich herum verklingen in der Ferne … und während Deine bewussten Gedanken kommen und gehen … gehst Du tiefer und immer noch tiefer …

2… Ganz einfach kannst Du Deine Entspannung verdoppeln … und Du genießt es … einfach loszulassen … und immer tiefer und tiefer in diesen hypnotischen Zustand zu gehen …

1… Du bist nun tief und vollkommen entspannt … Dein Bewusstsein kann sich nun mit etwas Angenehmem beschäftigen … während Dein Unterbewusstsein schon ganz automatisch in den Vordergrund getreten ist …

Treppe

Die Treppe ist ein klassischer Vertiefer und funktioniert bei so gut wie jedem Menschen sehr schnell. Nachdem Du so weit gekommen bist, solltest Du an dieser Stelle wissen, auf welche Art von Suggestionen Dein Klient am besten reagiert. Handelt es sich um einen sehr rationalen Menschen, der gerne die Kontrolle behält, solltest Du die Beschreibung der Treppe so vage und offen wie möglich gestalten, so dass der Klient sich alles genau so aussuchen kann, wie es für ihn am angenehmsten ist. Hast Du jedoch bisher gute Erfahrungen mit direkteren Suggestionen gemacht, dann kannst Du eine wunderschöne Treppenerfahrung mit vielen Details und Raffinessen für Deinen Klienten konstruieren.

H: Ich möchte, dass Du Dir nun eine große, breite Treppe mit genau zehn Stufen vorstellst. Diese Treppe ist keine normale Treppe, denn es ist die Treppe der vollkommenen Entspannung. Sie hat ein wunderschönes hölzernes Geländer mit vielen Schnitzereien und auf den zehn Stufen liegt ein Teppich in Deiner Lieblingsfarbe. Wir werden nun gemeinsam die zehn Stufen hinabgehen ... und mit jeder Stufe, die Du hinuntergehst ... wird sich Deine Entspannung verdoppeln ... und wenn Du unten angelangt bist ... wirst Du so tief und vollständig entspannt sein ... wie noch nie zuvor.

Greife nun das Geländer und begib Dich immer tiefer in diesen wundervollen hypnotischen Zustand ...

10 ... Du nimmst einen tiefen Atemzug und betrittst die zehnte Stufe ...

9 ... Du spürst das angenehme Material des Teppichs in Deiner Lieblingsfarbe unter Deinen Füßen ... und gehst tiefer und tiefer ...

8 ... Immer tiefer driftest Du in diesen wohligen Zustand ... und die warme Woge der Entspannung breitet sich in Deinem ganzen Körper aus ...

7 ... Alles um Dich herum verliert mehr und mehr an Bedeutung ... das Einzige, was jetzt noch zählt, ist meine Stimme ... die Dich immer tiefer und noch tiefer herab in den Zustand der Trance führt ...

6 ... Während Du die nächste Stufe hinabsteigst, wird Dein Geist immer weiter ... und Dein Unterbewusstsein hat alle dafür notwendigen Prozesse schon ganz automatisch eingeleitet ...

5 ... tiefer und tiefer gehst Du hinab ... und genießt ein Gefühl der unendlichen Ruhe und Schwerelosigkeit ...

4 ... Während die bewussten Gedanken kommen und wieder gehen ... driftest Du ganz einfach und natürlich immer tiefer ... tief und vollkommen entspannt ...

3 ... Dein Unterbewusstsein hat nun ganz die Kontrolle übernommen und Deine Entspannung wird noch einmal zehnmal so stark ...

2 ... Es ist schön zu wissen, dass es Zustände gibt, wo Zeit und Raum keine Rolle mehr spielen ... wo nur noch die tiefe und vollständige Entspannung zählt ...

Und 1 ... Du nimmst die letzte Stufe ... und Dein Körper und Dein Geist sind nun tief und vollständig entspannt ... s o tief und vollkommen entspannt, wie noch nie zuvor ...

Weitere und ebenso gut funktionierende Varianten der Treppenvertiefung sind eine Rolltreppe oder eine himmlische Treppe, die hinauf in die Wolken führt. Beschreibe z.B. bei der Rolltreppe eine Szene, wo der Klient auf dieser Rolltreppe durch ein Kaufhaus fährt und in jeder Etage tiefer in Trance geht. Führe ihn dabei vom Obergeschoss bis in den Keller, beschreibe die einzelnen Etagen und vertiefe mit entsprechenden Suggestionen.

Die himmlische Treppe ist ein gutes Beispiel dafür, dass eine Vertiefung ebenso gut wirkt, wenn die Richtung umgedreht wird, wir also von unten nach oben zählen. Kreiere hierfür einfach ein Bild einer himmlischen Treppe, die hinauf in die Wolken führt. Beim Betreten der einzelnen Stufen verdoppelt sich der Zustand der Entspannung. Lass einfach Deiner Phantasie freien Lauf und achte auf die physiologischen Reaktionen Deines Klienten. Diese sind nämlich das beste Feedback, ob Deine Suggestionen und Methoden wirken, oder nicht.

Rutsche

H: *Stell Dir nun bitte vor, wie Du eine große Rutsche hinabgleitest ... eine ganz angenehme Rutsche, die sich in großen und natürlichen Kurven ihren Weg nach unten sucht ... und unten angekommen wartet ein Meer aus Kissen und Federn auf Dich ... in das Du Dich ganz einfach fallen lassen kannst ...*

Und nun kannst Du es Dir auf der Rutsche bequem machen und Dich einfach treiben lassen ... und mit jedem Meter und mit jeder Kurve gehst Du tiefer und tiefer in diese wohlige Entspannung ... (hier kannst Du das Gefühl unterstützen, indem Du den Körper des Klienten an der Schulter berührst und leicht kreisen lässt) ... und Kurve folgt auf Kurve ... und Du gehst tiefer und tiefer ... und während dieses wunderbare Gefühl der Wärme und Ruhe sich immer weiter in Deinem Körper ausbreitet ... möchtest Du am liebsten gar nicht mehr aussteigen ... so angenehm

*und komfortabel ist das Gefühl des Loslassens und des Sich-Treiben-Lassens ...
und während Du die letzten Meter dieser Fahrt in die Trance mehr und mehr
genießt ... kannst Du das Meer aus Kissen und Federn bereits sehen ... und mit
einem tiefen Atemzug lässt Du Dich hineinfallen ... aaaaahhh ... wie gut sich das
anfühlt ... Du fühlst Dich vollkommen entspannt und wohl ... und dieses Gefühl,
wie auf Wolken zu schweben ... tief und vollständig entspannt ...*

Fahrstuhl

Ein Fahrstuhl ist ein typischer Ort für natürlich auftretende Trancen. Ist Dir schon
einmal etwas für fast alle Fahrstühle Typisches aufgefallen? Sobald Menschen einen
Fahrstuhl betreten, stoppen die meisten Konversationen und ein jeder starrt wie
gebannt auf nach oben auf die Anzeige mit den einzelnen Zahlen. Fixierte Aufmerksamkeit? Da war doch etwas, oder? Genau, ein klassischer Fall von Alltagstrance, die
tagtäglich immer wieder vorkommt. Ist es Dir auch schon einmal passiert, dass Du auf
einer Etage ausgestiegen bist, obwohl Du eigentlich ganz woanders aussteigen wolltest? Nein? Uns und einem Großteil der Menschheit ist dies dagegen schon mehrfach
passiert. Und aus diesem Grund ist ein Fahrstuhl auch ein unbewusstes Symbol für
Trance und eignet sich deshalb ideal für eine Vertiefung der Hypnose.

*H: Ich möchte, dass Du Dir nun einen Fahrstuhl vorstellst ... einen besonderen
Fahrstuhl ... der Dich hinab in den Zustand der vollkommenen Entspannung und
der tiefen Trance führen wird ... für jedes Stockwerk wird oben auf der Anzeige-
tafel eine Zahl aufleuchten ... und mit jedem Aufleuchten wirst Du doppelt so tief
entspannen ... und Dich angenehm und leicht fühlen ...*

*5 ... Der Fahrstuhl beginnt langsam tiefer zu sinken ... und auch Du kannst anfan-
gen loszulassen und Dich nur noch auf Dein inneres Erleben zu konzentrieren.*

*4 ... Während die Zahl für das nächste Stockwerk aufleuchtet, geht es immer noch
tiefer ... in die Tiefe ... die Tiefe der vollkommenen Entspannung ...*

*3 ... Ein weiteres Stockwerk tiefer ... und Deine Gedanken kommen und gehen ...
Du lässt Dich einfach treiben ... und alles um Dich herum verliert mehr und mehr
an Bedeutung.*

*2 ... Doppelt so tief entspannt ... genießt Du diesen wohligen Zustand der Wärme
und der Ruhe ... während Du immer tiefer und tiefer driftest ...*

*1 ... Du bist nun am Ort Deiner Bestimmung angelangt ... ein Ort der Ruhe ...
der Gelassenheit ... und der friedlichen Entspannung ... Du fühlst Dich vollkommen schwerelos und lässt Dich in dieser warmen Woge ganz einfach treiben.*

Traum / Hypnose in Hypnose

Diese Vertiefung mögen wir persönlich sehr, denn Sie wirkt unwahrscheinlich gut und ist für jeden, der diese Erfahrung zum ersten Mal machen darf, ein beeindruckendes Erlebnis. Das Prinzip ist sehr einfach. Du malst mit Worten Deinem Klienten ein Bild, in dem er sich vorstellt, wie er sich bei Dir auf dem Stuhl oder auf der Liege befindet und von Dir hypnotisiert wird. Wenn Du mit der Zeit etwas geübter bist, kannst Du auch noch einstreuen, dass er einen Traum hat, während er sich in Gedanken vorstellt, wie er von Dir hypnotisiert wird. Und in diesem Traum tauchen Bilder auf, wie er bei Dir auf dem Stuhl sitzt und hypnotisiert wird. Auf diese Art und Weise werden mehrere Realitäten ineinander und übereinander verschachtelt, was bei den meisten Menschen eine ziemlich heftige Trancevertiefung bewirkt und den kritischen Faktor ebenfalls so gut wie komplett ausschaltet.

H: *Ich möchte nun, dass Du Dir vor Deinem geistigen Auge vorstellst, wie wir beide uns hier in diesem Raum befinden. Du sitzt ganz entspannt auf diesem bequemen Sessel und wartest darauf, von mir hypnotisiert zu werden. Du sitzt dort und konzentrierst Dich ganz auf den Punkt an der Wand (hier kannst Du jegliche Induktion einsetzen, die Du zuvor bei der Tranceeinleitung gewählt hast) ... und Deine Augen beginnen schwerer und schwerer zu werden ... und je mehr Du Dich auf diesen speziellen Punkt an der Wand konzentrierst ... desto schwerer werden sie ... und Du schließt sie ganz einfach und lässt Dich tief und entspannt in diese angenehme Ruhe fallen ... und driftest tiefer und immer tiefer in diesen besonderen Zustand der Entspannung ... und während diese wohlige Wärme sich immer mehr beginnt, in Deinem Körper auszubreiten ... kannst Du Dir vorstellen, wie Du in einem bequemen Bett liegst ... dem weichsten und angenehmsten Bett, in dem Du je gelegen hast ... und es ist dort so angenehm, dass Du sofort einzuschlafen beginnst ... und im Schlaf hast Du einen wunderbaren Traum ... Du träumst davon, wie Du Dich hier mit mir zusammen im Raum befindest ... usw. usw.*

Fliegender Zauberteppich / Landschaft

Die detaillierte und sinnespezifische Beschreibung entspannender Landschaften ist eine sehr schöne Trance-Erfahrung, die auf eine angenehme Art und Weise vertiefend wirkt:

H: *Ich möchte nun, dass Du Dir eine angenehme Szene vorstellst. Eine Szene, in der Du an Deinem Traumstrand spazieren gehst. Die helle Sonne spiegelt sich im Meer und die Palmen rauschen im Wind. Mit jedem Schritt, den Du tust, spürst*

Du den warmen und feinen Sand zwischen Deinen Zehen hindurchfließen. Und während Du die Sonnenstrahlen auf Deiner Haut spürst, kannst Du in der Ferne das Meer rauschen hören und das Salz in der Luft auf Deiner Zunge spüren … und die Zeit scheint still zu stehen … diese friedliche Ruhe … ein Gefühl der vollkommenen Entspannung.

Und am wolkenlosen Himmel kannst Du einen einsamen Vogel wahrnehmen, der dort majestätisch seine Kreise zieht. Und mit jedem Kreis, den er vollendet, gehst Du tiefer und tiefer in diesen wunderbaren Zustand der Entspannung. Der Vogel kreist und Du gehst tiefer und tiefer. (Der kreisende Vogel kann auch für sich alleine sehr schön als Vertiefung genutzt werden.)

Und während Du den typischen Geruch des Meeres in Deiner Nase wahrnimmst, siehst Du in einiger Entfernung einen Teppich liegen, der Dich magisch anzieht. Du gehst auf ihn zu und stellst fest, dass es sich um einen fliegenden Teppich handelt. Ein wundervoller und von Hand geknüpfter Teppich mit fantasievollen Mustern. Du steigst auf und wie von selbst steigt der Teppich in die Luft. Und immer höher steigt der Teppich … bis Du die Welt von oben betrachten kannst … und Du fühlst Dich friedlich … und vollkommen wohl. Und Du fliegst über das Land Deiner Träume und kannst von hier oben genau wahrnehmen, was sich unten abspielt … die Flüsse … die Berge … und die grüne Landschaft. Und die Landschaft, die Du von oben sehen kannst … kommt Dir auf wundersame Weise intuitiv bekannt vor … wie ein Ort, an dem Du schon oft gewesen bist … und dort hinten kannst Du einen leuchtenden Punkt sehen, der Dich mehr und mehr fasziniert. Du fliegst näher … und näher … und je näher Du diesem leuchtenden Punkt kommst, desto klarer wird das Bild … einer weichen und weißen Wolke … eine Wolke der Entspannung und Ruhe …

Pack all Deine Sorgen und Nöte auf diese Wolke … eventuell noch vorhandene Anspannungen … und all das, was Du an diesem speziellen Ort nicht mehr benötigst … Nimm Deine Probleme und Sorgen … und lass die Wolke den Rest erledigen … Pack alles in die Wolke, was Du jetzt nicht mehr brauchst … in diesem angenehmen Zustand der Entspannung … und langsam fliegt die Wolke davon … und mit ihr all Deine Sorgen und Nöte … und während die Wolke immer weiter und weiter davonfliegt … weicht der letzte Rest von Anspannung aus Deinem Körper … und eine wohlige und warme Woge der Ruhe breitet sich mehr und mehr in Dir aus …

(Dies ist nur eine Kurzform, die andeuten soll, auf welchem Prinzip diese Vertiefung basiert. Natürlich kannst Du sie jederzeit an beliebigen Stellen um- und vor allem ausbauen.)

Armdrop-Vertiefung

H: *Ich werde Dich nun gleich am Handgelenk berühren und Deinen Arm anheben. Es ist nicht notwendig, dass Du irgendetwas tust ... lass Deinen Arm einfach vollkommen locker und entspannt hängen.*

Arm am Handgelenk nehmen und vorsichtig anheben.

Ich werde jetzt gleich Deinen Arm loslassen ... und wenn ich Deinen Arm loslasse, wird er hinunterfallen wie ein nasser Waschlappen ... er wird fallen wie ein nasser Waschlappen ... und wenn er auf Deinen Schoß fällt, wirst Du Dich doppelt so tief entspannen ...

Handgelenk loslassen und den Arm in den Schoß des Klienten fallen lassen. Dabei beobachten, ob der Arm wirklich entspannt ist, ggf. zwei bis drei Mal wiederholen.

Ich werde jetzt Deinen Arm ein weiteres Mal anheben ... (Arm anheben und in Brusthöhe anhalten) *und wie von selbst bleibt Dein Arm in dieser Position ... Dein Arm fühlt sich leicht und entspannt an ... er fühlt sich an, als würde er schweben ... Du fühlst Dich vollkommen wohl und Dein Arm schwebt wie von selbst in dieser angenehmen Position* (jetzt langsam loslassen. Der Arm sollte jetzt von alleine kataleptisch in der Luft schweben) *... und Dein Arm wird sich nun mit langsamen und unbewussten Bewegungen wie von alleine wieder hinunter bewegen ... und mit jedem Zentimeter, den Dein Arm sich senkt ... sinkst auch Du immer tiefer und tiefer in diesen hypnotischen Zustand ... mit unbewussten Bewegungen sinkt Dein Arm hinunter ... und Dein Unterbewusstsein weiß genau, wie viel Zeit es dafür braucht ... und mit jedem Zentimeter sinkst Du tiefer und immer noch tiefer ...*

Die hypnotische Arbeit

Obwohl es durchaus angenehm sein kann, Hypnose ausschließlich zur körperlichen Entspannung einzusetzen, so nehmen doch die meisten Menschen die Unterstützung eines Hypnotiseurs in Anspruch, weil sie entweder Hilfe bei einem Problem benötigen oder weil sie irgendeine Art der Veränderung für sich einleiten möchten. Somit ist dieser Teil einer Hypnosesitzung das eigentliche Herzstück. Das Vorgespräch, die Induktion und auch die Vertiefung waren bisher nur nützliche Hilfsmittel, um unseren Klienten in einen geeigneten Bewusstseinszustand zu versetzen, in dem die Erfolgsaussichten unserer Arbeit am höchsten sind. So wird ein Gärtner auch zuerst ein geeignetes Stück Boden auswählen und abstecken, dann entfernt er alles Unkraut, gräbt den Boden um und lockert die Erde. Und erst wenn die Rahmenbedingungen exakt stimmen, fängt er an, die Samen zu säen, aus denen später einmal wunderschöne Rosen werden.

In unserem Fall heißt das Säen der Samen »hypnotische Intervention«. Der Klient ist zu diesem Zeitpunkt sowohl körperlich wie auch geistig vollkommen entspannt und auch der kritische Faktor macht jetzt entweder ein kleines Nickerchen oder ist so träge geworden, dass er überhaupt keine Lust mehr hat noch einzugreifen. Dies sind für uns als Hypnotiseur die idealen Bedingungen dafür, dass unsere Suggestionen direkt vom Unterbewusstsein des Klienten aufgenommen werden können. Abhängig vom jeweiligen Anliegen des Hypnotisanden kannst Du nun mit der eigentlichen Arbeit beginnen. Du kannst viele Deiner NLP-Techniken auch in Hypnose ganz wunderbar einsetzen, da das Unbewusste gerne in Bildern denkt und viele dieser Techniken mit Visualisierungen arbeiten. Egal aus welchem Grund Menschen zu Dir kommen, sei es, weil sie mit dem Rauchen aufhören wollen, zur Stärkung ihres Selbstbewusstseins, weil sie abnehmen wollen, oder warum auch immer, mit der Intervention säst Du die Samen der Veränderung in Deinem Klienten. Dabei ist es natürlich notwendig, dass Du Dich sowohl auf Deinen Klienten als auch auf sein spezielles Problem kalibrierst und Deine Interventionstechnik und Deine Suggestionen genau auf ihn ausrichtest. Wenn Du an dieser Stelle präzise arbeitest, werden die Samen so tief ins Unterbewusstsein gesät, dass im Laufe der nächsten Tage und Wochen die Pflanze der Veränderung immer größer und größer wird und Dein Klient genau das erreicht, weshalb er zu Dir gekommen ist.

Future Pacing

Auch das Future Pacing ist eine Technik, die Du aus dem NLP bereits kennst. Sie wird jedoch von vielen Hypnotiseuren unterschätzt und manchmal sogar gar nicht angewendet. In unserer Welt ist sie jedoch einer der wichtigsten Teile einer Hypnosesitzung überhaupt und sollte daher jedes Mal und vor allem sehr gründlich durchgeführt werden.

Im Normalfall ist ein Klient zu Dir gekommen, weil er ein bestimmtes Verhalten entweder nicht mehr haben möchte oder weil er ein neues Verhalten lernen möchte. Was auch immer der Fall ist, das Verhalten wird sich nach Deiner Intervention jedenfalls ändern. Um das Unterbewusstsein positiv umzuprogrammieren, gilt es für dieses neue Verhalten nun Situationen in der Zukunft zu finden, in denen normalerweise das alte Verhalten gezeigt würde. Angenommen, Du hast einen Klienten, der zur Raucherentwöhnung bei Dir ist. Im Vorgespräch hast Du herausgefunden, dass er bei seinen letzten Versuchen, das Rauchen aufzugeben, immer dann rückfällig geworden ist, wenn er mit Freunden auf einer Party war. Im Future Pacing lässt Du ihn dann genau so eine Situation innerlich erleben und begleitest diese mit entsprechend positiven Suggestionen. Du sagst z. B. »Stell Dir vor, wie Du auf einer tollen Party bist … all Deine Freunde sind auch da … ihr seid ausgelassen und steht am Tresen … einer Deiner Freunde bietet Dir eine Zigarette an … und voller Selbstbewusstsein lehnst Du sie ab … denn von nun an bist Du Nichtraucher … und genießt das Gefühl … gesünder … rauchfrei … und vitaler … zu leben …« So kannst Du jede Situation überprüfen, in der das alte Verhalten normalerweise aufgetreten wäre. Dies setzt natürlich zwei Dinge voraus, nämlich dass Du im Vorgespräch genaue Fragen gestellt hast und dass Deine Sinnesaufmerksamkeit hochgefahren ist. Denn an der Physiologie Deines Klienten kannst Du am besten überprüfen, wie er auf das Future Pacing reagiert.

Und selbst wenn Du einmal nur aus Spaß hypnotisierst, ohne dass Dein Klient wirkliche Probleme hat, so suggeriere ihm immer eine leuchtende Zukunft, ein Leben, in dem der morgige Tag immer noch besser wird, egal wie schön es heute auch schon sein mag. Lass ihn diese neue leuchtende Zukunft in bunten Bildern ausmalen und in einer oder mehreren Situationen durchleben. Deine Klienten werden es Dir danken!

Die Ausleitung / Exduktion

Wenn wir unseren Klienten langsam aus dem Trancezustand zurück in sein normales Wachbewusstsein holen, so nennt man dies eine Tranceausleitung oder auch Exduktion (als Gegenteil zur Induktion). Dieser Teil der Hypnose wird oftmals unterschätzt, dabei ist er sehr wichtig. Denn so schön eine Hypnose auch sein mag, und so viele Menschen es auch geben mag, die stundenlang in diesem wunderbar entspannten Zustand verbringen möchten – nachdem die Arbeit getan ist, wird es Zeit, den Klienten zurück ins Hier und Jetzt zu holen. Die Ausleitung ist so etwas wie eine umgekehrte Vertiefung. Während Techniken wie die Treppe oder der Fahrstuhl Deinen Klienten tiefer in Hypnose führen, ist die Exduktion dafür geeignet, in wieder aus der Trance zurückzuholen. Um jedoch die Sitzung wie aus einem Guss wirken zu lassen, werden wir auch die Ausleitung elegant und völlig natürlich gestalten. Denn das Letzte, was wir hier gebrauchen können, ist eine Holzhammermethode.

Deshalb ist es angebracht, die Ausleitung auf sanfte Art und Weise durchzuführen und Deinem Klienten Zeit zu geben, sich langsam wieder an seinen normalen

Wachzustand heranzutasten. Genauso wie es unterschiedliche Induktionsvarianten gibt, so existieren auch für die Tranceausleitung die unterschiedlichsten Möglichkeiten. Empfehlenswert ist es, wenn Du eine Standardausleitung auswendig lernst. Mit der Zeit kannst Du sie dann beliebig verfeinern, aber Du hast als Basis eine Variante, die Du immer und jederzeit anwenden kannst.

Der einfachste und schnellste Weg wäre also, Deinem Klienten eine einfache Suggestion in Verbindung mit einem beliebigen Trigger zu geben, wie z.B.:

Und in wenigen Momenten werde ich das Wort XY sagen ... und wenn ich das Wort XY sage, wirst Du Deine Augen wieder öffnen und Dich erfrischt, gestärkt und erholt fühlen ... einfach wunderbar.

Dann sagst Du einfach ein Trigger-Wort oder machst ein bestimmtes Geräusch oder was auch immer Du Dir als Trigger ausgedacht hast, und Dein Klient kommt zurück. Diese Methode wirkt schnell und zuverlässig bei leichten Trancen. Wenn Dein Klient jedoch tief in Hypnose war, solltest Du ihm mehr Zeit geben, sich langsam wieder an sein Wachbewusstsein heranzutasten. Auch dies ist eine sehr einfache Methode, die für den Klienten ebenfalls sehr angenehm ist: Du zählst einfach von 1 bis 3 oder von 1 bis 5. Das Schöne an dieser Technik ist, dass sie nicht nur für den Hypnotisand ein guter Abschluss ist, sondern dass Du auch noch einige Suggestionen mit einbauen kannst.

Wir starten die Ausleitung gerne mit folgendem Satz:

Ich werde nun gleich von 1 bis 5 zählen ... und wenn ich bei 5 angelangt bin, wirst Du Deine Augen öffnen und Dich erfrischt, gestärkt und erholt fühlen ... einfach wunderbar.

Dein Klient weiß also, was gleich passieren wird, und kann sich innerlich schon darauf vorbereiten, langsam wieder zurück ins Hier und Jetzt zurückzukehren. Doch bevor Du nun mit dem Zählen beginnst, gibt es noch ein paar sehr wichtige Dinge zu beachten. Es ist ungeheuer wichtig, dass Du alle Suggestionen rückgängig machst, die Du während der Hypnose gegeben hast. Dies gilt insbesondere für hypnotische Phänomene wie Katalepsie, Amnesie oder Gefühllosigkeit. Dies kannst Du entweder so machen, dass Du jede Suggestion einzeln widerrufst, oder einfach eine generelle Suggestion gibst wie: »Dein Körper und Dein Geist befinden sich wieder im Normalzustand.« Dadurch befindet sich Dein Klient wieder in der gleichen Situation wie vor der Trance.

Natürlich gilt dieser Hinweis nicht für Suggestionen, die Du im Rahmen einer Veränderungsarbeit gegeben hast und die wichtig für die positive Entwicklung Deines Klienten sind. Auch wenn Du im Rahmen einer solchen Arbeit eine Suggestion zum Vergessen gegeben hast (damit das Unbewusste ungestört arbeiten kann!!), solltest Du sie natürlich nicht aufheben. Dies kannst Du noch unterstützen, indem Du etwas wie »Und Du wirst all die positiven Dinge und Erfahrungen, die Du in Hypnose erlebt hast, mit in Deine neue und leuchtende Zukunft nehmen« Deinem Klienten mit auf den Weg gibst. Jetzt könntest Du eigentlich mit dem Prozess der Ausleitung beginnen, oder? Fast. Denn eine wichtige Besonderheit sollten wir auf jeden Fall noch ausnutzen. Und diese Besonderheit hängt mit der Suggestibilität und dem kritischen Faktor zusammen. Der Gatekeeper ist nämlich zu diesem Zeitpunkt sowieso schon sehr träge. Wenn er jetzt noch zusätzlich hört, dass die Hypnose gleich vorbei ist, denkt er sich: »Oh jetzt ist es zu Ende!«, und schaltet komplett ab. Dadurch wird Dein Klient zu diesem Zeitpunkt extrem suggestibel, und diese Möglichkeit sollten wir natürlich nicht verstreichen lassen. Du kannst jetzt also noch einige positive Suggestionen geben, die ohne Beachtung des kritischen Faktors direkt ins Unterbewusstsein gelangen. Z. B. kannst Du folgende Formulierung benutzen:

Ich werde nun gleich von 1 bis 5 zählen ... und wenn ich bei 5 angelangt bin, wirst Du Deine Augen öffnen und Dich erfrischt, gestärkt und erholt fühlen ... einfach wunderbar ... und weil Du all diese wundervollen Erfahrungen gemacht hast, wirst Du in den nächsten Tagen und Wochen ein glücklicheres und zufriedeneres Leben genießen ... und Dich voller Selbstvertrauen und Gelassenheit auf jeden neuen Tag freuen ...

Dann beginnt die eigentliche Exduktion:

1 ... Du wirst langsam wacher.

2 ... Du nimmst mehr und mehr wahr, was um Dich herum passiert.

3 ... Puls und Blutdruck nehmen für Dich normale Werte an.

4 ... Du spürst Deine Arme und Beine und streckst Dich noch einmal ...

5 ... Du öffnest Deine Augen und fühlst Dich erfrischt, gestärkt und erholt ... einfach wunderbar ...

Nun wird Dein Klient die Augen öffnen und sich erfrischt und gestärkt fühlen. Der Ausleitungsprozess ist jedoch immer noch nicht beendet, denn selbst wenn er die Augen schon geöffnet hat, so wird er doch immer noch leicht in Hypnose sein. Der Klient denkt nicht mehr über die Sitzung nach und auch der kritische Faktor ist immer noch sehr schläfrig. Und das bedeutet, dass er auch zum Zeitpunkt direkt nach der Hypnose extrem suggestibel ist. Merke Dir dies genau, denn was Du nach Deiner Ausleitung zu Deinem Klienten sagst, wird einen entscheidenden Einfluss auf Erfolg oder Misserfolg Deiner Sitzung haben. Begehe also nicht den Fehler, nach einer guten Trancearbeit Deinen Klienten mit unsicheren Augen anzuschauen und zu fragen: »Und, war es okay? Hab ich irgendetwas verkehrt gemacht?« Dies wird sofort als Inkompetenz und Unsicherheit suggeriert und macht mit einem Satz alles kaputt, was Du vorher erarbeitet hast. Aber was kannst Du stattdessen machen? Ganz einfach. Erinnere den Klienten zuerst, dass er zurück aus der Hypnose ist und dann gratuliere ihm für seine ausgezeichnete Arbeit, die er geleistet hat:

5 ... Du öffnest Deine Augen und fühlst Dich erfrischt, gestärkt und erholt ... einfach wunderbar ...! Willkommen zurück ... und herzlichen Glückwunsch ... Du bist ein echtes Naturtalent ... ein richtiger Trance-Junkie ... Du kannst Dich schon darauf freuen, wenn die positiven Veränderungen in Deinem Leben zu wirken beginnen ...

Möchtest Du noch einen kleinen Trick zum Schluss hören? Gut. Es gibt nämlich eine sehr einfache Möglichkeit, nach Beendigung der Trance bei Deinem Klienten eine Amnesie zu induzieren. Das Prinzip hierfür ist einfach, einen Separator-State herzustellen. Sicherlich bist Du auch schon morgens mitten in einem wunderschönen Traum aufgewacht und hast Dir fest vorgenommen, alles zu behalten, was Du erlebt hast. Solange Du in Deiner Liegeposition bleibst und Dich nicht bewegst, schwelgst Du noch ein wenig in diesem Zustand zwischen Traum und Wachbewusstsein. Doch sobald Du aufstehst, Dir einen Kaffee machst und den Tag beginnst, ist auf einmal alles weg. Dieser kurze Moment zwischen Traum und Wachbewusstsein ist vergleichbar mit dem Moment nach einer Hypnose. Wenn wir also das Bewusstsein direkt nach der Sitzung ablenken, hat es keine Chance mehr, über die Erfahrung in Trance nachzudenken und wird den Inhalt vergessen, so wie wir morgens unsere Träume der Nacht vergessen. Stelle einfach irgendeine Frage, die den Intellekt in eine beliebige Richtung beschäftigt. Frage zum Beispiel »Wie spät ist es?« oder »Wo warst Du letztes Jahr im Urlaub«, sprich über das Wetter oder über Börsenkurse, wichtig ist nur, dass das Gehirn bewusst mit etwas völlig anderem beschäftigt ist.

Nachwort

Herzlichen Glückwunsch! Du bist anders! Alleine dass Du das Buch bis hierhin gelesen hast, zeigt, dass Du es wirklich ernst meinst. Es zeigt aber auch, dass Dir der Stil und der Inhalt des Buches gefallen haben und Du gar nicht gemerkt hast, wie viele neue Informationen Du beim Lesen aufgenommen hast.

Du verfügst nun über ein sehr solides Grundwissen über zwei der wirkungsvollsten Techniken, wenn es um Veränderungsarbeit geht: das Neurolinguistische Programmieren und die Arbeit mit dem Unbewussten, die Hypnose. Wir haben versucht, alles so einfach wie möglich und vor allem lernoptimiert zu erklären. Wenn Du alle Kapitel gelesen hast und die Übungen auch gemacht hast, dann wirst Du wahrscheinlich schon bemerkt haben, wie viel einfacher manche Dinge in Deinem Leben geworden sind und wie stark Deine Ausstrahlung auf andere Menschen gewachsen ist. Und auch wenn Du sehr stolz auf Deine Lernfortschritte und auf Dein Wissensfundament sein kannst, so möchten wir doch eines unbedingt noch erwähnen: Nur vom Lesen eines Kochbuches ist noch niemand satt geworden! Und genauso wirst Du auch vom reinen Lesen eines NLP-Buches nicht zu einem eleganten Anwender, der die Techniken und Muster der einzelnen Formate ganz unbewusst in seinem täglichen Leben anwendet.

Denn NLP und Hypnose sind praktische Disziplinen, die angewendet werden wollen. Und hierzu möchten wir Dich an dieser Stelle noch einmal einladen: Probiere alles aus, was Du in diesem Buch gelesen hast. Schaue, was funktioniert und welche Dinge Du vielleicht anders machen musst. Komme ins Handeln! Denn genau das ist eine Eigenschaft, die erfolgreiche Menschen vom Durchschnitt unterscheidet. Wie sagte schon Yoda in »Star Wars«: »There is no trying. There is only doing!«

Und wenn Dir gefallen hast, was Du in diesem Buch gelesen hast, solltest Du unbedingt eine für Dich passende Ausbildung besuchen. Denn viele Formate sind einfach zu komplex, als dass sie in einem Buch umfassend behandelt werden können. Auch leben viele Techniken von der Demonstration und von der Interaktion mit anderen Menschen. Wenn Du also mit NLP und Hypnose weitermachen und selbst zum Profi in der Anwendung dieser wunderbar einfachen und natürlichen Techniken werden willst, dann würden wir uns freuen, Dich in einer unserer Ausbildungen einmal persönlich begrüßen zu dürfen. Nähere Informationen hierzu und Antworten auf alle Fragen, die vielleicht noch offen geblieben sind, erhältst Du auf unserer Website *www.nlp-egotuning.de*

Und nun wünschen wir Dir viel Spaß mit all dem neuen Wissen, das Du beim Lesen dieses Buches erworben hast. Viel Spaß bei Deinem neuen, bunteren und facettenreicheren Leben. Und vor allem viel Spaß bei der Kommunikation mit anderen Menschen und natürlich auch mit Dir selbst.

Mache Gebrauch von Deinen neuen Wahlmöglichkeiten und genieße von nun an jeden Tag mit all Deinen Sinnen und stelle Dir Deine Submodalitäten so ein, dass von nun an jeder Tag der beste Deines Lebens wird!

Alles Liebe,

Axel Wehner & Ilja Grzeskowitz

Berlin im Frühjahr 2009

Literaturempfehlungen

Bandler, Richard (2000): Unbändige Motivation: Über NLP, schnelle Veränderung und vieles mehr; 2. Auflage; ISBN 3873873621

Bandler, Richard (2001): Veränderung des subjektiven Erlebens; 6. Auflage; ISBN 3873872714

Bandler, Richard / Grinder, John (2007): Neue Wege der Kurzzeittherapie; 14. Auflage; ISBN 3873871939

Bandler, Richard / Grinder, John (2005): Patterns: Muster der hypnotischen Techniken Milton H. Ericksons; 3. Auflage; ISBN 3873871394

Bandler, Richard / Grinder, John (2007): Therapie in Trance. NLP und die Struktur hypnotischer Kommunikation; 13. Auflage; ISBN 3608951407

Braun, Roman (2002): NLP für Chefs und alle die es werden wollen; 1. Auflage; ISBN 370640706X

Dilts, Robert (2008): Die Magie der Sprache: Angewandtes NLP; 3. Auflage; ISBN 3873874458

Erickson, Milton H. (2007): Hypnotherapie. Aufbau, Beispiele, Forschungen; 9. Auflage; ISBN 360889022X

Erickson, Milton H. (1991): My Voice Will Go With You: The Teaching Tales of Milton H. Erickson; 1. Auflage; ISBN 0393301354

Prior, Manfred (2007): MiniMax-Interventionen: 15 minimale Interventionen mit maximaler Wirkung; 7. Auflage; ISBN 389670401X

Stahl, Thies (1995): Triffst Du 'nen Frosch unterwegs; 1. Auflage; ISBN 3873872846